PRACTICAL INVESTMENT AND FINANCING FOR CULTURAL PROJECTS

文化项目投融资实务

庞荣辉 ◎ 主　编

李雨珂 ◎ 副主编

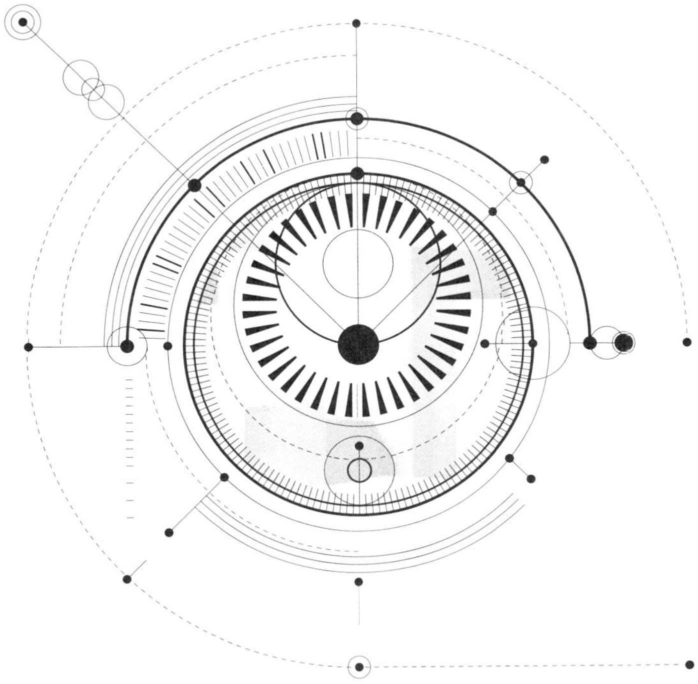

上海财经大学出版社
SHANGHAI UNIVERSITY OF FINANCE & ECONOMICS PRESS

上海学术·经济学出版中心

图书在版编目(CIP)数据

文化项目投融资实务 / 庞荣辉主编. -- 上海 : 上海财经大学出版社, 2025. 8. -- ISBN 978-7-5642-4749-2

Ⅰ. G124

中国国家版本馆 CIP 数据核字第 20252K41F4 号

□ 责任编辑　胡　芸
□ 封面设计　贺加贝

文化项目投融资实务

庞荣辉　主　编

李雨珂　副主编

上海财经大学出版社出版发行
(上海市中山北一路 369 号　邮编 200083)
网　　址:http://www.sufep.com
电子邮箱:webmaster@sufep.com
全国新华书店经销
上海颛辉印刷厂有限公司印刷装订
2025 年 8 月第 1 版　2025 年 8 月第 1 次印刷

787mm×1092mm　1/16　13.75 印张　269 千字
定价:49.00 元

前　言

在中华民族伟大复兴的征途中，文化作为国家的灵魂和民族的根基，其繁荣发展不仅关乎人民精神生活的丰富与提升，而且是国家综合实力和国际影响力的重要体现。党的二十大报告明确提出“推进文化自信自强，铸就社会主义文化新辉煌”的战略目标，为新时代文化项目和文化产业的发展指明了方向，也为文化投资金融实务的探索与实践提供了广阔舞台。

当前，我国文化产业正面临前所未有的发展机遇与挑战。一方面，随着经济的持续快速增长和人民生活水平的不断提高，人民群众对精神文化的需求日益增长，文化产业作为满足这一需求的重要载体，其市场规模和影响力不断扩大；另一方面，数字化、网络化和智能化的快速发展，为文化产业带来了全新的变革与机遇，但同时对文化产业的创新能力和金融服务水平提出了更高要求。

在此背景下，《文化项目投融资实务》应运而生。本书旨在为读者提供一套系统、全面且实用的文化项目投融资指南。本书不仅深入剖析了文化项目和文化产业的本质特征、发展趋势和投融资环境，而且通过丰富的案例分析和理论探讨，详细阐述了文化项目和文化产业的投融资的全过程，从基础理论到实践操作、从风险防控到价值评估，力求为读者构建一个清晰、可操作的知识框架。

本书共分为八个项目，每个项目均围绕文化项目投融资的核心议题展开。通过项目一，我们引导读者走进文化产业的广阔天地，理解文化项目和文化产业的经济属性与投融资特点，为后续学习奠定坚实基础。项目二深入解析了投融资的基本理论与核心概念，帮助读者建立起对投融资行为的理性认知。在项目三中，我们引入了行为博弈理论，通过这一独特的视角，揭示了投融资决策背后的心理机制与行为逻辑，为投资者和融资者提供了更为精准的决策依据。项目四详细介绍了传统与创新金融工具在文化项目投融资中的应用，展现了金融创新的无限可能。面对投融资过程中的种种风险，项目五从宏观与微观两个层面出发，全面剖析了各类风险因素及其应对策略，为投资者提供了风险防控的实战指南。项目六聚焦于文化资产这一特殊领域，探讨了价值评估的方法和体系，为文化资产的合理定价与有效流转提供了科学依据。在项目七和项目八中，我们结合具体案例，深入剖析了不同类型文化项目的投融资策略与模式创新，展示了文化项目投融资的多样性与灵活性。总之，本书力求为读者呈现一个丰富多彩、充满活力的文化项目投融资生态。

本书在结构体例设计上，采取项目制典型任务方式编写，每个项目制下设置本项目学习目标（包括知识目标、能力目标和思政目标）、任务思维导图、经典案例分析和任务拓展实训等内容，对本章节的项目、任务进行系统讲解，让学习者能够深入领悟文化项目投融资领域的新知识、前沿方法和最新政策导向。

本书创新性地采用了活页式编排架构，旨在实现内容的即时更新和灵活调整。此设计紧密围绕项目任务需求，精准策划实训项目方案，并特别增设了任务拓展实训活页模块。不仅为学习者提供了丰富的实践平台，使其能够深入参与并亲身体验文化项目和文化产业在投融资领域的最新金融方法与应用技能，而且促进了学习者对文化项目动态变化的敏锐感知与深刻理解，从而有效提升其专业技能与创新能力。

本书为产教融合型教材，由校企合作共同开发编写，编写团队由高校教师、文化传媒和金融领域专家共同组成：上海出版印刷高等专科学校庞荣辉讲师、博士担任主编（策划、审核与统稿，项目三、项目六），李雨珂讲师担任副主编（校正，项目二），孙小亚副教授（项目一），王雅讲师、博士（项目四、项目五），段军芳讲师、博士（项目七、项目八）。上海飞帆广告有限公司总经理刘静、上海麦艺艺术设计有限公司总经理曾坤等专业人士为本书提供了丰富的案例与文化项目投融资实务素材。

本书在编写过程中，参阅了许多著作、论文、教材等参考资料，引用了相关资料，在此表示衷心的感谢！鉴于文化项目投融资领域仍处于不断发展变化和持续创新阶段，加之编者水平有限，故书中内容难免存在疏漏之处，期待广大读者能对本书批评指正并提出宝贵意见！

编　者

2025 年 7 月

目　录

项目一　文化产业及其项目投融资 / 1

任务一　文化产业投融资概述 / 3

一、文化经济与文化产业 / 3

二、文化产业投融资定义 / 5

三、文化产业投融资特点 / 8

四、文化产业投融资的主要形式 / 9

※ 任务拓展实训 / 12

任务二　文化项目投融资概述 / 12

一、项目管理与融资 / 13

二、文化项目投融资 / 14

三、文化项目投融资模式 / 19

※ 任务拓展实训 / 23

项目二　投融资理论基础 / 24

任务一　投融资理论知识点 / 25

一、风险和收益 / 25

二、资产端和资金端 / 30

三、投资和融资 / 33

四、债券和股权 / 39

※ 任务拓展实训 / 44

任务二　投融资项目要素 / 45

一、文化投资的结构及布局 / 45

二、文化投融资项目要素 / 48

※ 任务拓展实训 / 51

项目三　投融资行为博弈 / 52
任务一　认识行为博弈理论 / 54
一、行为博弈理论概述 / 55
二、拓展阅读：关于公平偏好的神经元机制 / 65
※ 任务拓展实训 / 67
任务二　基于行为博弈的企业投融资行为分析 / 68
一、投融资行为中的常用增信措施 / 70
二、增信措施小结 / 77
※ 任务拓展实训 / 78

项目四　文化金融工具 / 79
任务一　传统金融工具 / 80
一、债权类工具 / 81
二、股权类工具 / 85
※ 任务拓展实训 / 88
任务二　创新类金融工具 / 90
一、众筹 / 90
二、资产证券化 / 93
※ 任务拓展实训 / 95

项目五　文化投融资的风险分析 / 100
任务一　宏观层面风险 / 101
一、宏观政策风险 / 102
二、行业经济风险 / 104
※ 任务拓展实训 / 107
任务二　微观层面风险 / 108
一、企业信用风险 / 109
二、项目盈利模式风险 / 111
三、技术层面风险 / 113
四、交易结构风险 / 115
※ 任务拓展实训 / 116

项目六　文化版权资产及其价值评估 / 118
任务一　文化产业的资产属性 / 120
一、文化产业的资产属性概况 / 121
二、文化资产运营案例 / 133
※ 任务拓展实训 / 134
任务二　文化资产的价值评估方法和体系 / 135
一、文化资产价值评估方法 / 135
二、文化资产价值评估体系 / 142
※ 任务拓展实训 / 152

项目七　文化项目投融资 / 153
任务一　认识文化项目投融资理论 / 157
一、文化项目的投资与融资 / 157
二、文化项目投融资的一般操作流程 / 160
※ 任务拓展实训 / 162
任务二　主要的文化项目投融资 / 163
一、艺术品项目 / 164
二、版权项目 / 168
三、文旅项目 / 172
四、电竞项目 / 174
※ 任务拓展实训 / 176

项目八　文化投融资模式 / 178
任务一　认知文化投融资模式 / 180
一、文化投融资模式的定义 / 180
二、文化投融资模式的内涵 / 182
三、文化投融资模式的外延 / 183
※ 任务拓展实训 / 184
任务二　主要的文化投融资模式 / 185
一、地产主导模式 / 185
二、内容创意模式 / 189

三、资源推动模式 / 193
四、“渠道为王”模式 / 196
五、互联网流量模式 / 199
六、产业链生态模式 / 203
※ 任务拓展实训 / 206

参考文献 / 208

项目一　文化产业及其项目投融资

【知识目标】

了解文化产业的发展历程；

掌握文化产业和文化项目投资的特点、相关理论。

【能力目标】

熟悉文化项目投融资的项目流程；

具备运用文化项目投融资相关理论进行分析的能力。

【思政目标】

了解我国文化产业的发展历程，对我国文化产业的发展树立坚定的信心。

【思维导图】

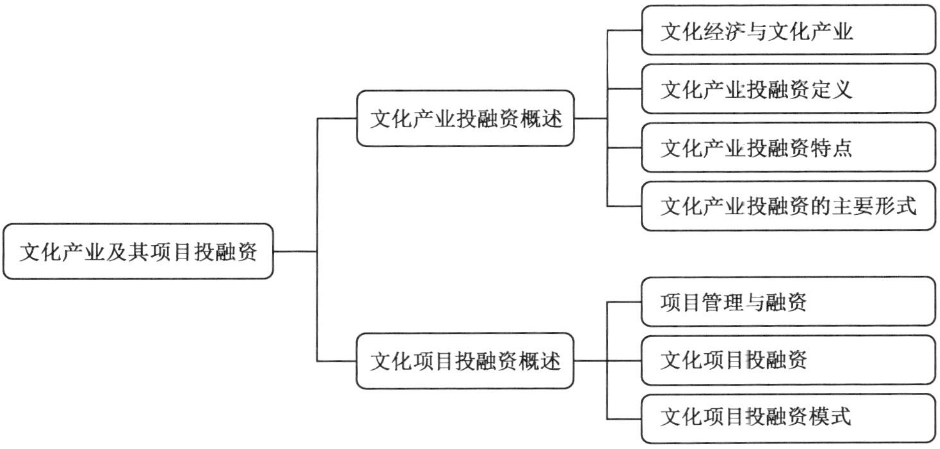

案例导入

华澳文化产业投资基金投资《画皮》

华澳文化产业投资基金(以下简称“华澳”)对电视剧《画皮》的投资是国内首个私募基金投资单个影视剧项目的案例。该剧总投资2 400万元,华澳投资了300万元。此前内地基金行业进行文化产业方面的投资,主要是股权投资,而针对具体项目的投资并不多见,华澳开了先河。

华澳投资《画皮》的过程中,深圳文化产权交易所(以下简称“深圳文交所”),协助华澳对影视剧剧组创作团队做了较为深入的调查。此外,深圳文交所还针对影视剧项目,在投资风险控制和交易制度设计方面做出创新,采用以版权质押为核心的创新型融资手段,并对投资资金进行第三方监管,将投资风险尽量降到了最低,这些做法增强了投资商的信心。

点评人:文资网投资分析师丁文超

文化产业目前被公认为高风险、高投入、高回报的产业。实际上,国际经验也已充分表明,文化产业发展中的一个关键环节就是投融资,而投融资中的一个关键点就是风险管理。在我国,文化产业近十年来才在一系列强力政策的推动下取得了一定发展。因此,我国文化产业市场化进程相对较晚,导致产业成熟度较低,在产业理解、专业实操方面远远没有沉淀出系统经验,并出现了风险规避能力弱、盈利模式不明确、人员流动频繁、行业操作不规范不透明等问题,这些因素导致文化产业股权投资基金难以找到优质项目。

在一个存在诸多不确定性因素的产业内进行投资,理性投资人一定会在投资策略和路径上有所考虑。诚如华澳合伙人刘宇当初所言,华澳并不满足于投资单一的电视剧,而是更倾向于投资文化企业,比如类似于华谊兄弟、华策影视这样的制作发行公司。投资《画皮》,主要是为投资文化企业、了解整个产业奠定基础。

在投资《画皮》项目上,华澳很大程度上是借助于深圳文交所提出的以版权质押为核心的风险控制手段,以及对陈嘉上团队的信任,使华澳可以通过“固定回报”的方式来进行投资,从而将投资风险基本降到了最低。

事实上,在媒体的一则报道中,华澳已经明确表示,虽然此前参与过佳创视讯、电视剧《画皮》等文化产业项目的投资,但是现在他们已经很少关注这一类公司。原因在于,文化创意产业项目运作风险较大、专业依赖程度高。与此同时,文化创意产业持续的引领模式,或者说好的商业模式还是比较难找,难以真正形成规模化的企业运作。研究发现,多数传统文化企业已经少有投资机构关注,在仅有的受关注标的中,几乎全部处于发展的中后期；与此同时，多数资本转战移动互联网领域，试图在原有产业格局之外，寻求注入新的活力。

（资料来源：《光明日报》数字版，《中国文化报》等。）

案例思考：

(1)你还知道哪些文化产业投资的成功案例？

(2)你是如何看待文化产业和文化产业投资的风险？

任务一　文化产业投融资概述

【任务描述】

小陈毕业后一直从事文化产业相关工作，先后在文化 IP 产品销售公司和 IP 孵化公司工作，积累了一定的工作经验。新公司正在进行一项文化项目投资研究。小陈需要储备文化产业和文化投资的基本知识。

【知识嵌入】

一、文化经济与文化产业

经济形态是对代表当时最先进生产力的生产活动的抽象描述，包括生产模式、主导产业、基本结构及政策等。人类历史上共产生了四种经济形态：原始经济、农业经济、工业经济以及知识经济。文化经济的凸显反映了社会巨大而深刻的发展，现代社会财富的大量增加使多数人进入“过剩经济”时代，人们用于物质生活的开支所占的比重越来越小，而更多的钱向非物质的方向，文化的、休闲的方向消费转移。

案例导入

想象一下这种情形：小陈进入文化 IP 产品销售行业，经过一段时间的岗前培训，他顺利进入实习岗位。有一天，一对老夫妻带着小朋友来到小陈所在的门店。小朋友看到自己喜欢的 IP 产品，非常想要购买，但是老夫妻看到产品的价格标签后，表示很不理解：一个毛绒玩具，怎么会比市场上的其他毛绒玩具贵这么多呢？

如果你是小陈，该如何向他们解释文化商品的独特性呢？你是如何理解文化产业与文化经济的发展的呢？

知识点阐述

文化经济可能的界定是满足人们休闲需要的经济以及实物经济文化附加值增加的经济。这是一个极其广阔的经济领域，日本学者日下公人在《新文化产业论》一书中粗线条地把文化产业划分为三类：一是生产与销售以相对独立的舞台形式呈现的文化产品，如书籍、报刊、雕塑、影视等产品；二是以劳务形式出现的文化服务行业，如戏剧舞蹈的演出、体育、娱乐、策划、经纪业等；三是向其他商品和行业提供文化附加值的行业，如装潢装饰、形象设计、文化旅游等。[1]

美国学者约瑟夫·派恩和詹姆斯·吉尔摩提出了体验经济的概念，他们叙述了经济发展的过程犹如小孩过生日的发展过程。在农业时代，母亲是拿自家产的面粉、鸡蛋等材料，亲手做蛋糕；在工业时代，母亲到商店购买混合好的蛋糕粉回家，自己烘烤生日蛋糕；进入服务经济时代，母亲向西点店订购蛋糕。到了 20 世纪 90 年代，母亲不但不再烘烤蛋糕，而且不再自己办生日宴会，而是花上 100 美元将生日宴会外包给某家专门的公司，请他们为孩子举办一次难忘的生日宴会。于是，体验经济诞生了。[2]“体验经济”又译为“感受经济”，大致来说就是文化经济。根据美国心理学家马斯洛在 20 世纪 50 年代提出的需要层次学说，追求精神的满足和个人价值的实现是热门的高级心理需要，这方面的需要是无限的，为经济发展开辟了无限的可能性。

文化产业的定义多种多样，胡惠林在《文化产业学概论》中提出：文化产业是指各种文化生产、经营事业；这里的“事业”和与“文化产业”相对应的“文化事业”是不同的，是一个关于文化产业存在状况的整体性概念，是指具有明确目标、规模和系统，对整个人类社会发展有影响的文化行为和文化活动。这是一种比较主流的全面的观点，理论性较强。另外一些观点较为通俗易懂，如赵莉提出的“文化产业是以提高社会效益和经济效益为最终目的的以市场为主要发展机制，从事物质文化产品和非物质文化生产服务，满足人们精神和文化需求的部门”的概念。[3]

经济学是现代的一个独立学科，是关于经济发展规律的科学。从 1776 年亚当·斯密的《国富论》开始奠基，现代经济学经历了两百多年的发展，已经有宏观经济学、微观经济学、政治经济学等众多专业方向，并应用于各垂直领域，指导人类财富的积累与创造。

而文化经济学是研究文化领域利用经济规律的形式、特点及社会的文化需求与社会物质基础相互关系的学科，是一门非生产性劳动经济学，是人类社会发展的重要形态和重要现象，是人类社会发展的基本动力之一。通过文化经济实现经济增长方式的

---

〔1〕（日）日下公人著，范作申译：《新文化产业论》，东方出版社 1989 年版。

〔2〕（美）B. 约瑟夫·派恩，詹姆斯·H. 吉尔摩著，夏业良等译：《体验经济》，机械工业出版社 2002 年版。

〔3〕胡惠林：《文化产业概论》，云南大学出版社 2005 年版。

转变和文化发展的经济性推进，是现代社会发展的普遍的文化行为和经济行为。研究文化经济运动的基本规律，揭示文化经济对于现代社会进步和社会发展的作用和意义，丰富人们关于文化和经济的理论系统与政策系统，文化经济学正日益作为一门新兴的交叉学科成为一个崭新的科学领域。

知识点应用和思考

请大家选择一个自己喜欢的国潮文化 IP，并对其文化属性进行梳理。分析为什么我们的传统文化可以在现今的经济背景下得到较好的发展。

二、文化产业投融资定义

中共中央在“十一五”规划中明确提出，积极发展文化事业和文化产业，加大政府对文化事业的投入。完善文化产业政策，形成以公有制为主体、多种所有制共同发展的文化产业格局和以民族文化为主体、吸收外来有益文化的文化市场格局。全国有 17 个省市提出将文化产业作为经济支柱来培养，文化产业作为新的经济增长点，日益成为城市综合竞争力的代表产业之一，云南等走在前列的一些省份，文化产业产值已经占本省 GDP 的 4％～6％，真正意义上成了当地经济发展的新动力。

文化产业作为国民经济的主要组成部分，是评估国家软实力的重要依据。要想达到预期设定的发展目标，加快国民经济水平，不论是政府还是企业，都要明确投融资工作的重要性，并在了解当前社会经济发展趋势的同时，整合文化产业发展需求进行全面革新，这样不仅能够引导文化产业稳步发展，而且可以提升国家软实力水平。

文化产业与其他产业相比，具有市场规模巨大、投资回报丰厚的特点。有学者将文化产业和高科技产业并称为世界上两大“最挣钱的产业部门”，视其为朝阳产业。

因此，无论是发达国家还是发展中国家，都已经把大力发展文化产业作为新的经济增长点。在一些国家，文化产业已经成为重要的支柱产业之一，成为国家软实力的重要组成部分以及国与国之间竞争的利器。在我国，从政府到民间都越来越意识到文化产业的重要性，发展文化产业逐渐成为一股潮流，“文化大省”“文化强省”“文化立市”“文化兴市”已经被许多省市提到了战略的高度。

目前，我国已经初步形成包括文化产品制作和销售活动、文化传播服务、文化休闲娱乐服务、文化用品生产和销售活动、文化设备生产和销售活动、相关文化产品制作和销售活动在内的综合文化产业体系。随着国家和地方政府相关政策的进一步放开，文化产业在利用传统政府财政拨款之外，也吸引了各方资金，同时在融资渠道、融资方式等方面有所创新，一时间亮点纷呈。

案例导入

大芬油画村

位于深圳市布吉街道的大芬村，是一个并不起眼的客家人聚居村落。然而，在这里不仅可以见到国际上知名油画家的作品，而且可以了解国内外油画市场的走势。大芬村原住民仅有350多人，却云集了6 000多位油画从业人员，其中有来自全国各地的2 000多位画家和画师，有大小画廊及门店1 100多家。据统计，大芬村每年生产和销售的油画有100多万幅。2010年，大芬油画村实现年产值35亿元人民币，其中内销和外销各占50%，被国内外的艺术同行誉为“中国油画第一村”。

图1—1　创作

图1—2　加工

改变是从1989年一个名叫黄江的香港画商到来开始的。黄江说，当初主要看中的是大芬村房租价格便宜、交通便利，便找了几名画工，租用一间民房，开始干起来。黄江的这一无意之举，其实已经迈出了国内少有的油画收购、加工、出口产业的第一步。很快，“油画在大芬村可以赚钱”的消息不胫而走。四面八方的绘画人员，包括绘画爱好者、美术学院毕业生，甚至小有名气的画家纷至沓来，在大芬村租房创业，聚起了人气。这个由黄江和其弟子所形成的大芬油画生产、采购和集中外销的一条龙体系，成了大芬油画村的雏形。随着越来越多的画师或画工在大芬村安营扎寨，大芬油画村的规模一年年扩大，名声也逐年提高。

油画村的形成使村民走上了方便快捷的致富之路。画商画师多了，店铺多了，村民房屋的租金也水涨船高，村民收入逐年大幅增加。油画村的形成也为村民创造了具有浓厚文化氛围的生活环境。村民所到之处看到的是油画，所接触的都是具有艺术修养的文化人，经过长年的耳濡目染，村民的文化修养都在不知不觉之中得到提升。自从油画村形成规模之后，村里的环境卫生变样了，治安环境也有了明显改善，大芬油画村相继收获了许多赞誉。

“通过大芬村的油画产业成长之路，可以透视中国文化产业的发展之道。”一位对“大芬现象”颇有研究的学者这样评价。

（资料来源：《光明日报》2012 年 7 月 29 日，第 11 版。）

知识点阐述

投资是经济学上的一个重要概念，它与现实生活贴得很近。国家计划投资研究所给出的定义是：“在内涵上，投资既指为获得预期效益的一定量货币、资金，又指这种预期效益的实现过程。在外延上，投资既指固定资产投资及实质资本的形成，又指金融资产投资及虚拟资本的运动。”

投资可分为实物投资、资本投资和证券投资等。前面两种是以货币投入企业，通过生产经营活动取得一定利润；第三种是以货币购买企业发行的股票和公司债券，间接参与企业的利润分配。投资的渠道也是多种多样，包括期货投资、股票投资、房地产投资、储蓄存款、国债投资、外汇投资和黄金投资。目前存在的投资主体有：公有资本、非公有资本和国外资本。

融资和投资都是一种经济状态。企业为自主经营而在金融领域从事的所有资金筹措活动和为此而采取的各种措施就叫作融资。[1]

融资的分类方法也是多种多样，有的将融资分为公司融资和项目融资、权益融资和负债融资、长期融资和短期融资；有的将融资简单分为直接融资、间接融资。绝大多数文献中提出可将融资渠道简单分为内部融资和外部融资。融资可以具体分为：国家财政资金、银行信贷资金、非银行金融机构资金、其他企业资金、民间游资和企业留存收益。[2]

结合文化产业的定义与投资融资的定义，可以将文化产业投融资的定义概括为：为了发展从事文化产品生产和提供文化服务的营利性产业而采取的各种各样筹集资金的行为。

---

〔1〕 克劳斯·德尔曼、路德维希·奈斯坦斯基著，杨仲伟译：《联邦德国的企业经营与管理》，中国城市经济社会出版社 1988 年版。

〔2〕 邱庆剑、黄雪丽：《改变世界的营销方法》，中国经济出版社 2004 年版。

知识点应用和思考

思考什么是文化产业投融资？你的身边或者家乡有什么文化产业投融资的案例吗？找找资料并和同学们一起讨论。

三、文化产业投融资特点

案例导入

华人文化产业投资基金投资《中国好声音》

华人文化产业投资基金与新闻集团合资成立星空华文传媒公司，下辖灿星制作。灿星制作先后成功引进和制作了全球最大选秀节目《中国达人秀》以及音乐选秀节目《中国好声音》。华人文化产业投资基金关注市场需求，不仅严谨地评估《荷兰之声》《英国之声》在本土市场的表现，而且将节目在中国各大视频网站上的视频播放次数和网友留言收集起来，作为项目决策和实施的重要依据。《中国好声音》源于荷兰节目 *The Voice of Holland*，导师选择、节目环节设置都源自荷兰，但是导师与学员分享音乐道路的艰辛、家人朋友的支持等情节又融入了浓厚的中国文化和中国人的情感。

点评人：文资网投资分析师丁文超

如何从产业、资本的角度去理解和介入文化，从而将文化所依附的具象脉络寻到恰当表达方式，并最终回归到对人本源的生存、生命的体验关怀之上，这就是华人文化产业投资基金与《中国好声音》团队为我们写下的一段最好的记录。这段记录背后体现出了华人文化产业投资基金“资源整合、平台运作”的战略思路，该思路通过“国际模式、中国表达”的内容创新机制以及“联合制作、投资分成”的运营合作机制得以充分表达。

事实上，在电视领域内，海外成功经验早已在产业化道路上做出成绩。而在国内，其市场化空间十分狭小，内容策划、制作、播出、广告经营、后续开发等产业链各环节尚有待进一步提升其自主能力，更不要说实现彼此间贯通。因此，在国内这种产业特点和运作规律之下，特别需要拥有强大资源网络和整合能力的强力机构来打破僵局，借助市场化手段为产业注入活力。诚如相关人士所言，从资本运作方式来看，通过合作经营、资源置换、协议分成，甚至股份互持等方式极大地整合各种资源，以此形成合力，发挥巨大能量，这应该被看作《中国好声音》的命脉所在。

（资料来源：搜狐网，https://www.sohu.com/a/166421587_374663。）

知识点阐述

文化产业投融资的特点是利润高、收益快。

(1)利润高。从融资主体最关心的问题上来讲，文化产业融资具有利润高的特点。文化产业融资不仅收效快，而且往往具有超出其他产业的高额利润。由于有利可图，因此文化产业已成为现代经济各部门中最具吸引力的产业。

(2)收益快。1998 年，著名的摩根士丹利咨询公司发表的一份全球投资报告，对几种产业建立世界级竞争能力的大企业所需年限做了统计分析，发现大众传媒所需年限仅为 8 年，其收益远远快于医药、银行、电力、能源等其他产业。[1]

知识点应用和思考

文化产业投融资具有很好的市场前景。随着社会经济水平的逐步提高，人们的消费结构也逐渐发生变化，由物质生活资料消费逐渐转向精神文化生活的消费。你觉得当今社会还有哪些文化产业投融资的方向呢?

四、文化产业投融资的主要形式

案例导入

小陈入职一家文化 IP 公司，有五年工作经验的他，进入了公司市场战略部门。目前，公司正在进行一项文化项目的投融资准备工作。小陈急需了解相关知识，以帮助他进一步做好新工作。

知识点阐述

文化产业投融资的主要形式可以总结如下：

(一)按投融资主体分类

1. 公有资本投融资

---

〔1〕 齐勇锋:《创新和完善文化产业投融资体系》,《中国金融》2011 年第 22 期。

在创意产业的起步阶段，国家和政府是创意产业的投资主体。一般来说，创意产业的企业规模较小、风险较高，在筹集资金开办公司或进行业务拓展方面很容易出现困难。因此，需要设立多项资助计划协助创意产业获取资金。从国内外实践来看，政府在这方面发挥了积极作用。公有资本在文化产业投资中占据很大的比例，可见我国文化投资仍然过分依赖政府。在教育、文化艺术和广播电影电视业中的国有资本占比超过一半，这个占比不仅明显高于电力、煤气和水务业，科学研究和综合技术服务业、制造业，而且高于一般商品批发和零售业。

2. 民间资本投融资

民间投资是来自民营经济所涵盖的各类主体的投资，具体包括个体投资(居民个人的生产性投资和住宅投资、城乡个体工商户经营性投资)、私营企业投资、私有资本控股的股份制企业投资以及集体企业投资。

民间融资是指出资人与受资人之间，在国家法定金融机构之外，以取得高额利息与取得资金使用权并支付约定利息为目的而采用民间借贷、民间票据融资、民间有价证券融资和社会集资等形式暂时改变资金所有权的金融行为。

民间资本有快速、灵活的优点，但也有趋利性和盲目性的缺点。随着文化产业逐步发展，已经有一些民营资本投入文化产业中。一些地区为了拓宽文化产业融资渠道、放宽市场准入政策，鼓励民营资本以独资、合资、合作、联营、参股、特许经营等方式进入文化产业领域，参与艺术品经营、音像制品分销、大众娱乐项目的经营以及文化设施的建设、改造和经营。

3. 国外资本投融资

国外资本投资融资也是文化产业投融资的主体之一。例如，在文化产业已经成为支柱型产业的广东，已向外资开放文化产业投资领域，扩大文化产业吸收外资的规模，从国家允许的、市场准入度高的文化产业入手，加大吸收外资的力度。

国外资本投融资的特点是：投融资目的多元化、能够体现国家与民族利益、投融资所使用的货币既单一化又多元化、投融资环境存在差异性以及投融资风险较大。

(二)按投融资模式分类

1. BOT 模式(Build-Operate-Transfer)

BOT 模式的运作过程一般要经过确定项目阶段、准备阶段、招标阶段、合同谈判阶段、建设阶段、经营阶段和产权转让阶段。最典型的方式为：私人投资者组成的项目公司从项目所在国政府获取“特许权协议”，负责设计、筹资和承建某项基础设施，项目公司在协议期内拥有、运营和维护这项设施，并通过收取使用费或服务费来回收投资并取得合理利润。协议期满后，这项设施的所有权无偿移交给所在国政府。

2. TOT 模式(Transfer-Operate-Transfer)

TOT 模式是指投资者投资购买国家所有的基础设施的所有权。由该国政府授予特许经营权,投资者在约定的时间内拥有该基础设施的所有权及经营权。通过经营活动取得收入,收回全部投资并获得相应的利润,约定期届满,投资者将该基础设施的所有权及经营权无偿移交给该国政府。

王璐在《BOT 与 TOT:两种投融资方式之比较》中总结了两种投融资方式的异同:“BOT 与 TOT 两种融资方式都是解决我国基础设施和基础产业建设资金不足问题的途径。这两种融资方式具有一定的相同性,对于我国社会主义现代化建设,开发中西部地区具有很强的实践意义。”

同时,她还提到,BOT 投资方式产生并逐渐被各国政府广泛采用的主要原因是,它能够解决政府在基础设施和公共工程项目建设的资金短缺问题。另外,对于筹资者来说,采用 BOT 投资方式筹资还有一些其他优点:BOT 投资方式项目融资的所有责任都转移给私营承包商,减少政府借债和还本付息的责任;政府可以避免大量的项目风险;承建商将尽可能地采用先进的设计和管理办法,提高建设风险水平和运营管理效率,降低成本和使用者的费用;可以汇集当地资本和吸引国外投资支持基础设施建设;方式灵活,能产生一些衍生产品。[1]

3. ABS 模式(Asset-Backed-Securities)

ABS 模式是指以目标项目所拥有的资产为基础,以该项目资产的未来预期收益为保证,在资本市场上发行高级债券来筹集资金的一种融资方式。

4. PPP 模式(Public-Private Partnership)

PPP 模式是指政府与私营商签订长期协议,授权私营商代替政府建设、运营或管理公共基础设施并向公众提供公共服务。

以上四种模式是国际上通用的投融资模式,这些模式注重的都是项目实施的可行性。区别在于,每个融资模式的操作阶段和方式不同,同时给投资者带来的风险和收益也不同。总之。无论采取哪一种融资模式,只要投资项目成功,带来的就不仅是直接的经济效益,通过投资乘数作用,还可以带来巨大的连带经济效益和社会效益。

知识点应用和思考

小陈在学习了文化产业投融资的几种模式后,结合公司的项目资料,对正在进行的投资项目有了更好的认识。

---

[1] 王璐:《BOT 与 TOT:两种投融资方式之比较》,《国际经济合作》2004 年第 4 期。

任务拓展实训

训练目标

(1)了解文化产业的意义；

(2)理解文化产业投融资的特点；

(3)理解现实中的文化项目投融资的基本模式。

训练内容

我是投资人：

学生实训指南	
1	每位同学需要参与一组，并完成实训任务。
2	班级的所有同学进行抽签，随机组合。每组选择一个文化项目进行投融资模式选择。
3	进行模拟项目投融资模式提案。根据最终的项目打分决定胜出的项目。

训练反馈

实训结束后，请同学们填写心得。

任务二　文化项目投融资概述

【任务描述】

小陈所在的国际文化投资基金公司初始规模为20亿元人民币，投资范围涵盖出版、电影、广播电视、网络游戏、动漫等文化产业。基金公司的投资人除建设银行外，还有中国出版集团公司、中国电影集团公司等。最近，该基金公司计划投资一家文化企业，小陈作为项目组成员，需要掌握文化项目投融资的背景资料，才能更好地完成自己的工作。

【知识嵌入】

一、项目管理与融资

案例导入

南充市方志馆的建设与运营管理

南充历史文化底蕴深厚，建设方志馆对于传承和展示当地文化具有重要意义。早在“十二五”期间，南充市委、市政府就将方志馆建设提上重要议程。从2014年起，南充市地方志办积极筹划，主动汇报并与多部门协商、考察论证，提交方案和报告，致力于打造南充的历史文化会客厅和城市文化名片。

1. 项目筹备与建设

2011年，市政府办公室印发的《南充市地方志事业第十二个五年规划》提出建设5 000平方米左右的方志馆。2013年2月，市政府正式立项；2014年3月，明确项目业主和代建单位；同年10月，方志馆正式开工建设。2016年上半年主体工程竣工，2017年8月完成主体建设，2019年10月开始装饰装修布展，2022年3月23日正式对外开馆，成为全省第一家开放运行的中大型方志专业展馆。

2. 场馆运营策略

开馆后，南充市方志馆将开门办馆作为重点，打造城市文化新窗口。通过建强宣传阵地，建设多个分馆并开发宣传板块，多角度展示南充的建制沿革和文化习俗；举办史志讲座，挖掘古志典籍，梳理历史脉络并深入各领域宣讲；共建合作平台，与多单位签订协议，搭建各类平台并提供服务；创建联动品牌，开展多种研学游体验活动，推出地情专属印章，与汉服协会合作举办活动，解锁文化宣传新路径。

3. 项目成果与影响

截至2023年12月底，方志馆接待企事业单位、社会团体参观500余场次，计2.3万余人次。通过构建多层次、立体化的方志文化服务体系，方志馆让更多群众了解地方人文历史，增强了爱乡爱国情怀。

4. 经验与启示

丰富馆藏，提升专业性和权威性，加强地方志资料征集，优化馆藏结构；打造品牌，增强宣传影响力，将史志活动与宣讲品牌相结合，开展多样化活动；建设队伍，增强社会服务意识，加强工作人员业务技能培训，打造高素质人才队伍。

南充市方志馆的建设与运营，为文化项目管理提供了宝贵经验，在文化传承、宣传推广和人才培养等方面的策略与实践，值得其他文化项目借鉴和学习。

（资料来源：南充市人民政府官网，《史志文化阵地建设创新案例｜南充市方志馆建设与运营管理》，https://www.nanchong.gov.cn/xwdt/ztzl/ncfzfznc/gzdt_23413/qsdfzgzxx/202401/t20240124_1932356.html。）

知识点阐述

项目是在特定的时间段内为达到预定目标而采取的各种活动和完成的各项任务，而落实到实际运作中，项目是为完成特定的产品或者服务所做的工作和任务。

项目的特征是目的性、受限制性、项目和项目组织的一次性、独特性。按照不同标准，有不同的分类方法：按项目投资主体不同，可分为企业项目、政府项目和非营利机构项目；按项目对象不同，可分为业务项目和自我开发项目；按项目是否营利，可分为营利性项目和非营利性项目；按规模和统属关系不同，可分为小型项目、中型项目和大型项目。

知识点应用和思考

理解项目的基本概念，并思考文化项目的特点。

二、文化项目投融资

案例导入

电视剧《繁花》：文化项目投融资的成功典范

在影视文化产业中，一部成功作品的诞生，离不开科学合理的投融资策略。电视剧《繁花》自播出便火爆全网，不仅成为现象级文化产品，而且是文化项目投融资的经典案例，为行业提供了宝贵经验。

1. 项目背景

《繁花》改编自金宇澄的茅盾文学奖同名获奖小说，由王家卫执导，胡歌、马伊琍、唐嫣、辛芷蕾等主演 。该剧以20世纪90年代的上海为背景，展现商界沉浮故事。从筹备到播出历经多年，因制作要求高、周期长，故对资金需求巨大，亟须多方投资支持。

2. 投资方与投资过程

《繁花》投资方多元，包括中央电视台、腾讯企鹅影视、上影集团、上海繁花里企业发展有限公司等 。腾讯于 2019 年 4 月介入，腾讯在线视频影视内容制作部副总经理李尔云与《繁花》总发行人冯丹接洽后，腾讯视频入局，成为全网独播平台。2020 年 4 月，上影集团董事长王健儿从朋友圈得知项目消息，与王家卫接洽并承诺解决拍摄场地问题，正式加入出品阵营。出品方中的上海繁花里，被认为是王家卫的“马甲”，早在 2013 年 11 月，王家卫就买下小说影视化改编版权，为项目奠基。

在资金投入上，上影集团为满足拍摄需求，投资 5 亿元收购昊浦影视基地，并在车墩影视基地按 1∶1 打造黄河路和进贤路实景。虽然剧方未公开制作总成本，但从诸多细节可推测投入巨大，如音乐版权费预计超千万元，还有演员片酬、改编版权、营销发行等费用。上海银行作为唯一信贷支持的商业银行，在制作初期就参与其中，为剧组提供中长期流动资金贷款，携手静安区文旅局为《繁花》开影视行业大额授信业务先河。

3. 投资回报与项目影响

《繁花》商业回报丰厚，在广告招商上成绩斐然。据不完全统计，腾讯视频上该剧收获 40 个品牌共 291 个广告投放总量，平均每集 9.7 个广告，集均广告时长达 92.63 秒，最高一集有 11 个广告，超过同平台 2023 年“广告王”《三体》。播出期间，腾讯视频站内热度值迅速破 3 万，首播当日央视八套收视率破 2，收视峰值达 2.6，拉动了会员转化，虽然腾讯未公布具体数据，但从市场反响来看，吸引了大量观众购买会员。

文化影响上，《繁花》掀起全民讨论热潮，相关话题频登热搜，带动上海地域文化传播，让黄河路、和平饭店等拍摄地成为热门打卡点，推动“影视＋文旅”融合发展。在国际上，该剧在釜山国际电影节斩获“亚洲内容大奖 & 全球流媒体大奖”最佳剧集，主演胡歌获最佳男主角奖，提升了国产剧的国际影响力。

4. 案例启示

从《繁花》投融资案例来看，文化项目投资前，投资方需深入评估项目的文化价值、市场潜力与团队实力，如原著影响力、导演过往作品成绩、演员阵容等。投资过程中，多元投资主体合作能够分散风险、整合资源，金融机构的支持为项目提供资金保障。项目成功不仅带来商业利益，而且能传播文化、提升文化影响力，这为文化项目投融资决策与执行提供了清晰参考，激励更多资本投入优质文化项目。

（资料来源：《商业故事|大导赌局：王家卫、冯小刚殊途同归》，21 财经，https://m.21jingji. com/article/20240112/herald/11b7a0b776705ced3cdf87c90558ac3c. html；《〈繁花〉背后的经济账：上影为支持拍摄花 5 亿买地，腾讯蛰伏 5 年，音乐版权费或超

千万》，中华网，https：//mkan. china. com/article/3999905. html；《唯一信贷银行，上海银行支持〈繁花〉背后故事》，上海市静安区人民政府，https：//www. jingan. gov. cn/rmtzx/003008/003008004/20240109/123ca496-7ae5-4e62-bfa0-498e80f4f8e5. html。）

知识点阐述

目前，推动文化企业上市已成为国内各省市推进文化体制改革、调整产业结构的重要抓手，而且以 IPO 为重要退出渠道的风险资本对文化产业投入的加大，也无形中推动着文化企业上市热潮的升温。

但必须指出，上市并非文化企业融资的最佳手段。虽然相对主板市场而言，创业板对中小企业上市做出了重大调整和制度革新，不要求企业“最近一期末无形资产占净资产的比例不高于 20％”，其上市门槛也比主板低，两项定量指标只需满足其一，但目前文化企业大多公司治理机制不够规范，同时股份公司身份及三年以上运营经验的硬性要求也将很多文化企业拒之门外。创业板上市热潮的出现，没有也不会改变资本市场对企业永续运营，有稳定、可预期的现金流的审慎要求，并没有改善文化企业目前面临的整体融资困境。

（一）文化项目投融资的定义

文化项目融资是以项目的无形资产、预期收益或权益为基础，由项目利益相关者分担风险的一种无追索权或有限追索权的融资方式。

从根本上说，项目型的运作方式及高度的需求导向决定了我国广大中小文化企业收入的波动性；而对体验价值感知的变化和不易捉摸，也决定了文化企业盈利曲线的非均衡性，这些从根本上依然无法满足资本市场的要求。目前，各地申报创业板的文化企业中，多数在主营业务收入、净利润、企业规模方面难以达到上市要求，盈利模式不清晰、主业不突出等问题成为困扰企业上市的重要瓶颈。目前在 A 股上市的北京文化企业共计几十家，首发融资总额不到百亿元，融资成本高、融资规模小、耗费大量的社会资源，而资本市场对于文化资产的基础性配置效应却不明显，这也是目前文化企业上市过程中的突出问题。从某种程度上说，我国资本市场要真正完成从大型优质企业导向型到大企业和新锐中小企业并重型的转变，依然需要进行大量务实而富有成效的创新设计。

（二）文化项目投融资的特点

文化项目投融资具有以下几个特点：一是项目导向明确，资金随时周转；二是限定追索权，增加担保第三方；三是融资成本高，需要进行风险分散。

目前，各省市普遍展开的“政银合作”“部行合作”模式打破了地区及部门条块分割，开创了文化产业债权融资的新局面，为各地文化产业的发展注入了新的生机与活力；与此同时，动漫版权质押、影视转播权质押、影视应收账款质押、艺术品综合保险、文化活动公共安全综合保险、演艺活动财产保险和展览保险等融资工具的创新，也解决了一部分潜力大、后劲足的骨干文化企业的融资难题。

然而，商业银行及政策性银行融资依然具有要求等值担保物、取得门槛高、贷款周期长、手续较繁杂、审批环节多等门槛，整体上无法满足规模偏小、现金流不稳定、抵押不足的多数中小文化企业的融资需求。据业界人士反映，目前包括我国大型商业银行、保险公司等推出的新型债权及衍生融资工具的金融创新程度不足，从根本上依然是传统产业融资手段的变形和衍生，在担保抵押物的认定、贷款审批流程、价值评估体系的革新等方面还未突破现有的窠臼。整体而言，文化产业债权融资依然具有浓厚的政府主导色彩，在实践中较多地向国有文化企业及龙头企业倾斜，真正市场化、能够最大限度满足大多数文化企业个性化融资需求的多元化融资服务体系尚未建立。

同时，在企业债券发行主体资格的规定方面依然未获突破，以合伙及私营形式为主的中小文化企业被排除在发债主体之外。这些都说明，我国文化产业债权性融资工具的市场化还有很长的路要走。

虽然目前我国股权投资文化产业方兴未艾，尤其是政府主导型股权基金更是一马当先，但我们必须看到，多数股权投资基金刚进入投资期，尚未到退出阶段，其经营绩效尚待验证。而通过对国外同类基金投资绩效的分析，我们不无忧虑地看到，在管理技能、投资回报、项目回收期、收益率等相关指标上，市场化股权投资基金均要优于国有主导的股权基金。目前我国股权投资基金呈现以国有基金为主导的趋势，整体投资标的不丰富，很多文化产业基金有资金、无项目，处于闲置状态；不少名为文化产业基金，但实际上投资很多交叉领域、边缘行业项目，结构不尽合理；即使投资文化产业项目的 VC/PE，真正投完全程的也在少数。

从各自的实际经验、背景及资源丰富程度而言，政府投资主体及市场投资者对于权益资本成本的认识大相径庭。由于政府资本所有者长期缺位导致的投资回报意识淡薄以及政府投融资体制长期奉行的“大基建”观念，使得政府投资主体有忽视文化产业股权基金投资回报率的倾向；而真正的股权投资基金因其投资风险远大于债权投资，因此必须要求高于商业利率的投资回报。两者存在巨大差距，这也是当前和今后一个时期，我国文化产业股权投资领域必须认真面对的重要课题。

（三）文化项目投资的实施过程

投资项目决策的程序指的是对一个项目进行投资的过程，投资项目在决策过程中各工作环节应遵循的符合其自身运动规律的先后顺序。

我国的投资项目决策程序是在借鉴西方经济发达国家的决策经验和科学的评价

方法的基础上，结合我国的实际情况制定的。按规定，大中型工业项目决策程序主要按以下几个步骤进行：

1. 提出项目建议书

提出项目建议书是投资前对项目的轮廓设想，主要是从投资建设的必要性方面来衡量，同时初步分析投资建设的可行性。内容主要有：投资项目提出的必要性，产品方案，拟建规模和建设地点的初步设想，资源状况、建设条件、协作关系的初步分析，投资估算和资金筹措设想，偿还贷款能力测算，项目的大体进度安排，经济效益和社会效益的初步估算等。

2. 进行可行性研究

项目可行性研究是指在项目决策前，通过对与项目有关的工程、技术、经济等各方面条件和情况进行调查、研究、分析，对各种可能的建设技术方案进行比较论证和对项目建成后的经济效益进行预测和评价，来考察项目技术上的先进性和适用性、经济上的营利性和合理性、建设上的可能性和可行性。

根据调查资料对投资项目技术上的先进可行性、经济上的合理性以及建设条件的可能性等方面进行技术经济论证，进行不同方案的分析比较，并在研究分析投资效益的基础上，提出建设项目是否可行以及怎样进行建设的意见和方案，编写可行性研究报告。

3. 编制设计任务书

根据可行性研究报告中所提供的项目投资若干方案，包括其中的最佳方案，经过再调查、研究、补充、修正、挑选确定，即可作为编制设计任务书的可靠依据。

4. 项目评估

邀请有关技术、经济专家和承办投资贷款的银行，对项目的可行性研究报告进行预审，然后由投资银行的咨询机构或计划决策部门委托有资格的工程咨询公司进行项目评估，即对项目的可行性研究报告和编制的计划任务书进行全面认真仔细的审查、计算和核实，根据审核、评估的结果，编写项目评估报告。

5. 项目审批

完成上述步骤后，决策部门应对可行性研究报告和计划任务书及评估报告等文件进一步加以审核，如果项目是可行的，即可批准。计划任务书一经批准，就视为立项，投资项目决策就基本定下来了。至于投资项目何时纳入年度计划、动工实施，还需要由计划部门经过综合平衡予以确定。

随着文化项目投资体制改革的深入，国家进一步下放了文化项目投资项目审批权。一般性的文化项目中小项目的投资立项权和审批权都下放给地方和企业。

知识点应用和思考

小陈负责本次文化项目投资的市场分析，请问他需要掌握哪些情况呢？

三、文化项目投融资模式

据统计，目前我国文化产业基金已超过 120 家，规模超过 1 400 亿元，呈现国资、民资、外资百花齐放、万马奔腾的热烈局面，规模迅速扩大。而作为近年来文化产业投融资领域的亮点，私募股权基金大举进入文化产业，尤其是影视行业，带来了严格的预算管理制度、科学的投资决策流程以及严密的审计管理体系，保证了资本使用的效益，也给金融支持文化产业发展带来耳目一新的崭新局面。

案例导入

广州永庆坊文化街区 BOT 融资模式案例

1. 项目背景

广州永庆坊所在的恩宁路片区有着深厚的历史文化底蕴，是广州骑楼建筑的代表区域。但随着时间推移，该片区建筑老化、设施陈旧，面临着保护与更新的难题。2006 年起，政府筹划推动恩宁路片区改造规划，旨在保护历史文化的同时，提升区域活力。经过十余年探索，最终在 2015 年确定采用“政府主导，企业承办，居民参与”的 BOT 模式进行改造运营。

2. BOT 融资模式实施过程

(1)项目确立与招标。政府负责前期征收拆迁，投入 18 亿元，完成除 12 户居民外的房屋和土地征收，拥有永庆坊大部分产权。之后，政府通过招标引入社会资本，万科在 2015 年中标该项目。

(2)建设阶段。2016 年 2 月，万科对永庆坊片区近 60 栋建筑考察梳理，制定改造方案，包括历史建筑保护修复、线路整理、消除安全隐患、配建公共设施等。

(3)运营阶段。改造完成后，万科享有 15 年运营权，负责入驻企业招商、管理、活动策划等。万科引入万科云创业中心、青年旅社等多元业态，还利用文物保护建筑场地举办西关特色公共文化活动。

(4)盈利与成本回收。永庆坊改造成本约 1 万元/平方米，收入主要来自租金和物业管理费。商铺出租率高，整体租金和物业费有一定水平。项目自2018年起实现年度收支平衡，总投入成本预计回收周期为12.5年。

3. 项目成效

永庆坊成为广州热门的文化旅游景点，每年吸引大量游客，带动周边经济发展，提升了区域文化影响力，实现了历史文化保护与经济发展的良性互动。同时，为城市历史文化街区的改造更新提供了可借鉴的范例。

4. 经验启示

政府在项目中发挥主导作用，负责前期征收拆迁和搭建协商平台，保障项目顺利推进。引入有实力和经验的企业进行建设运营，能充分利用企业的专业能力和资金优势。此外，鼓励居民参与，让居民成为项目的受益者和监督者，有助于项目获得广泛支持。

（资料来源：有机更新案例研究，《广州永庆坊：创新BOT模式》。）

知识点阐述

（一）BOT项目融资模式

广泛应用于基础设施建设的融资模式，是政府组织利用外资和民营资本兴建基础设施的主要融资模式。基本表现形式：BOT（Build-Operate-Transfer，即建设—经营—转让）；BOOT（Build-Own-Operate-Transfer，即建设—拥有—经营—转让）；BOO（Build-Own-Operate，即建设—拥有—经营）；BTO（Build-Transfer-Operate，即建设—转让—经营）；TOT（Transfer-Operate-Transfer，即转让—经营—转让）。

BOT项目的主要参与人包括：政府、项目承办人、投资者、贷款人、保险和担保人、总承包商、运营开发商等。项目的最终所有者也是项目的发起人，为政府、政府机构或政府指定的公司。优点是：可以减少项目建设的初始投入；可以吸引外资，引入先进的生产经营技术，改善和提高文化项目的管理水平。项目的直接投资者和经营者是BOT融资模式的主体。项目的贷款银行，除了商业银行外，还有政府的信贷机构和某些政策性的开发银行。

BOT项目融资模式流程见表1—1。

表1—1　BOT项目融资模式流程

1	准备阶段
2	执行阶段
3	移交阶段

BOT 融资模式的特点：投资规模大，建设周期长，投资风险大，转让强制性，以政府作为融资平台。

BOT 融资模式的优势：有利于减轻政府财政负担；能有效降低和分散项目建设、运营风险；有利于项目的专业化运作。

BOT 融资模式的劣势：在特许经营权范围内，项目发起人的政府无法获得任何收益，基础设施建设的公益性及社会性无法体现；企业在项目建设和经营中，将成本转嫁给消费者。

BOT 项目融资方式采取的招投标模式提高了企业的参与成本。BOT 项目融资的项目参与者若有多个利益主体，则可能对项目的运行产生负面影响。

（二）ABS 项目融资模式

资产证券化是指通过在资本市场和货币市场上发行证券即以直接融资方式来举债，称为一级证券化或融资证券化。

把已经存在的信贷资产集中起来，根据利率、期限、信用质量等标准加以组合并进行包装后转售给投资者，从而使此项资产在原持有者的资产负债表中消失，这种形式的证券化称为二级证券化。

ABS(Asset-Backed Securities)是以项目所属的资产为支撑的资产证券化融资模式，是资产证券化的简称。具体表述为：以某一项目所拥有的资产为基础，以项目资产所产生的独立的、可识别的未来收益作为抵押，通过在资本市场上发行具有固定收益率的高档债券来筹集资金的一种项目融资方式。

ABS 项目融资模式在文化产业融资中的应用主要表现为知识产权证券化；此外，还包括一些未来收益的证券化，如电影票房、应收账款、拍卖价值证券化等。

ABS 项目融资模式流程见表 1—2。

表 1—2　　ABS 项目融资模式流程

1	确定融资目标
2	组建 SPV[即特殊目的载体(Special Purpose Vehicle)，通常是为了实现特定的金融目标，如资产证券化而专门设立的法律实体]
3	项目资产真实出售
4	进行内部评级，完善交易结构
5	划分优先证券和次级证券，办理金融担保
6	进行发行评级，安排证券销售
7	SPV 获得证券发行收入，向原始权益人支付购买价格
8	实施资产管理
9	支付各种机构的服务费用

(三)PPP 项目融资模式

PPP(Public-Private Partnership)即公共部门与私人企业合作模式,是指政府、营利性企业和非营利性企业以某个项目为基础形成相互合作关系的模式。

PPP 项目融资模式流程为:(1)政府部门或地方政府通过采购或投标等形式选择项目合作公司,并与之签订特许合同;(2)在选定项目合作公司后,政府与公司双方共同确定项目,成立项目公司;(3)政府与提供贷款的金融机构达成一个直接协议;(4)在融资规模达到需求时,项目开始建设和经营;(5)到融资结尾阶段,进行项目移交。

PPP 项目融资模式适用于大型、一次性的项目,如博物馆、图书馆等文化基础设施的建设。

PPP 项目融资的优势:有效降低费用,有效分担风险,有效发挥私企作用,实现政府与企业共赢。

(四)PFI 项目融资模式

PFI(Private Finance Initiative)即私人主动融资,是运用民间资本进行项目开发的一种融资模式。具体是指政府部门根据社会对公共设施的需求,提出需要建设的项目,通过招投标,由获得特许权的私营部门或其组建的 SPV 进行公共设施项目的设计、施工与维修保养,并在特许期结束时将经营的项目完好地、无债务地归还政府,而私营部门则定期从政府部门收取费用以回收成本的一种项目融资方式。

PFI 融资模式是传递某种公共项目的服务,而不是提供具体项目的构筑物。

政府采用 PFI 融资模式的目的在于获得有效的服务,而非获得最终项目的所有权。

PFI 项目融资模式流程见表 1—3。

表 1—3　　PFI 项目融资模式流程

1	评估与调研
2	通过招投标选定 SPV
3	运营与管理
4	利润回报

PFI 融资模式的特点:适用领域广泛;融资模式多元化;项目完成率高。

(五)其他文化项目融资模式

其他文化项目融资模式包括:项目投资者直接融资模式、插入式广告融资、预售版权融资、期货融资、产业政策融资等。

知识点应用和思考

请同学们分别就所学习的文化投融资模式寻找现实中的案例，并进行分组讨论。

任务拓展实训

训练目标

（1）了解文化项目的意义；

（2）理解文化项目投融资的特点；

（3）理解现实中的文化项目投融资的基本模式。

训练内容

我是投资人：

学生实训指南	
1	每位同学需要参与一组，并完成实训任务。
2	班级的所有同学进行抽签，随机决定每位同学的角色，设投资组一组、项目组若干。
3	投资组提出投资需求；项目组根据需求，进行模拟项目提案；根据最终的项目打分决定胜出的项目。

训练反馈

实训结束后，请同学们填写心得。

项目二　投融资理论基础

【知识目标】

了解文化项目投资的风险与收益；

了解资产端与资金端口的含义；

掌握文化投资和融资的内容；

了解债权与股权的含义。

【能力目标】

能够分辨文化投融资项目的基本要素；

具备分析风险与收益的基本能力。

【思政目标】

掌握常见的风险以及防范措施；

具备投融资从业者相应的职业素养与技能。

【思维导图】

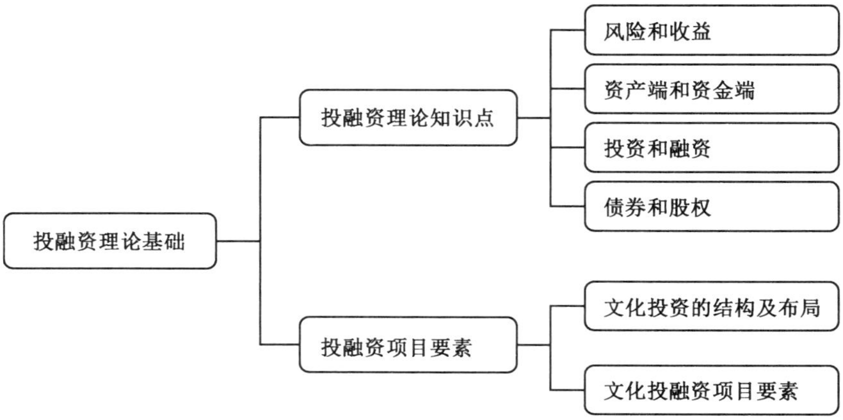

任务一　投融资理论知识点

【任务描述】

文化项目因其市场不确定性高、资金需求量大、建设周期长等特点，往往在投资环节的方案制订中相较于其他投资项目具有更多的不确定性。投资方案中一般需要考虑哪些因素呢？文化项目又存在哪些特殊性呢？

【知识嵌入】

一、风险和收益

案例导入

上海迪士尼风险管理机制

作为上海标志性文化投资项目，上海迪士尼乐园自2011年筹建、2016年开业以来，以广泛的话题、庞大的投资额、巨大的经济效应而备受世人瞩目，形成了模板式的"上海模式"。文化项目本身是对文化项目涉及的人力、财力、物力等相关资源进行计划、组织、控制的过程，此过程中因管理者素质、项目组织过程、企业管理机制等各类原因导致并可能造成损失的不确定性都属于管理风险，比如人力管理风险、财务管理风险和国际化风险等。针对这些风险，可采取完善文化产业项目风险管理机制、转移财务风险、尊重文化差异、解决文化冲突等风险控制策略。

以迪士尼为例，在筹建上海迪士尼之前，美国以外有3家迪士尼乐园，分别位于香港、巴黎和东京。在这3家迪士尼乐园中，相比东京迪士尼，巴黎和香港的迪士尼乐园经营并不如意。原因在于，未能很好地处理项目管理中人力、财力和国际化等风险。为规避经营风险，上海迪士尼和东京迪士尼都提供了很好的风险管理范例。

在面对已有的经营风险的情况下，上海迪士尼采取了全新的合作和风险管理机制。上海迪士尼度假区由上海申迪（集团）有限公司（简称"申迪集团"）与华特·迪士尼公司共同投资、建设和运营。申迪集团通过其全资子公司上海申迪旅游度假开发有限公司（简称"申迪旅游"）与迪士尼持股实体（华特·迪士尼公司的全资子公司）共同合作，出资设立了3家合作企业，分别是：负责主题乐园项目开发、建设和运营的上海国际主题乐园有限公司;负责酒店、餐饮、零售、娱乐等配套设施投资建设的上海国际主题乐园配套设施有限公司;根据前两个公司的授权进行相关的主题乐园和配套设施的日常管理和运营任务的上海国际主题乐园和度假区管理有限公司。这 3 家公司的成立使项目本身和管理公司能够相互持股,共同承担盈亏,很好地分散了项目管理中的风险,避免了其他地区出现的项目本身亏损而乐园管理公司赚钱的现象,从制度上保证了项目管理过程中财务和金融风险的控制。这 3 家全资子公司持有业主公司 57%的股份,而华特·迪士尼公司持有 43%的股份。在管理公司中,申迪旅游持有 35%的股份,华特·迪士尼公司持有 70%的股份。

而经营时间更久的东京迪士尼也有着成功的风险管理经验。例如,东京迪士尼积极开发国内市场,目标市场定位准确,有清晰的发展思路。面对文化差异和冲突,东京迪士尼因地制宜,考虑到汉堡、薯条并非日本民众饮食习惯,因此在提供美式餐饮的同时也提供日式餐饮。东京迪士尼大酒店特意设计了传统的日式结婚礼堂,满足日本民众的婚礼需求。迪士尼门口的鞠躬加甜笑的迎送礼仪也体现了日本文化与迪士尼快乐理念的完美结合,形成了东京迪士尼的特色。

案例思考:

(1)文化项目投融资与其他项目相比有什么特殊的要素和风险呢?

(2)文化项目的风险管理有哪些必要性?

分析提示:

风险控制模式的运行一般会贯穿经济活动开展的全过程,以市场调查、风险评估为参考,实现对经济活动计划的及时调整,其特点是操作烦琐、周期长。因此,主要运用风险控制策略实现风险规避的风险控制模式,其成功运行主要受文化产品的投资周期、文化产品的市场规模、产业链发展程度和版权保护制度的限制。

知识点阐述

(一)文化投资项目收益

1. 文化产业的收益

文化产业与其他产业相比,具有市场规模巨大、投资回报丰厚的特点。无论是发达国家还是发展中国家,都已经把大力发展文化产业作为新的经济增长点。在一些国家,文化产业业已成为重要的支柱产业之一,成为国家“软实力”的重要组成部分和国与国之间竞争的利器。在我国,从政府到民间都越来越意识到文化产业的重要性。中共中央在“十一五”规划中明确提出,积极发展文化事业和文化产业,加大政府对文化事业的投入。完善文化产业政策,形成以公有制为主体、多种所有制共同发展的文化产业格局和以民族文化为主体、吸收外来有益文化的文化市场格局。党的十六大以来，文化产业作为国家战略性产业发展，并伴随着市场经济的提升而逐渐成为支柱性产业。从文化投资项目来看，需要明确市场资源的配置，通过供需分析、价格策略、国家政策来调节文化项目的筹资、投资、运营、产出全过程。全国有 17 个省市提出将文化产业作为经济支柱来培养，文化产业作为新的经济增长点，日益成为城市综合竞争力的代表产业之一。

2. 文化投资项目收益

文化投资项目的收益是指文化投资项目的价值在一定时期的增值。一般情况下，有两种表述文化投资项目收益的方式：

第一种是以百分比表示的，称为文化投资项目的收益率。这是资产增值量与期初资产价值的比值。该收益率包括两个部分：一是利息（股息）的收益率，二是资本利得的收益率。根据文化产业的市场现状，一般情况下亏损与盈利都是以收益率来表示的，便于了解文化产业的经营收益情况，了解文化投资项目的效益。

第二种是以金额表示的，称为文化投资项目的收益额。通常以资产价值在一定期限内的增值量来表示，该增值量来源于两个部分：一是期限内文化投资项目的现金净收入，二是期末资产的价值（或市场价格）相对于期初价值的升值。前者多为利息、红利或股息收益，后者为资本利得。文化投资项目的收益额能直观地反映文化投资的收益。

由于收益率是相对于特定期限的，因此，它的大小要受到计算期数的影响。但是，文化投资项目计算期限不一定是一年，相对于一般投资项目来说，它的期限相对较长。为了便于比较和分析，对于计算期限短于或长于一年的资产，在计算收益率的时候一般要将不同期限的收益率转化为年收益率，以此考虑文化投资项目的风险与收益。

3. 文化投资项目收益率的类型

在实际的文化投资项目资产投资中，按照项目需求和要求的不同，文化投资项目收益率可以分为实际收益率、预期收益率和必要收益率。

（1）文化投资项目的实际收益率。

实际收益率是指已经实现或者确定可以实现的资产收益率，表述为已实现或确定可以实现的利息（股息）率与资本利得收益率之和。当存在通货膨胀时，应当扣除通货膨胀率的影响，才是真实的收益率。文化投资项目的实际收益率往往受到较多因素的影响，从文化产业特殊性来说，文化产品需求弹性及文化 IP 的价值波动都会对文化投资项目产生较大的影响。而市场环境、项目运营、宏观经济等因素也会对文化项目的长期运行带来影响。一个文化投资项目的投入，其实际收益往往并不局限于项目本身。

（2）文化投资项目的预期收益率。

预期收益率又称期望收益率，是指在不确定的条件下，预测的某资产未来可能实现的收益率。

(3)文化投资项目的必要收益率。

必要收益率又称最低必要报酬率，或最低要求的收益率，是指投资者对某资产合理要求的最低收益率。其计算公式为：必要收益率＝无风险收益率＋风险收益率。

无风险收益率是指把资金投资于一个没有任何风险的投资对象所能得到的收益率。一般会把这一收益率作为基本收益，再考虑可能出现的各种风险。无风险收益率的确定在基金业绩评价中具有非常重要的作用，各种传统的业绩评价方法都使用了无风险收益率指标。

风险收益率是指由投资者承担风险而额外要求的风险补偿率。风险收益率包括违约风险收益率、流动性风险收益率和期限风险收益率。风险收益率的大小取决于以下两个因素：风险的大小以及投资者对风险的偏好。

(二)文化投资项目的风险及其衡量

1. 风险的概念

风险是指收益的不确定性。在文化投资项目中，风险是企业从筹资阶段开始，所需要的各项财务活动发生的情况。虽然风险的存在可能意味着收益的增加，但人们更多考虑的是损失发生的可能性。由于文化活动项目是一种多风险的项目，而且其风险有较强的独特性，主要表现为单位时间内风险高度集中、多种风险因素交叉，因此，其风险管理是一个比较特殊的领域。文化投资项目比起其他资产而言，更容易发生实际收益与预计收益背离的情况，从而遭受经济损失。

文化产业的风险更多的是指在现今的自然、政治、经济、文化、社会环境下，由于各种可控或不可控因素而导致经营文化产业的经济主体遭受损失的程度以及损失发生的概率。当前，文化产业投资的失败率通常达到80%左右，故文化产业界也有“二八定律”之说。风险控制是指在已经意识到风险的存在并且风险不可能被完全消除的情况下，采取多种风险控制策略，通过筛选内容、建立协作体系和开发衍生品，对产业链的各个环节实施控制，以降低损失发生的概率、限制损失发生的范围为主要效用的风险规避。

2. 文化投资项目风险的衡量

文化投资项目的风险是指活动项目没有达到预期目标的可能性。文化投资项目很容易受到风险的影响，要做好文化投资项目的风险管理，就必须先对文化活动项目的一般风险进行识别分析。

(1)政治文化和宗教民俗约束风险。

此类风险是与活动的内容和形式的选择密切相关的。每一个活动都会涉及文化的交流沟通，在选择活动内容时，一定要考虑举办地和目标观众的社会意识形态、社会道德规范、宗教民俗习惯,假如与之相悖,就会出现风险。

(2)法律政策约束风险。

即便是组织一个小规模的活动项目,也需要有一份法律规章明细表,并对表中的规章制度能够认真了解、严格遵守。活动的规模越大,参与的人数越多,影响越广泛,所需要遵守的法规就越多。基本原则是,要认真研究和咨询,了解为保证活动顺利进行应得到哪些授权和许可。通常来说,不同的国家、地区,甚至社区,都会对文化活动有一定的限制和要求,活动管理者需要与相关部门做好事前的充分沟通。在我国,依据活动内容和规模不同,活动管理涉及当地政府、公安、消防等多个部门。在户外活动、参与人数众多、有贵宾出席,或者有烟火燃放需要道路管制时,事前咨询和与相关部门沟通就更加重要了。假如活动是在境外举办,那么涉及食品、酒精、商品售卖、当地用工雇员等问题,都需要寻求当地的法律帮助。

(3)商业运作风险。

此类风险是活动组织者在市场运作过程中,履行主办方义务、合同义务时产生的多种风险,包括资源风险、质量风险、时间风险、管理与能力风险、信用风险、运输风险、天气风险、合同风险和履约风险等。比如各种财产和物资在运输、安装、现场使用、拆除、再运输的过程中,由于自然灾难或意外事故都可能引起经济损失。

(4)健康和安全风险。

健康和安全在活动管理中应当引起特殊重视。在活动过程中,自然灾难或意外事故都可能引发组织者、临时工作人员、嘉宾、演艺人员和观众的人身伤害,发生危及健康和生命的安全风险。可以说,安全风险是活动风险中最高的风险。

(5)不可抗力风险。

文化投资项目所在地如果发生战斗、恐怖袭击、环境污染、疾病暴发等灾难性事件,就会导致活动项目推迟或取消,由此给组织者造成极大的损失,包括组织者前期筹备所支付的人员工资、场地预定、部分制作、市场推广等一系列开支。

3. 文化投资项目的风险控制

文化投资项目是对涉及的人力、财力、物力等相关资源进行计划、组织、控制的过程,此过程中因管理者素质、项目组织过程、企业管理机制等各种原因导致并可能造成损失的不确定性都属于管理风险,比如人力管理风险、财务管理风险和国际化风险等。针对这些风险,可采取完善文化产业项目风险管理机制、转移财务风险、尊重文化差异解决文化冲突等风险控制策略。以迪士尼为例,从全球迪士尼乐园 2024 财年前三季度的收入水平来看,同比增长约 12%。全球乐园的客流量基本恢复到 2020 年以前。而 2020 年以来受到全球突发性公共卫生事件及乐园运营成本的上升等诸多影响,全球迪士尼乐园的利润收缩,原因在于未能很好地处理项目管理中人力、财力和国际化等风险。为规避经营风险，上海迪士尼和东京迪士尼都提供了很好的风险管理范例。[1]

知识点应用和思考

1. 文化投资项目有哪些收益的表示方法？
2. 如何衡量文化项目的风险？如何正确看待风险？
3. 文化项目的投资在风险与收益上需要衡量哪些因素？

二、资产端和资金端

案例导入

上海迪士尼资金融资模式

上海申迪（集团）有限公司 2023 年 9 月利润表 单位：元

项　目	本月金额	本年累计金额
营业总收入	8 649 407.76	80 211 215.04
营业总成本	43 176 991.84	426 763 294.76
营业成本	9 517 782.92	88 916 125.89
管理费用	13 040 018.75	104 795 051.20
销售费用	1 169 075.07	3 472 613.20
财务费用	19 334 018.68	215 686 463.83
营业利润	—16 649 045.22	145 008 640.12
利润总额	—16 649 045.22	144 882 992.97
净利润	—16 649 045.22	144 882 992.97

资料来源：上海申迪（集团）有限公司官网。

2023 年是迪士尼成立 100 周年，而该年度的财务报表以 9 月为例不及预期的财报指标，放眼全球迪士尼公司不断承压的股价、潜在的风险问题，都在对迪士尼做出警示。

[1] 资料来源：https://thewaltdisneycompany.com/investor-relations。

上海迪士尼作为迪士尼乐园的"上海模式"范本，其体现在资产端和资金端的特有迪士尼融资模式特点，值得国内大型文化产业项目学习。关于上海迪士尼融资模式有以下几个特点：

1. 政府主导，国企投资参与的股权融资模式

上海迪士尼确立了以政府主导、国企投资参与的股权融资管理模式。申迪集团注册资本204.51亿元，股东清一色国资背景，如陆家嘴集团、锦江国际、上海文广集团、百联集团均隶属上海国资委。申迪集团子公司申迪旅游具体负责与迪士尼公司的合作经营，共同投资、建设和运营上海迪士尼主题乐园及配套设施，以及相关产业发展任务。其余公共建设由上海地方财政支付，政府背书提供信用担保。

2. 长期借款为主、商业信用和发行债券为辅的债务融资模式

从申迪集团2017年资产负债表可以看出，资产负债率为51%，相当稳健。资产561.92亿元，其中，乐园有关固定资产436.16亿元，占比77.6%。负债286.95亿元，其中，短期借款1.85亿元，占比0.6%；应付债券19.34亿元，占比6.7%；应付账款64.87亿元，占比22.6%；长期借款119.88亿元，占比41.8%。上海迪士尼采用长期借款为主、商业信用和发行债券为辅的债务融资模式。[1]

3. 融资模式承担了上海向第三产业转型的任务

上海作为全国经济的排头兵，近年来经济增速放缓，面临着经济结构调整以及向第三产业转型的压力。上海斥巨资引入迪士尼，承担大浦东联动开发重任，通过游客经济拉动观光、购物、餐宿消费等，大力发展旅游业，彰显了向第三产业转型的决心和魄力。上海迪士尼的融资模式，实质是"政府搭台＋国企运营＋银团贷款"运作模式，承担了上海向第三产业转型的任务。

案例思考：

试分析上海迪士尼2023年9月的利润表，并针对文化项目的资金运营管理做出分析。

(1)上海迪士尼的投资方有哪些？文化项目和其他投资项目有何区别？

(2)上海迪士尼的融资模式是否有不足之处？请同学们试着讨论说明。

分析提示：

(1)股权融资股东背景单一，缺少社会资本介入。从前面的分析可以看出，上海迪士尼的运作平台申迪集团、申迪旅游股东均为国资背景，没有民营等社会资本介入(当然，早期开发必须借用政府隐性背书)。国资背景的股东方背景单一，导致所有者缺位。股权融资无社会资本参与，特别是上海迪士尼作为文化旅游娱乐产业，需要有创新、有活力、有相关背景的民营资本介入，以增强公司的运营效率和生机活力。

---

[1] 谭朝辉：《上海迪士尼融资模式浅析与创新建议》，《现代商业》2020年第11期。

(2)债务融资以银团长期借款为主,融资手段单一。从申迪集团2017年财报可以看出,上海迪士尼的债务融资模式以银团的长期借款为主,兼有债券发行和部分短期借款,并利用了部分下游供应商的商业信用。总体而言,融资手段单一,主要依靠政府背书的银团银行贷款和发行债券,缺少专门针对主题乐园的信贷产品。

(3)债务融资结构不佳,利息成本高企。申迪集团债务融资结构不佳,长期借款偏高。有22亿元的货币资金,同时还有1.85亿元短期借款,资金利用效率不高。公司2017年财务利息高达6.54亿元。虽然借款可以发挥财务杠杆作用、可进行抵税,但过高的利息费用增加了公司的财务成本,影响了公司的盈利能力。

知识点阐述

(一)文化投资项目的资产端

资产端是指资金需求方即融资方,文化投资项目的资产端即文化投资中的筹资贷前需求。在文化投资项目管理中,由于资金比较庞大,往往涉及资金的筹资。项目投资的目的,是要通过预先垫付一定数量的货币或实物形态的资本来构建和配置形成企业的各类资产,从事文化经营活动,获取未来的经济利益。对文化项目风险的控制往往分为贷前、贷中、贷后三个部分,虽然三个环节紧密相扣,但最关键的是贷前,即文化投资项目资金的来源。

资产端对应的是负债端,是投资领域中两个重要的概念,表明资金来源机构的资产和负债,通常所说的投资机构所拥有的资产,包括库存现金、银行存款、金融债券、股票等。这些资产对投资方而言是获得收益和投资文化项目资金支持。文化项目的资产端和一般项目的资产端总体而言没有太大区别,对于投资公司而言,资产端的运营可以为文化项目提供资金需求,但文化项目比一般投资项目所考虑的风险因素更多、不确定性更大、项目的通知周期也更长。投资公司自身可以通过投资和经营资产端的资产来获取相应的收益。

(二)文化投资项目的资金端

资金端是指出借人一方,也就是投资挣利息收益的一方。由于文化投融资的特殊产业环境,所以公共文化投资项目中资金端往往是银行。在文化投融资领域,就是投资者把自己的钱通过平台出借给有资金需求的其他企业或个人,投资者就属于资金端一方。而企业或个人,也就是借款人,若需要融资,则需要重组的资金来源,一定程度上也会影响企业的实际运营。资金端的管理往往立足于企业的实际需求,符合企业的整体战略发展目标和实际的财务计划与目标。

对于文化项目的资金端,是在较长投资建设周期内寻求风险与收益之间平衡,针对不同文化投资项目的特征进行资金管理的过程。文化项目包括多种形式，广义的文化项目既包括艺术、演出，也包括文化交流、教育、咨询等。总的来说，可以将文化分为以下几个大类：艺术品、演出表演、文化遗产、文化交流、艺术教育、艺术咨询、民俗与文化节庆、图书出版印刷、电视影视作品、数字媒体、网络虚拟作品、基础文化设施和文化建设改造等。不同文化项目的资产端不同、所面临的风险不同、项目周期和收益分成的方法不同，对于资金端的运营也有所不同。

知识点应用和思考

(1)文化投资项目投资中资金端是如何运作的？

(2)文化项目资产端有哪些运营策略？

三、投资和融资

案例导入

上海迪士尼文化项目融资案例分析

2009 年 1 月，迪士尼宣布与上海市政府签订关于迪士尼项目的框架协议，将联合上海市政府，在浦东兴建全球第六个迪士尼乐园。

2010 年 11 月 5 日，上海申迪与美国迪士尼签署上海迪士尼乐园项目合作协议，标志着上海迪士尼乐园项目正式启动，也意味着中国迄今为止规模最大的中外合资现代服务业项目正式落地。

2009 年 11 月 4 日，上海迪士尼项目申请报告获国家有关部门核准，上海迪士尼乐园项目启动。

2009 年 11 月 23 日，国家发展改革委在网站上发布："2009 年 10 月，经报请国务院同意，我委正式批复核准上海迪士尼乐园项目。该项目由中方公司和美方公司共同投资建设。项目建设地址位于上海市浦东新区川沙新镇，占地 116 公顷。项目建设内容包括游乐区、后勤配套区、公共事业区和一个停车场。"

上海迪士尼项目一期建设的迪士尼乐园及配套区占地 3.9 平方公里，以 1.16 平方公里的主题乐园和约 0.39 平方公里的中心湖泊为核心。主要建设内容包括：游乐设施(主题乐园)、中心湖与围场河、商业娱乐、酒店、公共停车场(游客停车场)、公共交通设施、办公(管理服务中心)、市政设施等,总投资超过245亿元。

上海迪士尼乐园是中国第二个、亚洲第三个、世界第六个迪士尼主题乐园,迪士尼乐园向来是全球建造成本最高的主题乐园之一。2011年3月9日,上海国际旅游度假区核心区控制性详细规划(草案)上网公示,上海迪士尼乐园也在此规划中,乐园主体工程于2011年4月8日正式破土动工。

项目投资达245亿元人民币,所有投资中,40%的资金为中方和迪士尼双方共同持有的股权,其中,中方政府占57%,迪士尼占43%;其余占总投资60%的资金则为债权,其中,政府拥有80%,另外20%则为商业机构拥有。

上海国际主题乐园有限公司注册资金195.8亿元人民币,股东发起人为上海申迪旅游度假开发有限公司、WD HOLDINGS(SHANGHAI),LLC,后者是美国迪士尼在上海成立的美方公司。乐园公司的功能主要是主题乐园的开发、建设和经营等,也包括园区内服务提供。

上海国际主题乐园配套设施有限公司注册资金为31.7亿元人民币,经营范围包括酒店、购物中心、体育、娱乐和休闲设施的开发、建设和管理等。

上海国际主题乐园和度假区管理有限公司注册资金为2 000万元,业务主要涉及财务管理、员工培训等。

案例思考:

(1)上海迪士尼筹建初期为何需要筹集资金?

(2)文化项目的投融资有什么特点?请同学们试着讨论说明。

分析提示:

大型文化项目的起点通常是从筹资开始,也就是投资和融资。无论是用于形成固定资产的文化基本建设投资,还是用于形成流动资产的文化知识产权和文化战略后备资源的投资,它们的建设、创作和培养、成型周期都比较长。投融资作为文化产业筹资的起点,是投融资理论的重要基础内容。

知识点阐述

(一)文化投资的内涵

1. 文化投资的定义

文化投资是一定的经济主体为获取社会的、经济的效益而投入货币或其他资源于文化事业、文化产业的经济活动。广义上的文化投资是指一切用于文化建设与发展需要的投入资源要素;狭义上是指针对具体文化投资项目的文化投入要素,集中体现为货币金融投资。

文化投资领域的资本运作在本质上是由文化形成的文化资本的运作，这是一种文化价值链的增值和扩张，收益不仅是货币资本的增值，而且是文化资本的增值，是文化的扩大再生产。

2. 文化投资的类型

文化投资的项目有不同的区分标准和类型划分。第一，按出资人性质可以分为国有文化投资、民营文化投资和“第三种文化投资”。国有文化投资也称公共部门投资，其特点是公益性和非营利性；民营文化投资也称私人部门投资；而“第三种文化投资”涉及财团法人、基金会等。第二，按用途可以分为固定文化资产和流动文化资产。固定文化资产是指文化在生产过程中，可供较长时间反复使用，并在使用过程中基本不改变原有实物形态的文化生产资料和其他物质资料。我国现阶段这一部分的再生产基本特征是扩大再生产，包括外延型扩大和内涵型扩大两种类型，以及新建、扩建和改建与技术改造三种形式。流动文化资产是指在文化生产经营过程中经常改变其存在状态的资金运用项目，如各种文化产品（图书、音像制品、美术品）、库存现金、银行存款和文化基金等。第三，按筹集和运作形式可以分为直接投资与间接投资。直接投资是指将资金直接投入文化项目，形成固定和流动文化资产的投资，从而扩大了文化生产能力，增加了实物文化资产和文化无形资产的存量，为提供商品和服务奠定基础。间接投资是指通过购买或发行有价证券所进行的文化投资，形成文化金融资本，同时对文化艺术教育的投资，不形成固定或流动文化资产，而是文化人力资源投资。第四，按投资的质地构成分为硬投资与软投资。硬投资是以货币为主要质地的文化投资，而软投资则是以知识产权形态为主要投资质地的文化投资。

3. 文化投资的特点

（1）文化投资具有生产性和非生产性的双重组合性特点。

生产性文化投资是指通过一定的资金投入后可以从直接的效益形态——文化商品获取的剩余价值中表现出来（电影、印刷、歌舞厅、夜总会）。非生产性文化投资是不以直接的商业利润回报为目的的文化投资。

（2）文化投资的较长周期性。

无论是用于形成固定资产的文化基本建设投资，还是用于形成流动资产的文化知识产权和文化战略后备资源的投资，它们的建设、创作和培养、成型周期都比较长。

（3）文化投资实施的连续性和波动性。

作为一种资金运动形态，它本质上是一个不间断的过程，而在实施的过程中又表现出波动性，其显著标志就是文化投资项目实施过程中的峰值运动。

4. 文化投资的运动过程

（1）文化投资的资金筹集。

文化投资作为文化再生产过程的投资垫付，形成了国民生产，没有生产和价值创造就无法形成文化投资资金。因此，社会在生产过程的顺利进行和社会总产品价值的实现，是文化投资资金形成的客观基础。而它的形成和筹集由于自身的生产性和非生产性并存也有多种形式：首先，非生产性文化投资通常也被称为文化事业投资，向社会提供文化服务，不从事营利性质的文化经营。其次，生产性文化投资也称对文化企业（产业）的投资，文化企业（以本身的经济收入抵补支出，并向国家缴纳一定税利的文化经济实体，或者实行企业管理的文化事业单位）用于文化投资的初始资金形成是国家财政拨款和银行贷款。

（2）文化投资的分配。

在不同文化产业和地区之间对形成和筹集的文化投资资金进行合理分配，是文化投资筹集和使用的中间环节，构成文化投资运动周期的第二个阶段。从宏观上看，它决定了文化投资结构，后者与文化投资总量一起影响文化经济结构和文化经济总量。社会主义市场条件下要兼顾国家和市场的作用。

（4）文化投资的运用和回收。

文化投资运用是指投入资金转化为物质和精神要素，已形成文化资产的过程。文化投资运动周期的第三个阶段，也是最基本的阶段，一般分为项目决策和实施两个阶段。文化投资的回收是指投资资金转化为文化资产，产出社会文化产品，实现价值的增值，从而收回投资以用于扩大再投资。它既是一个完整的文化投资运动周期的终结阶段，又是一个新周期的开始。

（二）文化融资的内涵

不同的融资方式带来不同的责、权、利的重新分配，而文化项目的投资因其往往涉及文化 IP 的市场价值和文化消费的主观感受，通常以版权为核心。在现代化金融体系的变革下，推动文化体制改革和文化产业发展，带动和促进各种资源优化组合、高效配置。通过金融投资方式的创新，实现和放大金融的“融制、融资、融智”三种功能。

1. 文化融资的方式

（1）基金。

文化项目以基金的方式实现融资，其核心特点是可以专业化整合资源。基金往往由熟悉文化产业的合伙人运作，重点是对 IP/版权的市场价值评估、对文化内容的风险预判、对项目长期收益的评估。而此类基金往往也会配备版权律师、文化项目运营的专业人士。文化基金大多数是以单只基金覆盖多个文化子领域的形式，来承担项目可能存在的投资风险。而基金的子项目中只要有 1～2 个爆款项目，往往可以为整只基金带来可观的收益。文化项目基金有以下几种类别：政府引导型文化基金、市场化私募股权基金、影视专项基金和文化艺术品投资基金。尽管文化投资基金已经较为成熟，但仍然面临较多问题，主要的问题是对于文化 IP/版权的市场估价，文化资产属于无形资产，较难用财务模型来判断，往往依赖于主观判断，容易造成较大的风险。

(2)银行承兑。

银行承兑是指采用银行承兑汇票的方式进行文化投资的一种方式，是一种结合短期融资与信用增级的典型金融工具。一般适用于有稳定现金流的文化企业。银行承兑在金融贸易中本身是一种风险较小的投资方式。其优点在于，所涉及的资金金额不高，适合小型文化企业的融资。文化项目的周期性较长，而银行承兑有明确的兑付期限，通常在半年以内。所以，银行承兑在文化项目投资中，往往适用于文化项目的周转或具体票据及资金的兑付，比如支付版权费用、宣传费用等固定用途银行。

(3)银行存款。

银行存款属于一种低风险、低收益的保险型金融投资策略，适用于文化项目筹备初期的预备金储备或者文化项目运营期间的资金周转及管理。银行存款投资的核心特点是资金的安全性及保障性，所以，通常银行存款不会作为文化项目投资的唯一方式。该方式往往在文化项目投资中采用以下四类方式参与资金运营：用于短期资金的过渡，比如文化项目收入到账前将预售资金进行活期存款，便于随时支取；用于项目保证管理金，文化项目用于结构性存款，比如场地的押金，这部分保本浮动资金；用于专项基金托管，地方政府文化扶持基金往往制定合作银行，存款利息用于补贴小微型文化企业；用于跨境资金，文化版权交易及大型文化公司与项目，设计不同汇率的支兑。

(4)银行信用证。

文化项目采用银行信用证方式投资，是一种通过银行信用增强交易安全性的国际通用融资方式，适用于跨国文化集团或者国际版权贸易等。银行信用证投资可以作为跨境交易的信用渠道，由银行担保支付，利用银行信用证完成文化项目投资的一种安全性较高的抗风险融资方式。在文化项目合资、版权贸易中，跨境支付手续复杂，且需要保证金或涉及资金分成，因此，银行信用证是风险控制的较优方式。

(5)委托贷款。

在文化项目投资中，委托贷款是一种由银行作为中介的，可以连接资金方、投资方的融资方式。其优点是，可以通过委托贷款的方式在一定程度上规避风险。资金方通过文化项目可行性、风险性等评估后，可签订结块合同协议，再由资金方与银行签订委托贷款协议。可以用质押、抵押的方式，以房产、设备、版权、应收账款等作为担保。通过银行作为中介，由银行代收后转给资金需求方。

(6)直通款(直接投资)。

所谓直通款，就是文化项目直接投资，是指投资者以股权、债券或混合形式将资金注入项目，直接参与运营或分享收益，这种方式具有高收益，同时也具备高风险。直接投资方式投资者通过整治或股权转让成为项目公司股东，按照持股比例分享收益。投资者以借款形式向项目方提供资金，收取固定利息，不参与文化项目运营，同时不需要通过银行等金融中介机构。

(7)对冲资金。

在文化项目投资中，对冲资金风险是保证资金安全的重要手段，尤其是文化产业具有高波动性、周期长、风险大的特点。通过合理的对冲策略，投资者可以降低市场波动、政策变化、项目失败等风险。不同的文化项目领域可以选择不同的资金对冲方式，常见的有：金融衍生品对冲、保险对冲、结构化融资对冲等。由于文化项目方案较为复杂，所以投资者根据项目类型可以进行多元化布局对冲方案，从而降低系统性风险。

(8)担保贷款。

在文化项目投资中，担保贷款是投融资的重要方式。既可以利用影视剧作、文化项目的版权收益进行质押贷款，也可以通过保险公司提供完片担保融资。

2.项目融资的参与者

由于项目融资的结构复杂，因此参与融资的利益主体也较传统的融资方式要多。概括起来主要包括以下几种：项目公司、项目投资者、银行等金融机构、项目产品购买者、项目承包工程公司、材料供应商、融资顾问、项目管理公司等。

项目公司是直接参与项目建设和管理，并承担债务责任的法律实体，也是组织和协调整个项目开发建设的核心。项目投资者拥有项目公司的全部或部分股权，除提供部分股本资金外，还需要以直接或间接担保的形式为项目公司提供一定的信用支持。金融机构(包括银行、租赁公司、出口信贷机构等)是项目融资资金来源的主要提供者，可以是一两家银行，也可以是由十几家银行组成的银团。

项目融资过程中的许多工作需要具有专门技能的人来完成，而大多数项目投资者不具备这方面的经验和资源，需要聘请专业融资顾问。融资顾问在项目融资中发挥重要的作用，在一定程度上影响了项目融资的成败。融资顾问通常由投资银行、财务公司或商业银行融资部门来担任。

项目产品的购买者在项目融资中发挥着重要的作用。项目的产品销售一般是通过事先与购买者签订长期销售协议来实现的，而这种长期销售协议形成的未来稳定现金流构成银行融资的信用基础。特别是资源性项目的开发受到国际市场需求变化影响、价格波动较大，能否签订一份稳定的、符合贷款银行要求的产品长期销售协议往往成为项目融资成功实施的关键。例如，澳大利亚的阿施顿矿业公司开发的阿盖尔钻石项目，欲采用项目融资的方式筹集资金。由于参与融资的银行认为钻石的市场价格和销售存在风险，故融资工作迟迟难以完成，但是，当该公司与伦敦信誉良好的钻石销售商签订了长期包销协议之后，阿施顿矿业公司很快就获得了银行的贷款。

知识点应用和思考

（1）文化项目投融资有哪些方式？每种方式有何优点，适用于哪些文化项目投资的类型？

（2）文化项目投资有哪些方式可以降低系统性风险？

四、债券和股权

案例导入

文化产业专项债券

（1）2017年8月，《国家发展改革委办公厅关于印发〈社会领域产业专项债券发行指引〉的通知》（发改办财金规〔2017〕1341号），明确提出“支持企业发行文化产业专项债券等社会领域产业专项债券”。

（2）2017年12月，文化部文化产业司、国家发展改革委社会司联合举办文化产业专项债券及产业基金融资对接交流活动，指出仅2017年“文化企业30强”就存在近1 000亿元人民币的发债空间。

（3）2018年4月，深圳文化产权交易所承办了5场由文化和旅游部文化产业司主办的“文化产业专项债券及产业基金融资对接交流活动”项目遴选专场，并成功遴选出14个符合要求的企业和项目。

（4）2018年5月，在第十四届文博会期间，深圳文化产权交易所承办了由文化和旅游部文化产业司、国家发展改革委社会发展司共同主办的“文化产业专项债券及产业基金融资对接交流”大型活动，12个文化产业专项债券及基金项目成功意向签约。其中，6家企业与券商现场签约，意向发债金额96亿元；6家企业与基金、银行达成投资意向，意向投资金额10.05亿元。

（5）2019年8月，《关于进一步激发文化和旅游消费潜力的意见》（国办发〔2019〕41号）提出，推动旅游景区提质扩容，支持各地加大对旅游景区的公共服务设施资金投入，保障景区游览安全，推动景区设施设备更新换代、产品创新和项目升级，努力使我国文化和旅游消费设施更加完善。

（6）2020年5月1日，《文化和旅游部办公厅关于用好地方政府专项债券的通知》提出，各地文化和旅游行政部门要主动与所在地财政、发展改革等部门沟通对接，争取将文化和旅游行业纳入各地地方政府专项债券重点支持范围。各地要充分利用专项债券的优势，推动文化和旅游领域重大项目落地实施，积极协调金融机构为专项债券支持项目提供配套融资支持。

(7)2021年2月，《文化和旅游部办公厅关于进一步用好地方专项债券推进文化和旅游领域重大项目建设的通知》(办产业发〔2021〕23号)指出，财政部办公厅、国家发展改革委办公厅专门印发有关通知，布置开展梳理新增专项债券项目资金需求工作，并明确将文化旅游领域作为新增专项债券的重点投向。各地要积极抢抓新增专项债券集中申报机遇，争取更多专项债券用于文化和旅游领域重大项目建设。[1]

案例思考：

(1)文化产业专项债券融资的必要性是什么？

(2)文化产业专项债券项目有哪些类型和特点？请同学们试着讨论说明。

分析提示：

(1)国家重大区域发展战略有关项目、国家文化公园建设相关项目。

(2)产业集聚区建设及旅游公共服务保障设施建设：文旅综合体、旅游产业园、特色小镇。

(3)旅游公共服务保障设施建设：游客咨询中心、区域性旅游应急救援基地、城市旅游集散中心和集散分中心(包括集散点)、旅游交通引导标识系统、旅游数据中心。

(4)重点景区基础设施建设：景区到交通干线的连接路、景区内道路、景区内步行道、停车场、卫生间、供电设施、垃圾污水处理设施、消防设施、安防监控设施、解说教育系统等。

(5)文化类建设项目：博物馆建设，支持历史类、艺术类、科技类、综合类博物馆新建和改扩建项目。

(6)生态文化旅游、乡村休闲旅游、红色旅游专项债、旅游扶贫开发建设专项债、旅游基础设施建设专项债券等。

知识点阐述

(一)债券的内涵

债券是债务人为筹集资金而向债权人承诺按期交付利息和偿还本金的有价证券。它只是一种虚拟资本，其本质是一种债权债务证书。它具有以下四个基本特征：

---

〔1〕 袁瑞丰：《国家企业信用信息公示系统与全国信用信息共享交换平台关联研究》，《中国市场监管研究》2016年第7期。

1. 偿还性

偿还性在历史上只有无期公债或永久性公债不规定到期时间，这种公债的持有者不能要求清偿，只能按期取得利息。而其他的一切债券都对债券的偿还期限有严格规定，且债务人必须如期向持有人支付利息。

2. 流动性

流动性是指债券能迅速和方便地变现为货币的能力。目前，几乎所有的证券营业部或银行部门均开设债券买卖业务，且收取的各种费用相应较低。如果债券的发行者即债务人资信程度较高，则债券的流动性就比较强。

3. 安全性

安全性是指债券在市场上能抵御价格下降的性能，是其不跌破发行价的能力。债券在发行时都承诺到期偿还本息，所以其安全性一般都较高。有些债券虽然流动性不高，但其安全性较好，因为它们经过较长一段时间后就可以收取现金或不受损失地出售。虽然如此，债券也有可能遭受不履行债务的风险和市场的风险。不履行债务的风险是指债券的发行人不能充分和按时支付利息或偿付本金的风险，这种风险主要取决于发行者的资信程度。一般来说，政府的资信程度最高，其次为金融公司和企业。市场风险是指债券的市场价格随资本市场的利率上涨而下跌，因为债券的价格是与市场利率呈反方向变动的。当利率下跌时，债券的市场价格便上涨；当利率上升时，债券的市场价格就下跌。而债券距离到期日越远，其价格受利率变动的影响就越大。

4. 收益性

债券的收益性是指获取债券利息的能力。因为债券的风险比银行存款要大，所以债券的利率也比银行高。

（二）股权的内涵

我们引入影视文化基金股权投资《花千骨》的股权为例来学习股权。

案例导入

《花千骨》是一部备受关注的古装玄幻仙侠剧，由国内知名影视制作公司慈文传媒集团制作并发行。《花千骨》在2016年的国剧盛典上斩获年度十大最具影响力电视剧奖项，凸显其在我国电视剧领域的重要性与影响力。2017年，《花千骨》荣获第十一届TV制片业“TV剧优秀作品”的殊荣，再一次展示了它卓越的制作技术以及出色的故事构架。慈文传媒集团作为我国首批获得TV剧（甲种）制作许可证的私营影视公司，已经连续多次被商务部、广电总局、文化和旅游部等多个部门联合确认为“国家文化出口重点企业”。

慈文传媒集团的电影TV业务主要涉及三个核心步骤：策划、制作以及发布，这包含了从素材探索、剧本审查、剧团构建、作品拍摄到发布销售的全部过程。影视剧产品在社会中产生了深远的影响，特别是对于意识形态的塑造，因此国家对这个行业的监管非常严格。所以，监管机构在制作和发布电视剧的过程中必须执行相应的监督和审查流程。

慈文传媒集团的电影和电视剧主要是自己创作的，但也会少量采购其他已经制作好的剧集来进行发布。慈文传媒集团传媒在2011—2014年间，投资制作并获得了27部TV剧的发行权，其中21部是由慈文传媒集团全权承担的，这个比例高达77%。尽管慈文传媒集团在这些模式中并未担任执行制片人的角色，但他们在TV剧项目的开发、创新、制作和发布方面仍然展现了显著的综合竞争优势。其他6部电视剧则是通过"联合拍摄—非执行方"的方式进行制作，尽管这些项目并未由慈文传媒集团传媒负责发行，但展示了他们在项目开发、创新、制作和发行等方面的全面竞争力。慈文传媒集团在影视剧制作和发行领域的实力不容小觑，他们在自主制作和购买成片的同时，也积极与其他制片方合作，以实现资源的优化配置和业务的拓展。

慈文传媒集团计划投资的项目主要可以划分为四个主要类别：

1. 平台性整合主体项目

该项目的目标是创建一个平台型公司。通过全面整合电视剧产业链的各个环节，扩大企业规模并提升竞争力，同时为投资者提供可靠的退出渠道和投资回报。一般来说，这种公司涵盖了那些在电影产业中优秀的制片商、掌握了电影播放路径的机构，以及负责编写剧本并进行电影版权交易的市场。一般来说，这类平台型公司可以高效地集结电影行业的各个环节的资源，借助于横向和纵向的收购与融合，不仅可以增加其规模，而且可以增强其市场竞争优势，从而形成一个拥有完善体制与规模的平台型公司。

在基金投资的这种项目中，退出方式通常是通过IPO来完成资金的回收，并且需要保持一定的股权比例。另外，也能够把其他已经融合的项目纳入公司，从而增加公司的收益与盈余。

2. 整合项目

该项目主要涉及一些在电视剧行业内发展空间受限或者规模偏小的相关企业。这些企业有可能是电影制作团队的办事处，或者是规模相对较小的电影创作与发布企业，也有可能是代理商等。虽然这些企业在电视剧产业链中的发展领域和规模可能相对有限，但它们仍然在产业链中扮演着重要角色，为整个电视剧产业的发展提供了必要的支持和配套服务。

3. 新兴战略性项目

该项目主要涵盖了3D特效技术在电视剧制作过程中的应用、大数据服务提供者、广告植入者以及电视剧制作公司等新兴的策略项目。这些项目不仅在电视剧的制作过程中起着重要的作用，而且是引领电视剧行业发展和创新的重要力量。

4. 衍生周边项目

该项目主要包括电视剧的相关衍生品，如服装、手办、动画等，以及其他与电视剧产业相关的项目，如电影、动漫、综艺节目等。这些项目不仅能给观众带来更加丰富多元化的娱乐体验，而且是电视剧产业自身发展和创新的重要一环。

案例思考：

(1)《花千骨》及其所在公司的发行模式和资金运作模式有何优势？

(2)文化项目的股权投资有哪些优势？请同学们试着讨论说明。

分析提示：

1. 股权的定义

广义的股权泛指股东得以向公司主张的各种权利；狭义的股权仅指股东基于股东资格而享有的、从公司获取经济利益并参与公司经营管理的权利。作为股权质押标的股权，为狭义的股权，是文化投资中股东因出资而取得的、依法定或者公司章程的规定和程序参与事务并在公司中享受财产利益的、具有可转让性的权利。

股权包括自益权和共益权。从经济学角度来看，股权是产权的一部分，即财产的所有权，而不包括法人财产权。从会计学角度来看，二者本质是相同的，都体现财产的所有权；但从量的角度来看，产权指所有者的权益，股权则指资本金或实收资本。一般来说，投资者根据股份公司组织形式，认缴股票的种类、数额和对公司所负的有限、无限责任而享有一定的股权，如经营管理权、监督权、表决权、红利分配权等决策权。主要是通过购买股票和资本的“参与”，掌握股份公司一定数额的股份，以控制操纵其经营业务的决策权限。有的金融垄断资本家用一定的资本收买和持有一家主要股份公司的股票。

2. 股权的类型

按照企业股权持有者对企业的影响程度，一般可以将企业的股东分为控制性股东、重大影响性股东和非重大影响性股东三类。控制性股东有权决定一家企业的财务和经营政策；重大影响性股东则对一家企业的财务和经营政策有参与决策的能力，但并不决定这些政策。

知识点应用和思考

(1)文化投资项目的债权与一般项目有何不同？

(2)文化项目股权的类型有哪些？适用于哪些类型的文化项目？

任务拓展实训

训练目标

(1)掌握文化项目投融资的风险与收益;

(2)理解文化项目的资产端与资金端;

(3)掌握文化项目的投融资方式以及债券和股权的发行模式。

训练内容

1. 演艺项目的名称、类型及投资人

2. 演艺项目建设背景

3. 演艺项目的公益技术分析,包括质量管理体系与标准、演艺项目的技术流程

4. 演艺项目方案

5. 演艺项目选址、建设及发展方向等综合评估

6. 劳动安全及相关防范措施

7. 安全管理与风险防范,安全培训和事故预防与紧急处理预案

8. 财务计划与预算,包括筹资方案、财务计划目标、筹资方式、资金流量分析以及财务风险管理

9. 市场营销策略,包括目标市场分析、市场定位策略、产品定价策略、促销与广告策略、分销渠道策略以及市场份额预测

10. 竞争分析,包括主要竞争对手、竞争对手分析、竞争优势与劣势以及竞争对策分析

11. 法务分析,包括知识产权、税务合规、合同与法律责任以及风险与合规管理

12. 项目监控与评估,包括主题演艺项目监控、项目指标与评估方法以及风险管理与决策方式

结合以上提示内容,某文化有限公司想要签订一份影视项目的协议,结合目前市场投融资环境,请你为公司提供一份该影视文化项目的投融资风险评估报告书,提交公司投资决策委员进行讨论和决策。

请同学们仔细阅读实训指南。

学生实训指南	
1	由 4～5 位同学组成一个项目小组，其中一人为项目经理。
2	项目经理为项目成员分配任务，并最终负责形成投融资评估报告。
3	由指导教师遴选 4～5 位非项目小组的同学作为投资决策委员会成员，评估投融资报告，给出意见及最终的决定。

训练反馈

实训结束后，请同学们填写心得。

任务二　投融资项目要素

【知识嵌入】

一、文化投资的结构及布局

案例导入

三星堆考古项目的投资属于公共文化投资项目，项目本身收益得益于三星堆博物馆的门票收益，但全国游客对三星堆博物馆的热情暴增，预订游客数自三星堆考古项目挖掘以来持续增长，从门票客源来看，约五成游客来自四川省外。与此同时，四川省内多个博物馆均受到游客关注。在 2022 年 3 月 27 日当天，有超过 9 000 人进入三星堆博物馆参观，门票收入达 51 万元，创下三星堆博物馆建馆以来第二高门票销售额。三星堆博物馆接待游客、门票收入同比考古大发掘之前呈倍数增长，公共文化投资项目的投资对行业的推动是难以用项目收益额来单纯衡量的；同时，体现了公众对中国古代人民创造的灿烂文化的高度认同以及强大的文化自豪感，对公共文化消费的提高也有促进作用，在文化产业中形成良性发展。其盈利模式主要包括以下几个方面：(1)门票收入。三星堆景区实行门票制度，游客需要购买门票才能进入景区参观。门票收入是三星堆景区的主要收入来源之一。(2)旅游商品销售。三星堆景区内设有多个旅游商品销售点,销售各种与三星堆文化相关的纪念品、文化衍生品等,如仿制的青铜器、文化衫、文化书籍等。旅游商品销售也是三星堆景区的重要收入来源之一。(3)文化活动收入。三星堆景区会定期举办各种文化活动,如文化展览、文化讲座、文化体验等,这些活动吸引了大量游客前来参观和体验,从而带来一定的收入。(4)餐饮住宿收入。三星堆景区内设有多个餐饮和住宿场所,游客可以在景区内就餐和住宿,从而带来一定的收入。(5)合作开发收入。三星堆景区会与其他企业或机构合作开发,如与旅游公司合作推出旅游线路、与文化机构合作举办文化活动等,从而带来一定的收入。综上所述,这些收入来源相互协调,共同构成了三星堆景区的盈利模式。

知识点阐述

(一)文化投资的结构

文化投资的结构是指文化投资在文化经济各组成部分中所含要素的构成及其数量比例关系。在不同的形式层面上有不同的表现形态,比如分配比例关系的、不同资金用途的、资金不同来源渠道的、不同经济性质格局的、地区间投资比例关系的。主要包括文化经济管理体制结构、地区文化经济结构和文化产业结构三个方面:

1. 文化经济管理体制结构

文化经济管理体制结构是国家对经济实行宏观管理的一种组织制度体系,作为占主导地位的文化经济关系所采取的具体形式,反映了各种文化经济成分之间的比例关系。

2. 地区文化经济结构

地区文化经济结构是文化生产力的空间分布比例,以及由此反映的各地区文化经济之间的相互关系。

3. 文化产业结构

文化产业结构是关于各文化产业部门之间的比例关系,文化投资结构对文化产业结构的影响和决定作用主要表现在两个方面,即文化投资结构着力点运动变化的速度和力度,强有力的影响了文化产业结构的变化方向,并且从一定程度上说,文化投资结构决定文化产业结构,现存的文化产业结构又制约了文化投资的总量。

(二)文化投资的模式构成要素及布局

1. 投融资主体

投融资主体指的是对基础设施建设进行投资和融资的投资者与融资者。按照契约,在项目取得收益或资金增值时所获取相应权益的主体,通常包括可独立进行投资的个体，如政府机构、平台公司、国有企业、私营企业、组织及经济实体等，主体不同，投融资模式也不同。目前，我国城市基础设施建设的投融资主体可以分为国有资本和非国有资本。国有资本主要包括中央政府和地方政府的投资，以及国有企业的投资；而非国有资本又分为国外非国有资本和国内非国有资本，国外非国有资本投资主要包括外国的金融机构、政府、个人以及企业的投资，国内非国有资本则主要包括社会公众、民营企业、金融机构方面的投资。

2. 投融资环境

投融资环境即在城市基础设施项目进行投融资的过程中，会影响到投融资活动的所有外在环境因素。具体涵盖了对投融资动机、行为及决策方面存在影响或与之有关联的所有外部因素，广义上则包括经济、技术、政治、自然和社会等各个方面的诸多因素，并且这些因素之间可以相互影响、相互渗透，甚至在相互作用的情况下，还能形成相互制约的一个有机整体。

3. 投融资渠道

投融资渠道，即资金的来源与途径。我国以往大部分城市基础设施建设主要来自政府直接投资，但随着一系列改革措施的推进、体制的创新以及城市基础设施产业逐步市场化，投融资渠道出现多元化。另外，健全市场准入制度，建立一套科学合理的服务价格机制，以此来保证投资者的利益是至关重要的。目前，我国开辟城市基础设施建设资金渠道主要有：推进城市土地储备制度、市政债券的发行、各类贷款以及引入民间资本。而国外主要包括债券、民间融资、银行、股票、基金等在内的多种投融资方式。结合国际方面的投融资方式，也可以将国内投融资渠道分为资本市场和非资本市场两类。其中，资本市场主要包括债券、股票市场、长期银行贷款、基金市场等；非资本市场则包括政府财政、短期贷款、民间资本以及国外资本援助等。

4. 投融资方式

投融资方式主要是指资金进出投资的形式或方法，如股权、项目融资、证券及商业信贷等。投融资方式主要涉及以下三个要素：

(1)项目运营机制。主要是指对城市基础设施建设项目实施经营管理的体制机制，该机制对城市基础设施建设投融资模式影响较大，这主要是因为在项目运营机制不同的情况下，其对城市基础设施服务中的社会公众及对象的影响也会不同。

(2)追索权形式。这是典型的金融术语，主要是指当付款人在相关的金融和票据流通活动中拒绝向票据持有人付款时，票据持有人具有可以向票据背书人和出票人索回票款的权利。而项目追索权在城市基础设施建设项目中主要是指在建设项目发生亏损时，投融资者具有索要相关责任的权利。因此，我们在选择投融资模式的过程中，需要细致分析项目追索权形式。

(3)项目产权与所有权。主要是指在城市基础设施建设项目中的所有权归属和相应权利的分配。项目的产权和所有权状况在城市基础设施的建设和运营中对投融资者有着非常重要的影响。从形式转变上看,项目的产权和所有权无论是从企业转移到政府,还是从政府转移至企业,都对投融资模式的选择及分类有着较大的影响。在城市基础设施建设的投融资活动中,主要有租赁、转移及企业化经营三种类型的项目产权和所有权。随着市场经济体系的持续创新,国家注重对行政事业单位国有资产内控,对国有资产管理方式及观念提出了较高要求。行政事业单位要注重国有资产管理,这样对行政事业单位其他各项业务的开展及发展具有显著作用。当前,行政事业单位的国有资产内控还有许多问题,比如资产使用率很难得到最大化以及其耗费经济资源等,这些对行政事业单位的社会形象有着极大影响。因此,行政事业单位实施国有资产内控管理有助于形成科学的监督体系,形成较好的服务型社会形象,推进国家长远发展。

5.文化投资的布局

文化投资的布局是指根据文化投资的结构要求,将既定的文化投资规模在一定的范围内予以空间上的配置和地理上的安排。它是各种因素综合的结果,既受到经济发展水平的影响,又受到一定的社会、历史、文化等条件制约。合理的文化投资布局应遵循以下原则:合理进行文化产业布点、正确处理不同文化产业间的分工协作与综合发展的关系。

知识点应用和思考

(1)文化投资涉及哪些核心要素?

(2)文化项目与哪些因素有关?

二、文化投融资项目要素

案例导入

中央广播电视总台《对话品牌》栏目是经济强国下,为品牌振兴而制作的大型栏目,旨在为我们创造一个全球化的时代,展示企业家成长传奇,助推中国品牌走向世界。

《对话品牌》深度挖掘品牌成功背后的故事,每期15分钟。节目以演播室访谈结合外景 VCR 宣传片的方式呈现，以独特的视角和品牌人物对话交流，聆听品牌腾飞梦想，见证品牌成长传奇。借助电视强大的影响力来提升品牌和企业的知名度与美誉度，进一步提升品牌影响力，为事业发展插上腾飞的翅膀。

该节目打造卓越文旅项目的七大核心要素：第一，持续创新，保持项目的新鲜感和吸引力；第二，为游客提供独特的体验，让他们有充分的理由参观游玩；第三，利用社交媒体时代的口碑营销，通过游客的分享扩大影响力；第四，精心设计故事主线和支线，创造深入人心的故事；第五，打造有灵魂的建筑和环境，提升游客的精神体验；第六，发展文化创意产品，延伸项目的文化符号；第七，实现场景营销后的二次创新，持续吸引游客。这七大要素共同构成了打造成功文旅项目的蓝图，为项目开发者提供了实用的指南和灵感。

（资料来源：吴珺，苏超，《改革：加快文化产业发展的重要动力》，《文化市场》2009年第5期。）

案例思考：

(1)打造大型文化项目的目的是什么？

(2)文化投融资项目的打造涉及哪些要素？

知识点阐述

文化项目融资应符合文化政策的要求，明确项目的定位与价值主张。文化项目的核心要素决定了项目的市场吸引力、可行性、风险与收益以及社会价值。

（一）投资类别划分

中国文化产业投资基金在划分投资类别时，一般会将文化项目分为几个主要的板块，以便更精准地进行投资和管理。这些板块通常包括：

(1)传统媒体。包括出版、广电、影视等传统媒介形式的项目，这些项目往往具有较长的历史积淀和稳定的受众基础。

(2)新媒体和无线领域。涵盖互联网、移动互联网、数字媒体等新兴媒介形式的项目，这些项目具有创新性强、传播速度快、受众面广等特点。

(3)文化衍生领域。包括体育、教育、旅游和文化设备制造等与文化产业相关的衍生领域，这些领域与文化产业相互渗透，共同促进文化产业的繁荣发展。

（二）投资资金来源

文化项目的投资资金来源广泛，主要包括以下几个方面：

(1)政府资金。政府通过设立文化产业投资基金、提供项目补贴、税收优惠等方式，支持文化项目的发展。

(2)社会资本。包括企业、个人和金融机构等社会力量的资金投入。这些资金往往追求较高的投资回报,但同时也为文化项目提供了更多的发展动力和资源支持。

(3)外资。随着文化产业的国际化发展,越来越多的外资开始进入中国文化市场,为文化项目提供了更多的资金支持和国际合作机会。

(三)投资方式

文化项目的投资方式多种多样,常见的有以下几种:

(1)直接投资。投资者直接购买文化项目的股权或债权,成为项目的直接参与者和管理者。

(2)间接投资。投资者通过投资文化产业投资基金、购买文化企业的债券或股票等方式,间接参与文化项目的投资和管理。

(3)风险投资。对于具有高风险、高收益潜力的文化项目,投资者可以采用风险投资的方式进行投资。这种投资方式通常要求投资者具备较高的风险承受能力和专业的投资管理能力。

(四)投资回报机制

文化项目的投资回报机制通常包括以下几个方面:

(1)票房收入。对于影视、演出等文化项目,票房收入是主要的投资回报来源之一。

(2)版权收入。包括作品的发行权、播映权、信息网络传播权等版权收入。

(3)衍生品收入。文化项目可以通过开发衍生品(如玩具、服装、文具等)来获取额外的投资回报。

(4)广告收入。一些文化项目可以通过植入广告、节目冠名等方式来获取广告收入。

(五)投资风险与防范

文化项目投资具有一定的风险性,主要包括市场风险、政策风险、财务风险等。为了防范这些风险,投资者可以采取以下措施:

(1)加强市场调研。在投资前对市场需求、竞争格局等进行充分调研和分析,以降低市场风险。

(2)关注政策动态。及时关注国家政策、法规的变化和趋势,以便及时调整投资策略和风险管理措施。

(3)完善财务管理。建立健全的财务管理制度和内部控制体系,确保资金的安全和有效使用。

(4)多元化投资。通过多元化投资来分散风险,降低单一项目对整体投资组合的影响。

综上所述，投资者在进行文化项目投资时，应充分考虑以上这些因素，以制定合理的投资策略和风险管理措施。

知识点应用和思考

(1)不同类型的文化项目应该注重哪些不同的要素？

(2)文化项目在投资前应该考虑哪些要素？

任务拓展实训

训练内容

结合前一任务中撰写的文化项目投融资风险评估报告，分析当前市场环境下文化项目投资的关键要素应包含哪些内容，并提交企业投资决策委员进行讨论和决策。

请同学们仔细阅读实训指南。

学生实训指南	
1	由4～5位同学组成一个项目小组，其中一人为项目经理。
2	项目经理为项目成员分配任务，并最终提交评估报告。
3	由指导教师遴选4～5位非项目小组的同学作为投资决策委员会成员，评估投融资报告，给出意见以及最终的决定。

训练反馈

实训结束后，请同学们填写心得。

项目三　投融资行为博弈

【知识目标】

了解行为博弈理论的内涵；

理解“理性人”假设冲击的背景和含义；

理解囚徒困境、纳什均衡和帕累托效率的相关概念和内容；

掌握最后通牒博弈和独裁者博弈的实验方法和行为决策实践意义。

【能力目标】

具备运用行为博弈理论分析个体决策行为的能力；

掌握企业在投融资活动中的几种可以改变行为博弈结果的增信措施。

【思政目标】

在讲解最后通牒博弈实验和独裁者博弈实验所涉及的公平偏好问题时，引导学生树立公平、公正和客观的思想观念，以及建立符合社会主义价值观的理念；

在讲解金融活动中的增信措施时，引导学生深刻理解金融创新的本质，任何一种金融创新都有其风险，帮助学生树立正确的金融理念。

【思维导图】

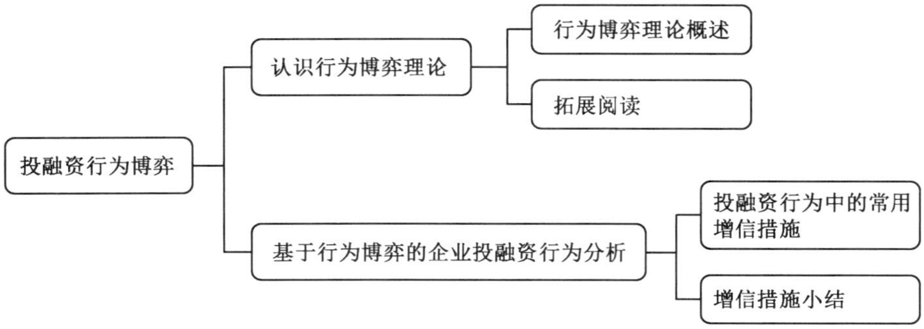

案例导入

教育企业的行为博弈

某市一家民营企业投资的幼儿园发现，每天放学的时候，总会出现一些家长迟到接孩子的情况。由于孩子不能被按时接走，因此幼儿园必须配备相应的老师看护孩子，这样就导致了幼儿园的成本相应增加，从而影响了股东的回报。于是，为了遏制这种迟到现象，幼儿园制定了一套方案：前期为了起到警示效果，幼儿园在前 4 周的时间里仅仅将家长迟到的次数记录在案；而从第 5 周开始，实际罚款措施开始实施，幼儿园宣布迟到 10 分钟以上的家长，每名儿童每次罚款 25 元。在惩罚性方案实施后，幼儿园发现：在前 4 周幼儿园每周平均有 8 位家长迟到，而从第 5 周开始，家长迟到次数立即增加了，后来一直稳定在每周迟到家长人数为 20 人次左右。

实际结果发现，惩罚措施方案不仅没有起到遏制家长迟到的现象，反而造成家长迟到的现象呈现群体性和持续性的趋势。造成这一现象的原因可能在于，之前迟到家长数量较少是由于多数家长怕迟到接孩子会给老师和幼儿园带来麻烦而增加自己的道德负罪感（比如内疚等情绪），因此大部分家长会秉持如无特殊情况就尽量按时接孩子的规矩。然而，现在幼儿园出台的惩罚性措施本质上将家长可能由于迟到接孩子所产生的道德成本量可以货币数量来进行量化；也就是说，家长支付的 25 元罚款可以弥补老师晚下班的损失，或者说家长支付 25 元罚款就可以不用产生内疚等负面情绪，同时可以理所当然地完成自己认为更重要的事项，导致更多的人通过自愿性的罚款来选择迟到接孩子的行为，从而造成幼儿园更大的成本负担，因为象征性的罚款不足以弥补投入的成本损失。

这是一种生活中典型的行为博弈现象，博弈的双方为幼儿园和学生家长，而博弈的结果与幼儿园的最初想法背道而驰，罚款反而变成了迟到的“门票”。这类似于双方签订一份契约，家长迟到晚接孩子并自愿支付 25 元罚款，而幼儿园有义务看管孩子并直到学生家长到来。事实上，生活中还有很多类似案例，比如音像出租店为了惩罚人们不按时归还碟片所设置的惩罚金、交通部门为了规范路边违规停车现象所设定的违规停车费等。

那么，当文化企业出台的规章制度所带来的惩罚性后果少于行为人由于违法该规章制度所带来的收益时，就会出现与规章制度出台的初衷相违背的结果。如果想要获得较好的效果，就需要事先充分了解博弈双方的意图并计算博弈双方的行为后果，只有这样才能避免博弈双方协调失灵的结果。

案例思考：

(1)我们能否举出生活中类似的协调失灵的行为博弈案例吗?

(2)除了惩罚性措施会导致协调失灵以外，奖励性质的措施会导致行为博弈双方的协调失灵吗？请同学们举几个例子试着说明。

分析提示：

协调失灵(coordination failure)是一种状态，由于行为人不能协调他们的行为(选择)，导致这种状态相对于其他均衡状态而言，令所有行为人的情况更糟糕。这种情况甚至可能发生在所有行为人都完全清楚存在一个更优的均衡选择的情况下：他们不能达到这个均衡仅仅是由于协调的困难性，而协调的困难性有时是因为人们的期望不同，有时是因为每个人都更愿意等其他人先行动。

任务一　认识行为博弈理论

【任务描述】

小陈毕业后加入了一家从事教育培训行业的文化企业，经过一段时间的学习和观察后，他发现文化企业不仅会面临来自同行的市场竞争博弈，而且会涉及政府部门、产品客户以及公司内部的领导和员工、公司规章制度和员工集体行为的博弈。例如，他发现市场同类型的一家竞争者当地的政府出台了一系列政策补贴扶持文化企业，而这样会导致他们公司的产品竞争力下降和利润下滑，因此他所在的文化企业面临两个选择：一是“用脚投票”搬迁到有政府补贴的地方；二是游说公司所在地的政府出台同样的优惠政策，而这就涉及企业和当地政府的行为博弈。因此，他急需了解行为博弈理论的相关知识，包括行为博弈理论的定义和内涵，什么是“理性人假设”的冲击，什么是囚徒困境、纳什均衡和帕累托效率，什么是最后通牒博弈和独裁者博弈等。通过本次任务的学习，了解行为博弈理论的概念、内容和具体表现形式。

【知识嵌入】

一、行为博弈理论概述

行为博弈论是一套应用于个人交往或集体互动的情景分析工具，它能够使人理解与预期不同的个体在相互影响和联系的情景下如何行动，以使个体的行为收益最大化，例如在某些特定的情景下，个体的最优行动方案取决于其他人是如何行动的，或被预期如何行动。

在现实生活中，个体与个体之间的互动在任何情景下都会出现，有些情景下我们会选择与他人进行合作，因为要比自己单独行动得到更多收益；而在另外一些情景下，我们会选择背叛他人，在牺牲他人利益的情况下来获得收益。因此，合作和冲突几乎贯穿于人与人之间的互动过程，而行为博弈论能够帮助我们去分析何种情景下，个体的最优行动策略是如何依赖于他人行动的预期，这一理论的有月性在实践中的方方面面都得到了广泛的证明和应用。

为了能够更好地理解行为博弈理论以及运用行为博弈理论来进行企业的投融资行为分析，我们有必要对博弈论中的几个经典的行为博弈案例和相关知识点进行详细阐述和总结。

（一）“理性人”假设的冲击

案例导入

想象一下这个情形：小张进入从事教育培训行业的文化企业已一年时间，这时公司为了增加销售利润率而让小张推销一款价值 10 000 元 50 节课的培训套餐卡（简称套餐 A），因为这个套餐对于公司的利润回报最高，所以小张能否通过公司的考核也是基于套餐 A 的销量。销售了一段时间后，小张发现结果不太理想，无法在考核期间完成公司的任务。因此，为了提升套餐 A 的销售量，小张向公司申请开办另外一个套餐 B：即价值 8 000 元的 32 节课的培训套餐卡，这样顾客可以在套餐 A 和套餐 B 之间进行选择。结果发现套餐 A 的销量快速增加，小张也顺利在考核期间完成了公司的任务。

那么，为何增加了一个套餐选择就会使另外一个套餐的销售量增加呢？这是由于人们的参照点依赖所导致的，原来只有一个套餐时，人们无法判断这个套餐的性价比如何，而在增加了套餐 B 之后，人们有了参照点，从而认为套餐 A 是比较划算的。参照点依赖指的是个人的幸福指数和效用函数依赖于一个参照点，这个参照点可以是别人的收入，可以是自己过去的收入，也可以是个人对未来预期的收入或者预期的回报等，它是人们“非理性”行为的一种典型表现。

知识点阐述

作为西方经济学最基本的前提假设，“理性人”假设又称“经济人”假设，这一前提假设是对在经济社会中从事经济活动的所有个体的基本特征的一般性抽象。“理性人”假设的最主要内容是指人是理性的，只会以最小的经济代价来使自身的经济收益最大化。但是，随着行为经济学的发展并对传统西方经济学越来越多的质疑，其核心无外乎是对西方经济学所一直推崇的“理性人”假设的反驳，其中最著名的就是“阿莱斯悖论”。

“阿莱斯悖论”是莫里斯-阿莱斯于 1953 年提出的，指出风险下的决策偏离预期效用理论这一事实，他因此获得了 1988 年的诺贝尔经济学奖。表 3—1 的博彩实验可以很好地描述“阿莱斯悖论”：

表 3—1　　博彩实验

博彩 1	A：80%的机会得到 4 000 元，20%的机会得到 0 元
	B：100%的机会得到 3 000 元
博彩 2	C：20%的机会得到 4 000 元，80%的机会得到 0 元
	D：25%的机会得到 3 000 元，75%的机会得到 0 元

实验结果如表 3—2 所示：

表 3—2　　博彩实验结果

博彩 1			
A	20%	B	80%*
博彩 2			
C	65%*	D	35%

注：参加实验的总人数为 95 人；* 表示数据在 0.1 的水平上显著。

资料来源：D. Kahneman，A. Tversky，Prospect Theory：An Analysis of Decision under Risk，*Econometrica*，1979，47(2)：263—291。

实验结果是显而易见的：通过对博彩 1 简单的计算，我们容易得到博彩 A 的预期收益为 3 200 元(80%×4 000)，博彩 B 的确定收益为 3 000 元；实验中大多数人的选择是博彩 B，即对于个体来说，博彩 B 的效用高于博彩 A，效用函数表达式为 U(3 000)>80% U(4 000)。通过对博彩 2 简单的计算，我们也得到博彩 C 的预期收益为 800 元(20%×4 000)，博彩 D 的预期收益为 750 元(25%×3 000)；实验中大多数人的选择是博彩 C，即对于个体来说，博彩 C 的效用高于博彩 D，效用函数表达式为 20%U(4 000)>25%

U(3 000)。这是令人困惑的结果，对于效用函数来说，只不过是在博彩 1 的效用函数表达式两边同时乘以 25%就得到了博彩 2 的效用函数表达式，不等式的方向却发生了变化，显然这是与传统西方经济学的期望效用理论相矛盾的。这样的行为经济学研究结果直接冲击了期望效用理论的有效性，进而带来了越来越多对古典经济学的理论假设的质疑。经济学家们开始展开大量的工作并力图去解释“阿莱斯悖论”，试图修补和加固传统经济学的“基石”。而更多的经济学家则开始转向行为经济学领域，卡尼曼和特沃斯基则完全放弃了经典期望效用理论框架，直接从解释个体行为的视角出发，利用经济学实验结论和卓有成效的分析，创建并发展了“前景理论”。而在 2002 年，他们两人(此时，特沃斯基已经去世)获得了诺贝尔经济学奖，这意味着行为经济学已经获得主流经济学的认可，并作为主流经济学的一部分登上了经济学殿堂的宝座。

目前，越来越多的经济学实验表明，人们在大多数情况下会做出不理性的决策；也就是说，“理性人”假设在分析个体参与的博弈论时在多数情况下是不成立的，但这并没有限制博弈论的发展，反而由于考虑了行为个体的社会偏好等非理性因素的行为使得博弈论得到了长足的发展。

知识点应用和思考

假设小张所在的教培企业搞促销活动，购买套餐的顾客可以参与抽奖，每位顾客的奖励金额为 100 元，那么小张在设计抽奖活动时应该选择以下哪个方案？

(1)每位顾客可以抽奖 2 次，每次获得 50 元；

(2)每位顾客可以抽奖 1 次，每次获得 100 元。

(二)囚徒困境、纳什均衡和帕累托效率

案例导入

两个做了坏事的嫌疑人被警察抓了起来，警察知道这两个嫌疑人做了坏事，但是缺乏足够的证据，因此将两人分别关在不同的且无法传递信息的审讯室里进行审讯。警察告知他们每人，如果两人都选择抵赖，那么各判刑 1 年；如果两人都选择坦白，那么各判刑 6 年；如果两人中一人选择坦白而另一人选择抵赖，那么选择坦白的可以立即释放，选择抵赖的则会判刑 10 年。在这样的情形下，两个嫌疑人都面临两个选择，要么选择坦白(即与警察合作)，要么选择抵赖(即与同伙合作)。

这是一个典型的囚徒困境博弈，两个嫌疑人该如何做出对自己最有利的选择呢？

从表面上看，选择合作还是背叛是嫌疑人的个人选择，但是深入分析的话，如何获得对自己最有利的选择实际上取决于对方的选择。试想，若是自己选择抵赖而对方选择坦白，那么自己要被判刑 10 年，而对方会被立即释放，所以需要在分析对方选择行为的基础上来理性做出对自己最优的选择。具体分析可以参见表 3—3：

表 3—3　　囚徒困境博弈

	坦白	抵赖
坦白	(−6,−6)	(0,−10)
抵赖	(−10,0)	(−1,−1)

注：括号内的数字表示各自的收益，例如，−1 表示被判刑 1 年，0 表示立即释放。

由表 3—3 可知，只有当对方选择抵赖，而自己选择坦白的时候，自己的收益才是最大的；但是这个结果具有高度不确定性，因为是建立在对方牺牲自身利益最大化的基础上才能实现，所以在互相不能沟通信息的情况下，双方都会预期对方会进行理性分析选择坦白。那么，在双方都选择坦白的情况下，两个人都会被判刑 6 年，这个结果实际上是劣于双方都选择抵赖的结果，即两个人都被判刑 1 年。通过这个案例我们发现，个人做出的对自己最优的选择往往并非团体的最优选择，这就是囚徒困境带给我们最大的启示意义。

知识点阐述

1. 囚徒困境博弈

囚徒困境博弈是由加拿大数学家阿尔伯特·塔克提出来的。塔克教授的囚徒困境博弈直接来源于一部好莱坞犯罪剧，它旨在说明当合作对双方都最有利的时候，为何保持合作依然是很困难的。虽然囚徒困境博弈理论性很强，但是并不妨碍它广泛应用于现实生活中，比如国家之间的军备竞赛和贸易摩擦、商家之间的广告战和价格战，以及职场人际关系的“内卷”行为等。

考虑这样一个情形，公司里有 A、B 两名员工，他们可以选择“996”工作模式和“955”工作模式，那么在公司任务保持不变的情况下，他们各自的收益矩阵表如表 3—4 所示：

表 3—4　　“内卷”博弈

	“996”工作模式	“955”工作模式
“996”工作模式	(5,5)	(15,0)
“955”工作模式	(0,15)	(10,10)

注：括号内的数字表示各自的收益。

依照之前的推理逻辑，假设对方选择“996”工作模式，如果自己选择“955”工作模式，那么自己的收益就是0，因此自己的最优选择也是“996”工作模式，则收益为5。假设对方选择“955”工作模式，而自己也选择“955”工作模式的话，则收益为5；但是自己选择“996”工作模式，收益可以达到15。因此，无论对方选择什么样的工作模式，自己的最优工作模式都是“996”模式。当然，这是基于自身效用最大化的角度来分析，如果我们将员工当作一个集体，那么很显然，集体的效用最大化是所有员工都选择“955”工作模式。因此，“内卷”作为囚徒困境博弈在现实生活的鲜明体现再次表明，博弈论虽然作为经典的经济学理论分析框架，但是其本身在实践应用分析中也同样具有现实意义，比如如何通过分析信贷市场当中借贷双方的行为反应来规划企业的投融资行为等，从而帮助企业解决投融资问题，以支持其可持续发展。

2.纳什均衡

开篇所列举的囚徒困境博弈的结果是两个嫌疑人会都选择坦白的策略，也就是每个人选择坦白而背叛对方，从而各被判刑6年，即收益范式为(－6，－6)。从博弈论的角度来讲，这个结果就是一个纳什均衡。囚徒困境博弈作为非合作博弈的一个经典模型，经常被用来阐述纳什均衡。什么是纳什均衡？纳什均衡又是怎么得来的呢？纳什均衡是如何被用来解释现实的经济现象的呢？

纳什均衡是博弈论中一个具有奠基性的概念，它是因美国数学家约翰·纳什得名。作为博弈论创始人之一，诺贝尔经济学奖获得者，同时也是电影《美丽心灵》的男主角原型，纳什并非纳什均衡概念的发明人，因为这个概念的出现要久远得多，但之前只是将这一概念应用到具体案例当中，而纳什的突出贡献在于，他将这一概念应用到了更具一般性的博弈数学分析当中，被用来研究和阐释更为广泛的领域，包括经济、国防、管理、生物、政治和日常生活等。

那么，纳什均衡理论是如何定义的呢？我们省略了繁杂的数学推导过程和数学表达式，给大家展示一般性的纳什均衡理论定义：即指的是在非合作博弈中，存在这样一种策略组合，它使得博弈行为中的每个参与人的策略是对其他参与人给出策略的最优反应。假设特定参与人给出的当前选择的策略是一个“纳什均衡”，那么对于任何一个博弈行为中的参与者来说，单方面改变自身的选择策略不会带来任何更好的结果；换句话说，假定给出的某一个策略组合，当所有参与者都不改变选择策略时，没有人会改变自身的选择策略，那么该策略组合就是一个“纳什均衡”。

回到先前的囚徒困境案例中，假定其中一个嫌疑人给定“坦白”的策略，那么另外一个嫌疑人最优的策略选择也是“坦白”，因为他不可能通过改变这个选择来获得更好的结果了，这就是一个“纳什均衡”结果。实际上，纳什均衡的概念既简单又有力：在博弈均衡中，每个理性的参与者都会选择对自身最优的结果来应对其他参与者的选择策略；也就是说，在其他参与者行为给定的情况下，自己选择的行动策略就是最好的。运用时下比较流行的语言来总结纳什均衡的特点就是：不后悔。只要结果是一个纳什均衡，那么参与者就不会因为所选择的策略而感到后悔。

3. 帕累托效率

通过分析囚徒困境，我们了解了纳什均衡理论是经济生活现象中一个非常重要的分析工具，如果我们更加深入地分析囚徒困境博弈，我们还能对另外一个经济学概念有深刻的理解，那就是帕累托效率。

帕累托效率（Pareto Efficiency）也称为帕雷托最优（Pareto Optimality），是由意大利经济学家维弗雷多·帕累托提出的，是指资源分配过程中的一种理想状态。假定存在这样一种状态：固定的一群人和一定的可用于分配的资源，如果从一种资源分配状态到另一种分配状态的变化过程中，在没有使任何人境况变得更差的前提下，使得至少一个人的境况变得更好，那么我们称这样的状态为帕累托效率。

帕累托效率是如何与囚徒困境和纳什均衡产生联系的，或者说，它们之间有什么内在联系呢？让我们还是回到最初的囚徒困境博弈当中，这个案例中除了纳什均衡结果，即（－6，－6），还存在另外一种对集体而言更好的结果，那就是两个嫌疑人都选择抵赖策略，从而获得（－1，－1）的更好的结果，即双方都只会被判刑1年。这个结果就是我们所称的帕累托效率，因为它已经是一个在不损害任何人收益结果的情况下，一个人从一个选择策略转换到另一个选择策略不会变得更好了。一个有意思的问题是，在这个囚徒困境博弈里，纳什均衡是否帕累托有效呢？答案显然是否定的，囚徒困境博弈里的纳什均衡结果并非帕累托有效，因为每个嫌疑人的境况本可以变得更好——如果两个人都选择抵赖策略。

这就引申出一个更有意义的话题，纳什均衡结果和帕累托效率是否冲突？答案是视具体情境而定。在囚徒困境博弈里，我们看到两者是冲突的，或者说，在很多非合作博弈中，两者都是冲突的；但在很多别的合作博弈中，两者是一致的，即纳什均衡是帕累托有效的。例如，我们可以通过对人囚徒困境博弈设置一个条件，就是重复很多次的博弈，那么博弈的结果就变为（－1，－1），这也意味着纳什均衡结果就是帕累托效率（有兴趣的同学可以参见科林·凯莫勒的《行为博弈——对策略互动的实验研究》一书）。

我们有必要对这一话题做一个深入的阐述，同时作为这一个知识点的总结。亚当·斯密曾在《国富论》中提出一个让人印象深刻同时深深影响西方经济社会思想的观点：当市场中每个人都进行自利行为的时候，从客观上说，市场（或社会）整体的福利会被提升。也就是说，作为行为个体的我们，虽然在社会生活中都选择对自己最有利的行为模式，而我们却不知不觉地为这个社会的整体福利做出了贡献，即个人利益的提升并不是以牺牲其他任何人利益为代价实现的，这也是帕累托效率。但纳什均衡的观点正好相反，当行为个体都在追求自身收益最大化的时候，集体的福利其实是变得更差了，个体的理性选择与集体的理性选择是相互冲突的；这一结论可以映射到现实生活的方方面面，具有很强的现实意义。然而，这并不是无解的，因为如同文中案例所示，如果我们将囚徒困境博弈设置一个重复博弈的条件，那么就可以让纳什均衡变成帕累托效率；也就是说，行为个体的自利选择是促进社会整体福利的提升，即“人人为我，我为人人”。这种转变实际上极富哲理，通过设置这个条件，我们将零和博弈转变为非零和博弈，改变了博弈的性质，也改变了参与者的策略选择；而这一哲理表达的是，与其想着如何瓜分蛋糕，不如去思考如何做大蛋糕。

知识点应用和思考

假设市场上存在两家互相竞争的文化企业 A 和 B，当 A 推出一项优惠政策的时候，B 也会相应推出有针对性的优惠措施。那么，根据表 3—5 的文化企业 A 和 B 的效用价值，计算哪些属于两家文化企业处于竞争状态下的纳什均衡，并根据计算结果进行简要的分析。

表 3—5　　文化企业 A 和文化企业 B 的效用价值

		文化企业 B		
文化企业 A		优惠措施 c	优惠措施 d	优惠措施 e
	优惠措施 a	(3,2)	(1,3)	(3,6)
	优惠措施 b	(5,1)	(3,2)	(2,2)

（三）最后通牒博弈和独裁者博弈

案例导入

2016 年 2 月，还有不到 9 个月白宫就将送走奥巴马，迎来新一任美国总统。任何一个国家或组织的权力交接都很难风平浪静。正是在这样一个敏感时期，最高法院保守派大法官安东宁·斯卡利亚的意外去世即刻点燃了美国政界的战火。

奥巴马（民主党）决意在卸任之前提名候选人，补足斯卡利亚留下的空缺；但由共和党人掌控的参议院坚决反对任何来自总统的提名。双方交锋的最新进展是，奥巴马周三在美国知名的司法博客 Scotusblog 上发表署名文章，高调表明自己的态度。奥巴马在博客中称:“宪法赋予了总统任命最高法院大法官的权力。我对此项职责义无反顾,我将在未来几周履行这一职责。”他说,将任命一位“诠释法律而非制定法律”的人。

但问题的关键点在于,美国宪法既没有规定总统必须任命法官,也没有规定参议院必须举行听证会或是确认提名。美国宪法第二条第二款说,总统在得到参议院的“意见和同意”(advice and consent)后,有权任命大使、公使及领事、最高法院的法官。奥巴马此前任命的两位自由派法官索尼娅·索托马约尔和埃琳娜·卡根都得到了共和党控制的参议院的确认。

如今之所以出现交锋,很大程度上与即将到来的政局变化有关。《华尔街日报》的一篇博客说,许多交由最高法院处理的重大议题,如堕胎、奥巴马医改以及移民等,都是能够被两党用来扩大政治基础的敏感话题。这不仅影响到总统大选,而且将对接下来的国会控制权之争产生影响。《赫芬顿邮报》(*The Huffington Past*)作者希金斯评论说,奥巴马明显是要借此机会向参议院共和党人来一次最后的、彻底的“大摊牌”。评论说,美国共和党在过去八年彻底转向右派,这绝大部分是因为奥巴马。目前我们所看到的这个共和党(尤其是2010年往后),是对美国首位黑人总统的一个直接回应。右派甚至认为奥巴马是“篡位者”。

而现在,奥巴马有机会用一位更偏自由派人士替换掉最高法院历史上最为极端保守的法官之一(斯卡利亚),他自然会努力争取。况且,如今的奥巴马与往年不同,他看清了共和党发生的变化,他不再顾忌与共和党人抗争的后果——政治斗争大戏已然开演。

美国消费者新闻与商业频道(CNBC)的文章分析了这场斗争的可能结果。看上去,这就是经济学中“最后通牒博弈”(Ultimatum Game)的现实案例。在这种博弈中,一名提议者向一名响应者提出分配资源的方案,如果响应者同意这一方案,则按照这种方案进行资源分配;如果不同意,则两人都空手而归。按照理性人假设,只要提议者将少量资源分配给响应者,响应者就应该同意。但实际进行的实验表明,只有当给响应者分配足够资源(至少30%)时,方案才能通过。

文章说,这场政治斗争就好比奥巴马得到了100美元(提名大法官代替斯卡利亚),他来决定分配多少给国会共和党人。奥巴马的目标是,国会共和党人在11月总统大选之前确认大法官提名。而共和党人有两个选择:确认或阻止。

如果奥巴马提名一位自由派人士,相当于他想保留80美元并分给共和党人20美元。共和党人则一定会拒绝这样的提议,他们更希望等待一个对自己更有利的方案。这会在大选中对共和党造成拖累,但更有可能被认为是共和党对提名自由派法官的回应。结果是,大家都一无所获。如果奥巴马采取折中路线,提名一位温和派人士,相当于在保留50美元的同时分出50美元,共和党人可能接受这样的提议。但另一方面,

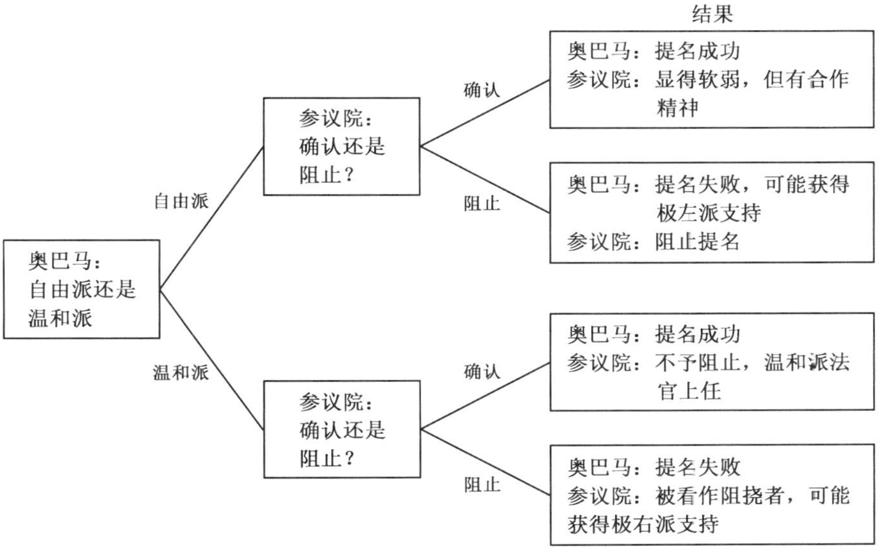

图 3—1　奥巴马与参议院的“最后通牒博弈”

共和党也有可能将温和派提名看作不及“三七开”的交易，即获益低于 30%；这样的话，他们仍有可能拒绝奥巴马。

路透社周三援引消息人士的话报道说，奥巴马正在考虑任命一位温和的共和党人，可能的候选人包括内华达州州长、前联邦法官布莱恩·桑德瓦尔。在大选局势尚不明朗的情况下，目前还无法判断谁会成为这场博弈的赢家。但可以肯定的是，无论哪一方首先转变态度，都将对美国未来的司法决定产生重大影响。

（资料来源：张晓添，2016 年 2 月 25 日，界面新闻，https://www.jiemian.com/article/551139.html。）

知识点阐述

最后通牒博弈是行为博弈论中比较著名的一个实验。在标准的最后通牒博弈实验中，有两个随机配对且匿名的参与人 A 和 B 对某一固定的钱数（本例中假设为 100 元人民币）进行分配。参与人 A 称之为提议者，他提议一个分配给对方任一数额 S 的钱数，$0\leqslant S\leqslant 100$；参与人 B 称之为回应者，他可以选择接受或拒绝参与者 A 的这一提议。如果 B 接受提议，则 A 获得（100－S），则 B 获得 S；如果 B 拒绝提议，则双方都只得零。

按照标准的博弈论预测，B 应该接受 A 提议的任何分配方案，而预期到这一点，A 会分配给 B 一个尽可能小的数额 ε，同时 B 接受这一提议；也就是说，标准博弈论的纳

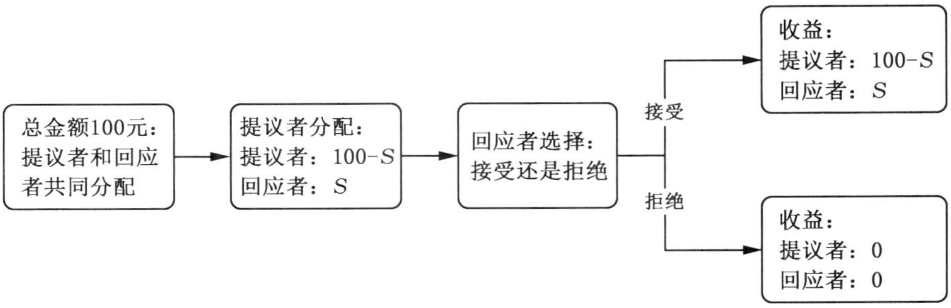

图 3—2　最后通牒博弈实验流程

什均衡为(ε，接受)。该博弈实验已经在全世界许多地方被重复进行了几百次，实验结果均与标准的博弈论理论预测相反：B 会拒绝几乎所有低于 20 元的分配方案；且 B 拒绝提议的概率会随着 S 的下降而提高；在美国、斯洛伐克、日本、以色列、斯洛文尼亚、德国、俄罗斯、印度尼西亚和很多其他国家所进行的实验中，绝大多数的提议在 40～50。显然，A 和 B 的行为模式都不符合理性人假设，尤其是 B，他们宁可放弃正的收益来惩罚那些提议不公平的 A。

实验结果与鲍尔斯对发生在伊利诺伊州和西孟加拉的五五分成的租佃契约的解释似乎是一致的，即我们追求公平的动机和利润最大化以及对个人收益的追求一样强烈。

鲍尔斯在经典的经济学书籍《微观经济学：行为，制度和演化》中记录了一个经典例子：玉米种植是伊利诺伊州的一个庞大产业，这里大部分农民的土地是从多个所有者那里租赁而来。20 世纪 90 年代中期，这里有超过一半的土地契约是租佃契约，而其中超过 4/5 的协议约定双方均等分配农作物。而在 20 世纪 70 年代中期的西孟加拉，虽然这里与伊利诺伊州差异显著，但两者之间有一个相似之处，即农民和地主之间超过 2/3 的协议规定农作物五五分成，而这与该地 6 个世纪以前的分配方式完全相同。均等分配农作物的契约令人感到困惑的是，这一做法意味着在较肥沃土地上的农民的耕作和投入将比在较贫瘠土地上获得更高的收入。而农民如果愿意在较差的田地上为获得较低回报而劳作，那么为何较好土地的拥有者却愿意将一半的农作物分给他们的佃户呢？

鲍尔斯认为对这一问题的一个可行的解释是，地主和农民偶然发现的均等分成似乎是比较公平的分配方式，地主如果想要通过改变分成比例来攫取高质量土地所产生的所有利润的企图，将会因为农民的报复而失败。这种解释意味着人们普遍具有公平偏好，并且存在对违反习俗者的惩罚意愿。但是，这又引申出两个问题：第一，公平偏好真的是“偶然”出现的吗？第二，公平分配是如何成为一种习俗和规范的呢？因为标准博弈论认为，任何对农作物的完全分配都是帕累托的有效的纳什均衡，但是，为什么只有其中一种特殊情况得以存在并延续呢?

而独裁者博弈实验有助于我们更好地理解公平偏好是“偶然”出现的，还是内生于我们心智当中的。独裁者博弈实验的设置条件大部分与最后通牒博弈实验相同，唯一区别在于，取消了参与者 B(即回应者)的否决权，即回应者对于提议者所提出的分配方案没有否决权，只能选择接受。如果提议者提出一个慷慨的出价，这可能是因为提议者内心深处是公平的，又或者因为提议者担心低额出价会遭到对方的拒绝(或两种原因都有)。这两种因素在独裁者博弈实验中可以很容易被区分开来，如果提议者在独裁者博弈实验中还是愿意给对方一个正的出价(因为按照标准的博弈论预测，提议者应该保理所有的钱数只给回应者 0 元)，即提议者没有最大化自己的收益，则说明他在最后通牒博弈实验表现出来的慷慨与其内心的公平偏好因素是有一定关系的，而不是出于策略上的考虑。弗希斯等人于 1994 年第一次比较彻底地对独裁者博弈和最后通牒博弈进行了比较实验，实验结果发现，独裁者虽然表现得不像最后通牒博弈里的提议者那么慷慨，但是平均出价依然维持在总额的 20%左右，这其实表明人们是存在一些纯粹的公平偏好和利他行为的。后续众多的研究者重复了这一实验，实验结果表现出了基本的稳定性，独裁者的出价都远小于提议者在最后通牒博弈中的出价，但都是一个正数，这说明提议者的行为既是出于策略上的考虑，也是出于公平偏好和利他主义动机。

知识点应用和思考

请同学们列举生活中有哪些现象属于最后通牒博弈或者独裁者博弈。

二、拓展阅读：关于公平偏好的神经元机制

Brosnan 和 De Waal 于 2003 年发表了一篇实验文献，在实验中，他们给一对猴子两个代币，猴子可以用代币换取黄瓜或者是更喜欢的葡萄。其中一只猴子没有付出什么努力就获得葡萄，而另外一只猴子虽然经过努力但只能用代币获得黄瓜，这样那只获得黄瓜的猴子就表现出狂躁和愤怒的情绪，并拒绝食用黄瓜。这个实验表明，公平偏好具有普遍的生物基础，但是它依然无法向我们清晰地解释这一“普遍的生物基础”是什么，或许对这一问题最好的回答来自 2003 年发表在《科学》杂志上的一篇开创性文献。

Sanfey 等人对最后通牒博弈的讨价还价行为进行了功能性磁共振成像(functional magnetic resonance imaging,fMRI)脑成像研究,通过对被试面对不公平分配方案(10 美元中只给 1～2 美元)和公平方案(给 4～5 美元)时的脑成像数据进行比较,他们发现,三个脑区在面对不公平方案时被不同程度地激活,它们分别是前额叶皮质背外侧(DLPFC)、前扣带回(ACC)和脑岛皮质(Insula)。相关研究已经表明前额叶皮质背外侧是负责计划的脑区,脑岛皮质是在经历诸如痛苦和恶心等负面情绪时被激活的,前扣带回则是完成执行功能的脑区,它经常从其他许多脑区接受输入并处理这些输入之间的冲突。因此,脑成像结果表明,当被试面对一个不公平的方案时,大脑内部有冲突发生:前额叶皮质背外侧想“接受”(根据其对回报值的计算),脑岛则“厌恶”这种不公平,而前扣带回必须努力去解决这种冲突。这是我们第一次如此近距离地接触公平偏好形成的“生物基础”,它是一个在公平偏好领域具有里程碑意义的神经元实验。

如此看来,大脑的不同区域应该具有不同的功能,并在一定的情景下会发生冲突,而解决冲突可能又依赖于特定的脑区。如同实验所呈现的,可以根据被试的脑岛激活程度来可靠预测其是否会接受不公平的提议,因为两者的相关度达到 0.45。那么,问题是否就可以这样轻而易举地解决了呢?即脑岛是在神经上拒绝不公平方案的关键所在,但事实上,情况远非我们想象得那么简单。

Rilling 等人同样设计了一个最后通牒博弈的神经元实验,实验共 30 轮:10 轮与被试假想中的人类博弈对手进行(每个博弈对手进行一次),10 轮与被试已经知道的计算机博弈对手进行,还有 10 轮他们只需按下某一个按钮就可以得到金钱回报(这 10 轮作为控制实验组)。下文中,我们将“被试假想中的人类博弈对手”简称为“人类对手”、“被试已经知道的计算机博弈对手”简称为“计算机对手”。每轮实验的内容都是一样的,即分配 10 美元的标准最后通牒博弈实验;唯一的区别在于,每轮实验中的博弈对手是随机的。博弈对手的提议是事前由电脑程序决定的,且计算机对手和人类对手给出的提议是完全一样的(一半的提议是公平的,而另一半不公平),但实验人员告诉被试,计算机对手给出的提议是随机产生的。实验结果表明,对人类对手给出的 7∶3、8∶2 和 9∶1 这三个提议的拒绝比例分别是 5%、47%和 61%,而对计算机对手提出的 7∶3、8∶2 和 9∶1 这三个提议的拒绝比例分别是 5%、16%和 34%。可见,相较于人类对手,被试对 2 美元和 1 美元的拒绝率显著地高于与计算机对手博弈时的拒绝率。

另外,对脑成像数据的检验发现,被试有三个脑区被人类对手激活的程度显著地高于计算机对手;而且,在计算机对手—控制组对照中根本不显示激活,它们分别是:颞上沟右后部,一个横跨了视丘下部、腹侧丘脑、中脑的区域以及海马体的一个区域。实验结果与此前的脑成像研究(不涉及真实的社会交往)的结果一致,旁扣带回皮质前部和后顶上沟都被激活。另外,当与计算机对手博弈时,10个脑区中仅有一个被激活,它发生在枕叶区以左舌回(left lingual gyrus)为中心的地方。

我们通过详细描述上述两个实验试图阐明以下两个事实:第一,公平偏好是内生的,它具有普遍的生物和生理基础,这也解释了为什么无论是在欧洲、美洲还是亚洲,人们都无一例外地倾向于选择均等分配的数额,而拒绝不公平的提议。第二,虽然我们能够证明公平的生物基础,但是对于它是由哪个脑区负责以及是如何运作的,我们还是知之甚少。在面对不公平的提议时,脑岛产生"厌恶"的情绪以迫使我们选择拒绝,但为何面对同样不公平的提议,只是由于提议者的身份(人类或者计算机)和动机不同,我们却又变得自相矛盾,我们的大脑是如何定义公平以及它是如何处理这种复杂状况的?情况远比我们想象得复杂。

通过介绍最后通牒博弈实验和独裁者博弈实验,并延伸探讨了最新的神经元实验研究,有助于我们更好地理解行为博弈论的知识和生物学基础。当我们学习和试图理解资本市场的投融资决策时,其行为结果背后的决策主体正是参与其中的个体,理解个体行为决策背后的博弈逻辑和生物学基础将变得非常有意义。

任务拓展实训

训练目标

(1)了解"理性人"假设的意义;

(2)理解影响个体和个体之间行为博弈的因素与机制;

(3)理解人们在真实的社会生活中决策行为的过程。

训练内容

最后通牒博弈实验。

请同学们仔细阅读实训指南。

学生实训指南	
1	每位同学需要在各自的表单上按要求填写内容。
2	班级的所有同学将会根据编号进行随机两两分组,并随机决定每组当中的哪个编号属于提议者,哪个编号属于回应者。
3	游戏只进行一轮,同学们互相均不知道对方的信息。在游戏的最后,游戏主持人将随机抽取几组的分配结果,按真实的货币支付给抽中的几组同学,包括提议者和回应者。

每位同学将会拿到的表单模板如下：

	年龄：	性别：	编号：
问题 1：	目前有 10 元现金需要在你和对方之间进行分配，假设你是提议者，那么你会分给对方(　　)元。		
问题 2：	目前有 10 元现金需要在你和对方之间进行分配，假设你是回应者，那么你会拒绝对方给出低于(　　)元的提议。		

训练反馈

实训结束后，请同学们填写心得。

任务二　基于行为博弈的企业投融资行为分析

【任务描述】

我们想象一下，在一个简单的信贷市场当中，只有贷款人和银行两个参与主体。虽然现实的市场中不会有如此少的市场参与者(还包括政府、上下游客户和其他利益参与者)，但通过假设只有贷款人和银行的信贷市场已经足以让我们构建一个序列行为博弈模型来帮助解释为什么资本市场上有些很好的项目无法获得融资。

图 3—3 是我们用博弈树的方式展示序列博弈模型。为简化起见，假设银行和贷款人对博弈树和各个项目的预期收益都有着充分的认知，图中给出的预期回报数字为利润(单位：万元)。

当银行收到贷款人的贷款申请时，它面临两个选择：选择拒绝，则银行和贷款人都得到零回报。选择通过，那么贷款人就面临两个选择：是选择投资安全项目还是选择投资高风险项目，如果选择投资安全项目，那么贷款人和银行都将获得正的利润；如果贷款人选择投资高风险项目，那么项目顺利的话，贷款人将获得巨额回报，银行则获得负的预期回报。预期回报为负，意味着如果贷款人选择了高风险项目，银行不会从贷款人的成功项目中获得额外的收益，而如果项目失败，银行则会损失所有的本金。

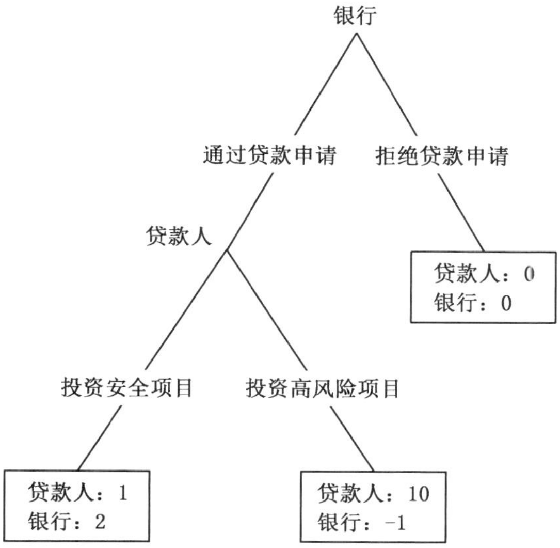

图3—3　简单信贷市场序列博弈树

因此，银行希望贷款人投资安全的项目。然而，它无法获得贷款人的真实意图，即使贷款人承诺会投资安全的项目，但是银行无法保证贷款发放之后，贷款人会遵守之前的承诺，对于银行来说，这不是一个可以置信的承诺，因为贷款人投资高风险项目的回报很高，以至于贷款人无法拒绝这一诱惑。按照标准的博弈论，这一信贷市场的纳什均衡应该是银行拒绝贷款人的申请，双方的收益均为零。

显然，银行拒绝贷款人的申请这一纳什均衡并不是帕累托有效的，因为如果安全项目得到资助，那么贷款人和银行双方都会得到更好的收益。而这一结果实际上也是不完全符合实际的信贷市场，因为我们看到有很多企业实际上是获得银行的贷款来投资项目。那么，贷款人和银行是如何打破这一对双方不利的纳什均衡结果，从而获得银行贷款的呢？换句话说，贷款人是如何找到一种方式就投资安全项目向银行做出可置信的承诺呢？

一种通用的做法是，在金融市场使用抵押品来作为承诺工具。例如，贷款人可以用自己的住房来作为抵押品，只要银行确认失去住房对贷款人的成本足够大(财务上或心理上，或两者都有)，那么这个抵押品就可以让贷款人的承诺变得可置信。因此，银行会认为贷款人会将资金投资到安全项目，从而批准这笔贷款。

这就引申出一个问题，在信息不对称的情况下，金融市场上有哪些工具或者方法可以帮助投融资行为博弈的双方去降低由于信息不对称所导致的道德风险和逆向选择呢？企业需要资金去投资项目获得利润，而银行需要贷款给企业以获得息差，双方的博弈从动机上分析是一个合作博弈，但由于存在信息不对称，所以导致双方的行为博弈会走向非合作博弈结果。如何避免获得一个非合作博弈的结果，或者说，如何获得一个帕累托有效的结果，对信贷市场甚至金融市场的可持续发展而言至关重要。

【知识嵌入】

一、投融资行为中的常用增信措施

当企业面临投融资需求时，有时由于其信誉度不高或风险较大，传统的借贷机构或投资者可能对其持谨慎态度，导致难以获得足够的资金支持。这是一个常见的问题，称为信用缺失问题。为了解决这个问题，企业可以采取一系列增信措施，以提高投资者对其的信心，减轻投资风险。什么是增信措施呢？增信措施是指企业在进行投融资活动时，为提高其信用水平而采取的措施。这些措施可以提供额外的保障，降低投资风险，以吸引更多的投资者参与。

例如，假设有一家初创公司，该公司开发了一项具有重大市场潜力的创新技术。然而，由于公司历史较短，声誉尚未确立，故传统的借贷机构和投资者对其持观望态度，不愿意提供必要的资金支持。在这种情况下，公司面临信用缺失的问题。为了解决这一问题，公司需要采取增信措施，提供额外的担保或保证，以增加投资者的信心。例如，公司可以将资产作为抵押物，向投资者提供担保，或者寻求第三方机构的担保支持。通过这些增信措施，投资者对该公司的投资风险降低、信心增强，从而更愿意参与投资。因此，增信措施对于帮助公司吸引更多资金、推动项目的发展和扩张至关重要。下文我们将详细阐述金融市场的几种常用增信措施，这些增信措施是可以将贷款人的承诺变成可置信的工具，也是将金融市场投融资参与方由非合作博弈转向合作博弈的重要条件。

（一）抵质押担保

案例导入

抵押担保案例：

华润置地作为中国领先的国有房地产开发企业，成立于1994年，总部位于中国香港，是华润集团旗下地产业务旗舰。凭借强大的股东背景与多元化业务布局，公司长期深耕一、二线城市核心区域，业务覆盖住宅开发、商业地产、城市综合运营等领域。然而，近年来中国房地产市场持续面临“三道红线”政策调控，房企融资端全面承压。

华润置地虽然凭借国企身份在融资资质上具备优势，但是，大规模城市更新项目与商业综合体开发需长期资金投入。华润置地在大规模扩张和投资后，积累了大量的债务，导致其资金压力逐渐增大。以深圳湾综合体、杭州亚运村等标杆项目为例，单个项目投资规模超百亿元，叠加销售回款周期延长，企业现金流管理难度陡增。为了筹集更多的资金来应对债务偿还和运营需要，华润置地采取了抵押担保等增信措施。具体来说，华润置地将旗下多个项目的房地产资产抵押给银行等金融机构，以获得贷款和融资支持。这些资产抵押给金融机构后，可用于作为贷款的担保，帮助华润置地获得更多资金。例如，华润置地在2025年通过全资子公司与招行永隆银行等机构签订63.42亿港元定期贷款协议，以深圳、上海核心地段商办物业作抵押，融资期限3年，票面利率较同期LPR低12个基点。然而，由于中国房地产市场的波动和行业竞争的加剧，华润置地即使凭借国企信用背书保持融资优势，但抵押资产规模持续增长仍引发市场关注。华润置地的股价也受到了较大的影响，使得抵押担保的价值面临下降的风险。随着抵押资产边际效用递减，未来需进一步强化运营端现金流造血能力，探索保障性住房REITs等创新融资工具，以应对行业深度调整期的挑战。

质押担保案例：

小米科技是一家成立于2010年的中国科技公司，专注于智能手机、智能硬件和互联网服务等领域。小米在成立初期就取得了巨大的成功，并迅速成为中国乃至全球最具影响力的科技公司之一。2018年，小米科技计划在香港交易所上市，引发了市场对该公司的高度关注。然而，由于全球股市波动加剧，特别是中国A股市场的股价普遍下跌，小米科技的股价也受到了较大影响，出现了大幅波动。在此背景下，小米科技创始人兼CEO雷军等高管为了筹集资金用于公司扩张和业务发展，对自己所持有的公司股权进行了质押，以获得银行等金融机构的贷款。例如，创始人雷军将所持3.6亿股B类股中的1.2亿股质押给摩根大通、高盛等投行，质押率约为33.3%，获融资约10亿美元（按当时汇率折算）；并表示，此次质押资金主要用于三个方向：新零售布局、IOT生态投资和海外供应链建设。质押公告后30日，小米股价累计上涨12.3%，跑赢恒生指数（−1.2%），反映了资本市场对小米生态投资的认可。科技企业和文化企业由于轻资产模式导致传统抵押物不足，因此，股权质押成为重要的融资工具。小米的股权质押案例展现了科技企业在融资约束下的创新突围。通过精准控制质押率、强化市值管理以及构建多元化融资通道，公司成功将股权质押转化为战略杠杆。这一模式为科创板、创业板企业提供了重要借鉴，即在保持技术定力的同时，合理运用金融工具实现弯道超车。

知识点阐述

抵质押担保分为抵押担保和质押担保。抵押担保是指债务人或第三人不转移对其特定财产的占有，将该财产作为对债权的担保，在债务人不履行债务时，债权人有权依法就该财产折价或以拍卖、变卖的价金优先受偿的物权。质押担保是指债务人或第三人将其特定财产移交给债权人占有、作为债权的担保，在债务人不履行债务时，债权人有权依法以该财产折价或拍卖、变卖该财产的价金优先受偿的物权。

抵押担保和质押担保都是物的担保的重要形式，两者的相同点有以下几个方面：第一，在投融资项目中，债务人或第三人都可以担任抵押人或者出质人。担任抵押人或者出质人这一角色的并不一定是债务人，也可以是第三人，该第三人可以与债务人有股权关系，也可以没有股权关系；实践中，抵押人或者出质人由抵押物或者质押物的所有权人担任。第二，设置抵质押担保是为了降低行为博弈双方的信息不对称，使做出的承诺成为可以置信的，即为了保证债务的履行和债权的实现。第三，设置抵质押担保都应该以书面形式订立合同，并载明具体的合同内容和关键条款。第四，两者担保的范围相同，包括主债权及其利息、违约金、赔偿金和实现权利相关的费用(质押物的保管费用、诉讼律师费用等)。

两者的不同点有以下几个方面：第一，标的物不同。抵押担保的标的物一般是不动产(包括抵押人所有的房屋和其他地上定着物)和大类动产(如车、船等)。而质押担保的标的物一般是动产，包括依法可以转让的股份、股票、票据、债券、存款单、仓单，以及依法可以转让的著作权中的财产权、商标专用权和专利权等。第二，占有方式不同。抵押担保是不转移对抵押物的占有状态，仍由抵押人负责抵押物的保管；这种模式对抵押人和债权人都有好处，抵押人在标的物抵押后依然可以使用抵押物来获得收益，从而使得债权人的债权能够尽早获得清偿，同时不损害债权人的优先受偿权。而质押担保改变了质押物的占有状态，由质权人负责对质押物进行保管，这是质押担保最为显著的特征。例如，我抵押了我的房产，但该房产仍由我占有并保管；若我质押了存款单，该存款单则由债权人占有并保管。第三，处置方式不同。抵押担保情况下，若债务人无法按时偿还债务，债权人对抵押物不具有直接处置权，而需要与抵押人协商或通过上诉由法院判决后完成抵押物的处置。而质押担保情况下，对质押物的处置不需要经过协商或法院判决，超过合同规定的时间，债权人就可以进行处置。第四，担保权利是否可重复设置不同。抵押担保情况下，同一担保物上可以设置两个或两个以上的抵押权，从而出现抵押权顺位问题，即各个抵押权人有优先受偿的先后顺序。而质押担保情况下，由于是以交付质押物、转移占有权为合同有效成立的条件，所以不能重复设置质权。

抵质押担保是投融资行为中非常普遍同时也是非常重要的一种担保措施，在运用这一增信措施进行投融资活动时，一定要详细调查以使抵质押担保手段合法合规且真实有效，从而避免不必要的经济纠纷。详细调查的内容包括但不限于主体资格的合法性、抵质押物的真实状态和抵质押物的真实法律效力等。

知识点应用和思考

通过华润置地抵押担保案例和小米科技股权质押担保案例，企业和投资者能够从中学到哪些经验和教训呢？

（二）保证担保

案例导入

案例一：

2016 年，通用电气(GE)与贝克休斯公司达成协议，将其石油和天然气部门与贝克休斯合并，贝克休斯成了 GE 的子公司。GE 作为全球知名的跨国企业，其与贝克休斯的合并交易涉及大额资金投入和复杂的融资安排。作为交易的一部分，GE 向贝克休斯提供了保证担保。这意味着 GE 承诺支持贝克休斯的贷款，以确保贝克休斯有足够的资金支持其业务运营和发展。通过提供保证担保，GE 增强了贝克休斯的信用，向借款人和投资者表明，贝克休斯作为 GE 的子公司，其债务得到 GE 的全力支持。保证担保的意义在于：GE 作为全球知名的跨国企业，其信用评级较高，可以为贝克休斯带来更有利的融资条件和低成本的融资渠道；同时，有助于吸引投资者对贝克休斯的债务产生兴趣，增加其债券发行的成功率。通过保证担保，贝克休斯能够更加灵活地进行资金筹集，并支持其扩大业务和推进发展。

案例二：

2014 年，索尼影业娱乐作为索尼公司的子公司，遭受网络攻击事件，导致敏感和机密信息被泄露并引发严重后果。为了应对网络攻击的后果并减轻子公司潜在的财务损失，索尼公司提供了保证担保。这意味着索尼公司向借款人和投资者保证，将履行索尼影业娱乐的财务义务，确保公司的财务稳健和持续运营。通过提供保证担保，索尼公司试图恢复市场对索尼影业娱乐的信心，稳定公司的经营环境，并维护其声誉。而索尼公司保证担保的意义在于：为索尼影业娱乐提供了财务支持，有助于缓解市场对公司的担忧和投资者的不安。索尼公司作为母公司，其信用评级较高，为子公司提供担保可使得索尼影业娱乐获得更有利的融资条件，并增加其债券发行的成功概率。此举还能为索尼公司保护其子公司并维护整体品牌形象，对恢复市场信心和投资者信赖具有积极作用。

综合来看，保证担保增信措施在金融市场中扮演着重要角色，有助于提高借款人的信用和市场声誉，降低融资成本，为公司的发展和扩张提供支持。然而，增信措施也伴随着一定的风险，需要在策略和风险管理方面谨慎决策。

知识点阐述

保证担保是指保证人和债权人按照合同约定，当债务人不履行债务时，保证人须按照合同约定履行债务或者承担责任的行为。保证是指债务人以外的第三人为债务人履行债务而向债权人所做的一种担保。根据《中华人民共和国担保法》(以下简称《担保法》)第二十一条规定：保证担保的范围包括主债权及利息、违约金、损害赔偿金和实现债权的费用。保证担保的范围是指债务人不履行债务时请求保证人代为履行或负连带责任以及申请法院予以强制执行的范围。

保证担保相比于其他担保方式，有以下几个方面优势：一是设立条件比较简单，交易双方签订保证合同即可，无须进行其他操作事项(如权利登记)；二是保证责任止于保证人的全部财产，一般情况下，保证合同会约定由保证人在一定的财产范围内承担连带保证责任；三是保证合同履行较为方便，可要求保证人直接承担保证责任。

当然，保证担保也有其劣势：一是若发生违约纠纷，债权人对保证人的财产不享有优先受偿的权利；二是当保证人同时为多个债权人提供保证担保的时候，各个债权人之间的地位平等，因此某个债权人相对于其他债权人无法获得优先受偿权利；三是保证担保期间，由于保证人的财产在经营生产活动中随时变化，因此债权人面临保证人可能丧失代偿能力的风险。

在金融市场的投融资行为过程中，保证担保也是一种应用范围和频率较高的增信措施。实践应用过程中，我们还要区分一般保证担保和连带责任保证担保两种方式。根据《担保法》第十七条规定，一般保证担保是指当事人在保证合同中约定，当债务人不能履行债务时，由保证人承担保证责任。而连带责任保证担保是指债务人在主合同规定的债务履行期届满没有履行债务的，债权人可以要求债务人履行债务，也可以要求保证人在其保证范围内承担保证责任。一般保证担保和连带责任保证担保的本质区别在于，保证人是否享有先诉抗辩权。一般保证人享有先诉抗辩权，所谓先诉抗辩权，是指一般保证的保证人在主合同纠纷未经审判或者仲裁，并就债务人财产依法强制执行仍不能履行债务前，对债权人可以拒绝承担保证责任。因此，对于银行等金融机构而言，显然连带责任保证担保更有吸引力。

实践中，运用保证担保方式进行投融资项目增信时，也需要进行详细的尽职调查以确定这一金融手段的法律效力，而尽职调查内容包括保证人的主体资格是否合法合规、保证人是否具备必要的代偿能力，以及保证人与债务人之间的实际“关系”是否足以制约债务人的违约冲动等。需要注意的是，保证人之所以愿意为债务人提供保证担保，往往与债务人之间存在某种特定的“关系”，除商业性的担保公司外，保证人主要是债务人的亲友、上下游客户、其他社会关系等利益相关者。因此，通过这些特定“关系”，未来在履行债务的过程中可以形成对债务人有效的制约，最终提高债务人的还款意愿。

知识点应用和思考

通过通用电气和索尼公司的保证担保案例，你认为保证担保作为一种增信措施存在哪些风险和挑战呢？

（三）优先次级分层

案例导入

在资产证券化过程中，一家企业或金融机构将其不动产、贷款、债务等资产打包成证券，然后将这些证券发行给投资者。这种做法有助于将资产转化为流动性资金，提高企业的资金利用效率。资产证券化产品采用优先次级分层结构的主要原因是吸引不同风险偏好的投资者，优先级债券通常享有较高的信用评级和较低的风险，因此吸引那些寻求相对安全投资的机构和个人；次级债券风险相对较高，但相应地可以获得更高的利率回报，这些债券通常吸引那些寻求高回报的投资者。在资产证券化产品的发行过程中，首先将不同种类的资产进行打包和分类，根据风险等级划分为优先级和次级。然后，按照一定比例将这些债券发行给投资者。在债券到期时，优先级债券持有者享有优先受偿权，即先获得回本和利息，然后到次级债券持有者的回本和利息。运用优先次级分层增信措施，资产证券化产品在融资市场上受到了更广泛的认可和接受。优先级债券的低风险特性吸引了那些注重资本保值的投资者，尤其是养老基金、保险公司等机构投资者。而次级债券的高回报特性吸引了那些愿意承担一定风险以追求更高回报的投资者。通过满足不同投资者的需求，资产证券化产品增加了流动性和市场的深度，为企业提供了更多的融资渠道。

知识点阐述

抵质押担保和保证担保两种方式均属于外部增信模式，现在我们再介绍一种在实践中应用比较广泛的内部增信方式——优先次级分层。我们先了解一下什么是外部增信模式和内部增信模式。外部增信模式是指项目增信依赖于除债务人以外的第三方的信用介入来提供信用支持，如抵质押担保、保证担保、银行流动性支持、保险保证、维好承诺等；而内部增信模式是指项目增信来源于基础资产现金流或证券化产品自身交易结构而产生的信用支持，如优先次级分层、超额利差、超额覆盖、储备金账户等。

优先次级分层是指在资产端构建一个优先次级结构，使证券在实现本息兑付或损失分配安排上具有优先与劣后的顺位区分，实现风险的再分配，通过次级部分为享有优先权的优先级部分提供信用支持。其实质是瀑布式风险防范结构，即现金流收益由优先至次级分配，而损失由次级至优先承担。具体而言，证券化交易在进行收益分配时，在支付税收和相关费用支出后，会先行兑付优先级证券的各期预期收益和未偿本金余额，只有当其全部得到兑付时，才会进入次级证券的兑付。比如在资产证券化产品中，在特殊目的载体终止进行清算时，其资产在支付税收和相关费用支出后，也先用于支付优先级资产支持证券的预期收益和本金，等全部清偿完毕后，剩余资产再分配给次级资产支持证券持有人。值得注意的是，次级资产支持证券往往由原始权益人或其关联方自行认购，以为优先级资产支持证券提供信用支持。

例如，2018 年我国发行首只知识产权证券化标准化产品“第一创业—文科租赁一期资产支持专项计划”（简称“文科一期 ABS”）在深圳证券交易所成功获批。该资产证券化产品以北京市文化科技融资租赁股份有限公司（简称“文科租赁”）为原始权益人，底层资产租赁标的物全部为专利权、著作权等知识产权，总规模达 7.33 亿元，其中，优先级证券规模为 6.96 亿元，占比为 94.95％；次级证券规模为 0.37 亿元，占比为 5.05％。

知识点应用和思考

资产证券化产品中的优先次级分层虽然能够满足不同投资者的需求，但也存在风险，你认为最主要的风险是什么？

二、增信措施小结

无论是外部增信措施还是内部增信措施，都是用来降低交易双方的信息不对称，并最终促使双方达成一个具有帕累托有效的纳什均衡结果。通过上文所述，我们再深入地探讨一个问题，即这些增信措施的运用实际上是对信贷资源的一种占有，如果我们将这一资源看作具有稀缺性的话，那么一方对一种资源的占有实际上意味着另一方将会失去这一资源。应用到金融市场，就是无法提供或者没有能力提供增信措施的一方将会失去信贷资源，而失去资金很可能意味着一方将会由于缺乏资金而陷入贫困。本书引用的简单信贷市场博弈的例子表明，如果贷款人能够提供抵质押品来可信地承诺于一个安全项目，银行就会进入信贷市场来为他们的项目提供资金。然而，对于那些没有可抵质押资产的贷款申请人，他们的贷款申请就会被银行拒绝，从而陷入非帕累托有效的纳什均衡。

孟加拉国经济学家穆罕默德·尤努斯正是因为对这个问题的解答而获得了2006年诺贝尔经济学奖。如果这一问题无法解决，那么就会导致社会贫富差距加大；因为需要贫穷的贷款人拿出一个可置信承诺的资产用于抵质押是有很大难度的，而这个对于富人来说不成问题，久而久之，穷人变得更穷、富人会更富。穷人失去进入信贷市场的渠道将导致他们无法向上流动，因此贫富分化会导致严重的社会动荡和暴力。

为了让穷人也能进入信贷市场获得必需的资金，尤努斯解决了承诺工具的问题，方法就是以集群的方式向穷人提供小额贷款——贷款是给一个互相联系的群体，而不是给个人，即每个隶属于某个群体的贷款人随后需要确保其他的贷款人将资金投资到安全的项目中。

当然，实践中的投融资主体在行为博弈时远比我们列举的简单信贷市场博弈复杂和多变，这需要我们不仅能够深刻认识行为博弈理论，而且要在实践中不断丰富和拓展投融资行为博弈理论。

任务拓展实训

训练目标

(1)能够分析企业在资本市场进行投融资活动时的博弈行为；

(2)掌握企业在投融资活动中的几种常用增信措施。

训练内容

假设你是一家银行的行长，目前有A和B两家企业需要融资，A企业资产规模较大，但盈利能力较弱；B企业资产规模较小，但发展迅速、产品利润率较高，不过目前企业处于亏损状态。你会选择哪家企业作为贷款客户呢？若选择该企业，你会要求它提供哪些增信措施以防止贷款违约呢？

项目四　文化金融工具

【知识目标】

掌握传统文化金融工具的相关概念和分类；

了解创新类文化金融工具的特点和应用。

【能力目标】

理解各类文化金融工具的区别和特点；

能够根据案例判断文化金融工具类型；

具备进行分析和解决实际问题的能力。

【思政目标】

通过实际案例，展示体现建立健全多层次、多渠道、多元化的文化产业投融资体系的重要性；

通过本章的教学，帮助学生认识到金融行业的重要性，了解金融行业对国民经济的推动作用及调整产业结构的导向作用；

通过本章的学习，提高学生的社会责任感和公民意识，为未来的工作打下坚实的基础。

【思维导图】

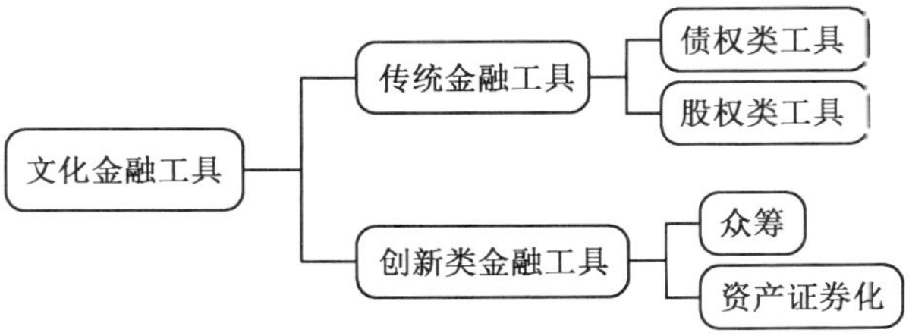

案例导入

银行助力《哪吒2》周边产品生产

2025年,《哪吒之魔童闹海》(下文简称《哪吒2》)爆火,剧中IP形象的衍生盲盒、Q版模型等周边产品也随之热销。

作为拥有《哪吒2》周边3D塑胶类食品玩具全国唯一IP授权生产资格的玩具制造公司桑尼森迪,该公司前期备货的30万套盲盒在影片上映当日就全部售空。但时处春节前夕,制造商面临原材料采购压力,即将错过商机。中信银行长沙分行为桑尼森迪申请到1 000万元贷款资金,助力企业开足马力进行生产。

此外,沃工场文化(东莞)有限公司也拿下1亿元的《哪吒2》电影周边订单,但面临资金短缺的困境。中国银行东莞分行以知识产权质押等组合担保方式为沃工场提供超700万元资金支持,帮助企业完成原材料采购和生产设备升级,确保订单按时交付。

任务一　传统金融工具

【任务描述】

随着人民生活水平日益提高,文化产业在经济社会发展中的地位越发凸显。在国家政策的支持和引导下,文化产业成为各类资本投资的热点,也日益迎来新的发展机遇。近年来,相关部门积极深化文化金融合作,大力推进建立健全多层次、多渠道、多元化的文化产业投融资体系,有效缓解了文化企业"融资难、融资贵、融资慢"的问题。在此过程中,传统金融工具发挥了重要的作用。

【知识嵌入】

债权融资是指企业通过借钱的方式进行融资,适用于企业的任何成长阶段。在文化金融领域,债权类金融工具所占的比重较高。文化产业具备轻资产、高风险的特性,更适合使用股权类金融工具。从市场规模来看,股权类文化金融工具的比重越来越高。

一、债权类工具

案例导入

龙门石窟位于河南省洛阳市，是世界上造像最多、规模最大的石刻艺术宝库，现为世界文化遗产、国家5A级旅游景区。2023年，龙门旅游集团在上海证券交易所成功发行5亿元公司债券，简称“23龙门01”，发行规模5亿元，利率3.93%。龙门旅游集团是洛阳文化旅游投资集团全资子公司，龙门石窟片区开发承载主体。本次筹集资金将依托龙门石窟世界级文化IP，用于统筹推进建设世界级龙门旅游度假区，为洛阳新文旅发展提供重要支撑。

知识点阐述

债权融资是指企业通过借钱的方式进行融资。对于债权融资所获资金，企业首先要承担资金利息，借款到期后要向债权人偿还本金。债权融资方式适月于企业的任何成长阶段，在资产负债表上表现为负债规模的扩张。债权类金融工具主要包括信贷融资、债券融资、信托融资等。在文化金融领域，债权类文化金融工具所占比重较高。

（一）信贷融资

信贷融资是指企业为满足自身生产经营的需要，与金融机构（主要是银行）或者信誉较好的融资公司签订协议借入一定数额的资金，并在约定期限还本付息的融资方式。

银行是我国经营网点分布最为广泛的金融机构，银行信贷是我国文化企业获取外部资金最基本的渠道。传统的信贷融资方式下，银行根据融资人的实际发展情况（如经营业务、行业背景、市场规模、发展前景以及融资需求等），结合实物抵押和担保情况进行综合评估后给予企业相应的授信额度。

目前，银行在我国处于绝对强势地位。银行为保证自身利益，会对企业提出较为苛刻的融资条件。即使企业能够满足银行要求，也有可能由于信贷政策收紧而丧失融资机会。现实操作中，由于文化产业存在创意性强、无形资产比重大、可抵押实物资产不足等特点，因此只有少量竞争力较强、发展前途明确的文化企业能够获得银行信贷融资，大部分中小型文化企业由于无法满足信贷融资的合格主体要求而难以顺利地从银行取得资金支持。

近年来，为支持文化产业发展、解决文化企业融资难的问题，在国家政策推动下，多地政府和商业银行根据不同企业的特征创新了一系列贷款类产品，如出版贷、动漫贷、广告贷、设计贷、文教贷、演艺贷，以及覆盖影视制作产业链全流程的、控制项目现金流的"影视通""影视制作项目贷款""影院建设项目贷款"等产品。相关产品的抵质押模式包括知识产权质押、旅游景区收费权质押、艺术品质押、非物质文化遗产质押等，其中知识产权质押的产品较多。

商业银行作为我国文化企业资金支持的重要渠道，当前的信贷实际支持力度与文化产业发展现实需求仍然存在一定的差距，未来应着力于改善商业银行的服务模式、增加文化产业的信贷投放以及创新信贷产品等方面。

案例

2018 年，中国工商银行北京分行与北京出版集团签署战略合作协议，为北京出版集团提供了 10 亿元的出版贷款额度。这笔贷款用于支持北京出版集团的出版、发行、印刷等业务的发展，可以改善出版流程、升级设备技术、拓展市场渠道、开展创新项目等方面，帮助北京出版集团提高出版质量和效率，扩大市场份额，提升品牌影响力。本次合作有助于加强金融机构与文化产业之间的联系，促进文化产业的发展。同时，对于北京出版集团来说，获得贷款额度也可以为其业务发展提供更多的资金保障和灵活性。

（二）债券融资

债券融资是资本市场重要的直接融资形式之一。债券是指社会各类经济主体为筹措资金而向债券投资者出具的，承诺按一定利率定期支付利息和到期偿还本金的有价证券。债券购买者与发行者之间存在债权债务关系，债券发行人即债务人，投资者（或债券持有人）即债权人。债券按照发行主体，可以划分为金融债券、政府债券和企业债券。文化产业采用企业债券形式进行融资，包括超短期融资债券、短期融资债券、中小企业集合票据和中期票据等。

在国际成熟的资本市场上，债券融资受到企业的青睐，这也是文化企业融资拓展的重要方向，其优势在于：第一，企业发行债券融资的利率通常低于银行利率，一定程度上降低了资金成本；第二，企业债券相较于银行融资期限更长，解决了普通信贷期限无法满足企业长期发展资金需求的缺陷；第三，债券融资将非标准化的债权转化为标准化的债券，可以有效分散风险，并且能在证券市场上流通，有助于企业树立良好的市场形象、激发投资者的热情；第四，债务资本的筹集费用和利息可以在所得税前扣除，能为企业带来税收节约价值，具有税盾的作用。

相较于其他工具，债券融资具有强烈的产业政策导向，是发挥市场积极作用和进行政府引导的有效工具。一方面，文化产业对于资金的需求量较大，但行业利润不高，仅靠自身的盈余积累很难满足发展需要；另一方面，文化产业的投资回报周期长，但运营后会有稳定的现金流，因此适合通过期限更为灵活的债券融资快速筹措资金，弥补流动性不足的问题。通过政策扶持，拓宽文化产业直接融资渠道，优化债务资本结构，对企业的长期发展具有积极意义。

我国的债券融资市场发展时间较晚，文化产业债券的发展和兴起于 21 世纪初期。2007 年 12 月，中国电影集团发行 5 亿元企业债券进行融资，成为我国首家发行企业债券的文化企业。2010 年，中国人民银行牵头颁布《关于金融支持文化产业振兴和发展繁荣的意见》，指出国家支持文化企业通过债券进行融资。自此，文化产业的债券融资市场进入新的发展阶段，文化产业中的一些中小企业开始进行债券票据融资，但从总量来说，在债券市场中所占比重还较低。这与轻资产的特性导致文化企业发债时增信较难的原因有关。文化企业利用债券融资工具还需要做很多新的尝试。例如，中信建投证券公司曾为某广告公司发行债券，但由于该公司基本没有可抵押的固定资产，仅有的一些户外广告屏也已抵押给银行，导致发债困难。后来，中信建投发现银行的抵押物只是广告屏实体，但屏幕的出租权尚未被用作抵押，因此证券公司积极进行创新设计，将广告公司的场所租赁协议和屏幕出租权组合在一起进行抵押，最终成功为该广告公司发行债券。

文化企业产业具有很好的长期价值，运营后有稳定的现金流，因此，国家主管部门近年来一直在加大对符合条件的文化企业发行债券的支持力度。2017 年，国家发展改革委印发《社会领域产业专项债券发行指引》，首次对“文化产业专项债券”做了具体安排。随着文化产业专项债券等项目的推广，积极发挥企业债券融资对社会领域产业发展的作用，“文化＋金融”领域的抓手也越来越多。2022 年，中国人民银行、文化和旅游部联合印发《关于金融支持文化和旅游行业恢复发展的通知》，提出要进一步拓宽文化和旅游企业的融资渠道，加大对符合条件的文化和旅游企业发行债券的支持力度。通过政策扶持，鼓励大型文化企业发行债券优化财务结构，带动产业结构优化升级的同时，释放宝贵的信贷资源给中小文化企业。此外，针对中小文化企业抵押物缺失、信用级别低的问题，可尝试通过发行中小企业集合债券来引导更多社会资金投入文化领域，拓宽文旅企业直接融资渠道，对企业的长期发展具有积极意义。

（三）信托融资

信托即信用委托，是指受他人委托，代为管理、经营和处理某项经济事务的行为。信托行业是金融市场中比较特殊的行业，其中的债权信托也是企业债权融资的重要渠道。鉴于信托是一种财产关系，因此知识产权等无形财产权可以作为信托财产。

文化产业信托主要是指服务于文化产业本身的信托融资，具体方式是，委托人基于对信托人的信任，将其知识产权及相应的衍生权利转移给受托人，由受托人以自己的名义，为受益人（委托人或第三人）的利益而经营管理、运用或处分该知识产权。文化产业独特的产业结构决定了其发展需要多层次的资本支持。信托对于文化产业的支持是多维度的，可以为文化产业各阶段提供相应的投融资。

对于大型上市文化公司而言，信托公司可以通过丰富的信托业务融资方式，个性化地满足不同业务的融资需求；也可与证券公司投资银行业务部门合作，共同为上市文化公司提供全方位、全阶段的金融服务。

然而，我国文化企业更多的是非上市中小企业，信托公司可以通过事务管理的方式促进其在初创期和成长期的资金融通。由于中小文化企业缺乏有形资产作抵押，所以仅以无形资产质押难以获得银行贷款。考虑到信托产品资金规模有限，信托资金成本也不算太高，对于中小文化企业“短、频、快”的资金需求，可以采用文化产业信托方式。具体来说，文化企业在创意投入制作时，与银行、信托公司签订信托构思阶段新作品著作权的合同，银行或信托公司向投资方介绍新作品的构思，并向投资方出售作品未来部分收益的“信托收益权”，创意公司再以筹措到的资金投入新作品的创作。

信托产品兼具灵活性和多样性的特点。在文化金融发展过程中，信托融资的作用也得到相关政策的支持。据统计，2022 年度各家信托公司发行的文化类信托产品超过 100 余种，信托资金流入文化产业的规模超过 100 亿元。未来应继续鼓励建立文化类信托投资公司，发起文化产业专项信托计划，所发行的信托产品由政府政策资金、专项引导基金、社会资本等共同认购，募集的信托基金投向由评审专家筛选的、能够体现政府扶持意愿的优秀中小文化企业。

知识点应用和思考

中国电影集团公司（简称“中影集团”）于 1999 年成立，是以影视产业为依托、多种产业综合发展的国内一流大型电影集团。成绩的取得离不开强大后盾的支持，探究中影集团飞跃式发展的重要节点，可以看到来自金融支持尤其是债券融资的强大推动力。

针对大型电影集团公司的加速技术改造为具体用途，国家曾提供国债资金予以支持。中影集团获得的资金年利率在 1%左右，类似低息贷款。2007 年 12 月，中影集团正式发行 5 亿元、期限 7 年的企业债券，由中国建设银行股份有限公司授权北京分行提供全额无条件不可撤销担保。这是金融企业为企业债担保的第一单，也是最后一单。中影集团由此成为首家获准发行企业债券的文化传媒企业，开创了中国文化媒体行业在企业债券市场融资的先河。

企业融资方式具有多样性，发行债券与上市直接融资可并行同作。由于上市进程存在一定的不确定性，因此企业可优先选择发债融资。本案例中，中影集团通过债券融资提前投入数字制作基地和院线，从而在上市前形成良好的全面发展业务模式，以推动上市融资进程。

如果你是中影集团的财务负责人，你会做出什么样的选择呢？请论述理由。

二、股权类工具

案例导入

粤港澳大湾区文化产业基金由广州市属国企代表广州市城市建设投资集团有限公司全资控股，基金规模20亿元。基金充分发挥大湾区中心的地缘优势和广东省建设文化强省、广州市建设文化强市的政策优势，重点关注与粤港澳大湾区内的文化娱乐休闲服务，文化旅游、文化投资运营、新闻信息服务，文化＋领域、科技、消费、教育以及体育相关的延伸。例如，基金成功投资近年来首部登上“央视一套”展现岭南文化时代风华的电视剧《珠江人家》，该剧在“央视一套”黄金档剧播放期间收视率最高达到3%，位列央视黄金时段电视剧收视率2023年度第一和历史第四的好成绩。

知识点阐述

股权类金融是金融体系的重要组成部分。较之债权类，股权资本对于高收益、高风险的行业更感兴趣，对于风险的容忍度也更高。文化产业具有轻资产、高风险的特性，其实更适合使用股权类金融工具。从市场规模来看，股权类文化金融工具的比重越来越高。各类风险投资基金、产业基金以及多层次资本市场共同构成了文化产业的股权类金融市场。

文化产业在其生命周期的各个阶段都可以使用股权类金融工具：初创文化企业可通过风险投资、私募股权基金、产业基金等股权融资形式获得资金支持；随着企业规模扩张，整体实力增强进入成熟期，企业可进入资本市场通过发行股票上市等形式向社会进行直接融资。

（一）天使投资

天使投资存在项目初创期，这时的企业尚未成型，只有一个最初的想法，部分个人投资者愿意冒项目失败的风险给予创始人一定的资金支持，这一形式被称为天使投资。这一阶段虽然对资金需求量要求不高，但存在巨大的风险。

（二）风险投资基金

当项目由最初的想法逐步被实践，企业经受住创始时期的考验进入了成长期，在发展战略已经相对明确的前提下，企业对资金的要求越来越高，这一时期投资机构对企业的资金投入称为风险投资（VC）。这一时期所需资金量较种子期来说有所增大，个人投资者很难做出专业判断以分散风险，因此，风险投资多为机构化运作，投资额一般超过千万元。

风险投资基金偏好选择企业成长潜力较大、高风险、高潜在收益的创新型企业。这正好与文化创意产业知识密集型、高附加值的产业特点相契合。文化产业迅猛的发展速度和未来市场的广阔前景，也不断吸引着风险投资机构对此驻足。风险投资通常进入企业投资早期阶段，投资规模较为灵活，视需求而定。投资者可以选择长期持有股权进行经营管理，也可以选择在后期出售股权退出。风险投资的长期注资，有利于小型文化企业突破启动资金有限的瓶颈，助力于企业把文化创意内涵与科学技术相结合，引领文化产业链向高端化发展。

文化企业通过风险投资的融资模式优化治理结构，可提高企业自身实力。风险投资者着眼于未来的战略投资，较少掌握企业实际控制权，也不要求具备实质担保抵押物。文化创意团队在组建初期，缺乏企业管理经验，对于人脉和社会资源相对匮乏，而风险投资机构可以提供专业人士，在作为股东参与企业经营管理的同时，为企业补充这部分欠缺的能力和资源。因此，风险投资机构通过风险投资基金的投资方式，对初创型文化产业的发展起着非常积极的作用，也是初创型文化企业选择的最重要的融资方式之一。

（三）私募股权基金

当企业继续发展至成熟期，产品结构和市场渠道均已稳定。这时，文化企业对融资的需求呈现多样化的特点，企业进行融资的目的是进一步发展，这时的投资称为私募股权（PE）。PE 阶段的投资金额比天使阶段、VC 阶段更大，企业在这一时期不仅需要资金，更需要投资者的产业背景和其他相关资源。因此，对于投资方而言，天使阶段需要的是眼光、VC 阶段需要的是判断，而 PE 阶段需要的是资源。

私募股权基金指的是对非上市企业进行股权投资并进行积极的管理，最终期望通过 IPO、并购等方式退出以获得整体投资的回报。相较于风险投资基金，私募股权基金的投向偏重于较为成熟、高成长性的 PRE-IPO 企业，以非公开的募集方式向大型机构投资或资金充裕的自然人募集资金。由于大部分初创型文化类企业在前期资本积累速度较慢，也缺乏信贷融资抵押所要求的高价值资产，所以这类企业从银行获取融资的机会较小。因此，文创企业仅依靠私募股权的模式吸收投资来助力企业的经营。数据统计表明，80％的初创企业在成立三年内以失败收场，为了把控投资风险，私募股权项目的甄选相当严格，且大部分文创项目无法达到 2 000 万元人民币的私募基金单笔起点金额，获得私募股权融资的文创企业仍占少数。其他未达标准的文创企业仍需通过个人借款、天使投资等途径获得投资资金。

（四）产业基金

文化产业投资基金主要针对无形资产和货币形式的文化创意企业进行投资。产业基金通常是由政府财政发起定向募集，吸收大型国有企业、金融机构认购。通过专业机构对基金进行管理，以市场化运作的方式，对文化创意企业进行股权投资。实际操作中，文化产业基金较为灵活，允许针对项目而非目标公司主体进行投资。

政府尝试改变以往财政资金进行直接投资的方式，把财政文化创意项目专项资金的划拨转化为设立专项产业基金，引导社会资本进入文化企业投资，进一步发挥财政资金的杠杆效力，搭建起文化创意产业投融资平台。同时，鼓励各方资本协作对重点文创类项目和园区的建设，推动资源优化配置，促进文创产业协同发展。

（五）资本市场融资

1. 上市融资

上市融资是指企业将股份在证券交易所对公众出售以获得资本的融通。文化类企业大多属于轻资产类公司，由于自身知识产权价值难以有效评估，因此饱受融资难的困扰。资金不足会制约产业发展，而文化产业只有借助资本的助力才能实现持续良好的发展。因此，进入资本市场融资是企业发展到一定规模后普遍选择的融资途径。上市是一个企业可持续发展的保障，上市融资能够获得大量的所需资金，这些资金没有到期日，也不会像债务融资那样存在还款压力。另外，企业上市是对企业知名度和企业声誉的最好宣传。但是，上市融资也会带来许多弊端，比如上市过程花费较大，增加了企业的经营风险；上市使得企业更加透明化，许多信息要向投资者披露，包括可能涉及的商业机密。总之，是否选择进入资本市场融资是一个企业权衡各方利弊的决策过程，对于文化类企业更应当审慎选择。

案例

1994 年 2 月 24 日，东方明珠在上海证券交易所挂牌上市，成为中国第一家文化类上市公司。三十年间，东方明珠通过产业经营和资本经营良性互动，实现主业稳健、持续发展，是 A 股市场产业布局完善、用户规模庞大、资源优势突出的传媒上市企业。目前，公司已形成智慧广电、文化消费等多元业态，构建线上线下全产业布局，服务上亿级规模用户，资产规模、营业收入、利润总额较成立之初实现巨大突破，连续 12 年位列全国文化企业三十强。

2. 再融资

再融资一般是针对上市公司的融资形式。通常，企业在资本市场的股票类再融资方式包括公开发行、非公开发行以及配股等。

股票类再融资一般受到募集资金用途的限制；也就是说，企业在拥有确定的资金用途时，才能使用股权再融资形式，且募集取得的资金不能用于交易性金融资产、可供出售金融资产等财务性质的投资行为。增发配股是上市公司最典型的再融资方式，是指上市公司以一定的比例给原有股东或新股东发售股份的行为。其中，配股的对象全部为原有股东，而增发分为公开和非公开，分别对应新股东和原有股东。

在比较成熟的资本市场中，配股往往是不受欢迎的一种再融资方式，这是因为配股实质上是再一次从老股东那里二次融资的行为，这往往是经营业绩低下、难以获得其他融资渠道的企业的首选。另外，对于那些可能放弃配股的股东来说，可能因为市价的损失而造成的个人资产的流失；而对于增发来说，新的投资者的加入会提高公司的经营业绩，从而可能使股价上升，但同时，增发的价格要低于市场价格可能造成一定程度上的不公平。

知识点应用和思考

上海文化产业投资基金成立于 2020 年，由上海市政府、浦东新区政府和上海实业(集团)有限公司共同发起，是上海市政府设立的首只文化产业投资基金。该基金旨在借助资本的手段有效聚合各类产业资源和市场要素，加快健全现代文化产业体系，积极推动上海乃至全国文化产业的创新和高质量发展。基金总规模 120 亿元人民币，首期 55.5 亿元，主要投向“上海文创 50 条”提出的“影视、演艺、动漫游戏、网络文化、创意设计、出版、艺术品交易、文化装备”八大重点领域以及与文化密切相关的旅游及体育行业。上海文化产业投资基金现已投资多个项目，涵盖了文化创意、数字内容等多个领域，为上海文化产业的发展提供了重要的资金支持和资源整合。

请查阅相关资料，介绍至少一个上海文化产业投资基金的投资项目。

任务拓展实训

训练目标

(1)理解债券类金融工具和股权类金融工具的概念；

(2)了解债券类金融工具和股权类金融工具的区别与应用。

训练内容

阅读电影《集结号》的低成本融资案例，思考应如何高效使用传统文化金融工具。

电影《集结号》由华谊兄弟公司制作，背景为第三次国内革命战争时期。该片于2007年12月20日上映后，作为一部饱含兄弟情感和英雄气概的商业大片，既叫好又叫座，最终以2.6亿元票房收入成为当年最卖座的内地电影之一。然而，《集结号》的意义远不止于此，该片的融资方式在国内电影界也开了先河。

《集结号》之前，国内即便是商业大片对于资金筹措的操作思路也仅限以预售等形式吸引境外投资者，或以合作拍摄的方式进行，融资成本相对较高，因此，利用相对低成本的银行贷款完成拍摄一直是国内影视界的梦想。然而，银行界长期以来都远离国产电影商业贷款业务，因为对于复杂的文化产业，其资金循环流程不同于对产业企业贷款，制造业有标准化连续生产的有形产品，但影视作品是无形的，众多环节充满变数，导致谨慎的银行家们不敢轻易试水。

2006年夏，华谊兄弟公司总裁王中军在与招商银行高层接触的过程中，谈及《集结号》的拍摄计划及资金筹集问题，双方萌生了合作的念头。招商银行专门组织了项目组对华谊公司和《集结号》电影本身进行深度研究。在对电影剧本、拍摄队伍、拍摄许可证和签订合同情况等进行深度评估后，招商银行认为值得进行一次新的尝试。

《集结号》总投资1亿元，其中，华谊兄弟投资5 000万元，另由招商银行提供5 000万元的贷款。此次贷款的运作周期为两年，为彻底打消招行对于风险的担忧，《集结号》出让了项目的财务控制权。根据双方签署的协议，华谊公司的自筹资金必须先使用完，才能使用招行的资金。

第一批贷款于2006年8月发放，贷款利率在央行的基准利率基础上上浮10%。华谊兄弟每月偿付贷款利息进展正常，《集结号》上映后飙升的票房更让贷款的安全性有了保障，票房收入的回款根据协议陆续打入招行的专项账户。至2008年第一季度整个项目结束时，华谊兄弟连本带利归还招行5 500万元左右，这意味着华谊兄弟仅仅用了500万元的利息和两年的时间，就撬动了5 000万元的资金杠杆，同时还促成了一部贺岁大片的诞生。

训练反馈

《集结号》500万元撬动5 000万元的案例，有效解决了资金瓶颈困扰影视产业规模的问题。在加工制造业为主的信贷市场利润日渐萎缩的当下，文化金融工具是商业银行业务转型的一个实际抓手。随着人民生活水平日益提高，文化产业在经济社会发展中的地位越发凸显。在国家政策的支持和引导下，文化产业成为各类资本投资的热点，迎来了新的发展机遇。文化金融服务于文化产业，金融机构在实际操作中应根据文化产业、文化企业和文化产品的特点进行金融产品的选择和服务模式的设计。

任务二　创新类金融工具

【任务描述】

文化金融工具既包括传统金融工具在文化产业中的应用，也包括特殊的以文化产业和文化企业特点设计的创新性工具。考虑到文化企业自身的特点和文化产业的发展规律，需要建立健全多层次、多渠道、多元化的文化产业投融资体系，发挥金融行业对国民经济各产业的推动作用以及调整产业结构的导向作用。

【知识嵌入】

众筹是"互联网＋"时代的产物。文化众筹凭借其高效的资本集聚能力，能够实现优化资源配置、提高融资效率、降低融资成本的目标。文化资产证券化具有融资成本低、实施难度小、不影响知识产权权属等优点，为文化产业盘活现有资产、拓展融资途径发挥了重要作用。

一、众筹

案例导入

2018 年 10 月，《谜宫·如意琳琅图籍》（简称《谜宫》）在摩点众筹平台筹措出版资金，众筹目标金额 10 万元。11 月底，项目以 2 020 万元的金额宣布众筹完成，打破了中国出版史上单本图书众筹金额最高纪录。

一本书还没出版就已经成为爆款，将大众视野重新拉回"阅读"，成为现象级案例被媒体争相报道。《谜宫》"未售先火"的背后，暗含着创作团队希望通过游戏的形式让历史鲜活起来的努力。读者在阅读的过程中，以互动体验的方式破解纯正的中国文化元素谜题，将故宫博物院院藏文物、历史档案、解谜游戏、文艺创作巧妙地融为一体。

图 4—1　《谜宫·如意琳琅图籍》众筹成功界面

知识点阐述

众筹是指个人、团体、企业或非营利组织通过互联网向公众展示项目的创意或特色，以吸引消费者的关注与支持来获得项目启动所需的资金，这与文化产品的创意本质不谋而合。

有关众筹与共享的理念由来已久，但要想把这些理念变成具有更强操作性的现实，离不开数字时代的网络技术支持。随着互联网深度影响人们的生活，众筹文化与数字时代的文化趋势高度契合。众筹文化最重要的技术载体，也就是网络众筹平台，在技术层面已经没有太大阻碍，只要文化创意有足够的舆论支持与文化受众群体，就可能众筹成功。

资金问题长期以来都是制约文化产业发展的重要原因，艺术作品和文化项目融资困难的情况屡见不鲜。文化众筹模式作为文化产业与互联网力量的深度融合，能够助力优质的文化项目有效弥补资金需求，为各类文化创意产业的发展带来新的曙光。相较于前期规模备货的预售，众筹更倾向于达到最低目标后，再将已有设计落地并量产发出。如果众筹没有成功，商家仅损失产品设计费，消费者可以无条件退款。文化众筹的参与者一般人数众多、来源广泛，可以将潜在的损失分摊到个人，切实分散项目的资金风险。

众筹的资金提供者作为潜在消费者，能够提供早期市场需求的预测。一旦文化众筹成功，由于不需要立刻量产，因此能够根据市场反馈做出灵活调整，规避库存挤压风险。另外，众筹的另一大优势是粉丝能够高度参与其中，提出的建议和反馈的体验能够帮助创意者进一步完善产品，共同实现项目的落地。

传统文化亟待“触网”，文化众筹成为突破口。人们接受新事物的渠道不断增多，传统文化在拓展新的受众群体方面遭遇到前所未有的压力。借助传统文化独有的吸引力，利用互联网产品的宣传推广，文化众筹的出现使得这一难题在一定程度上得到了破解。

文创众筹项目通常分为IP众筹和设计众筹。其中，IP众筹需要向版权方申请IP授权，能否拿下版权授权对众筹推进至关重要；而设计众筹能否成功则更加依赖于团队原创设计能力和对市场的精准判断。选择进行众筹可以让文化融资活动的曝光度更高，通过平台的推荐和宣传能够提高知名度和关注度，对项目和产品而言是性价比很高的推广渠道，可以在营销层面获得收获。

在"互联网＋"的大趋势下，众筹文化实现了个体与集体创意的链接，是对文化资源的合理配置与优质整合。但需要注意的是，文化众筹模式属于新兴事物，目前基本处于初期野蛮生长状态，市场监管机制尚未建立，必须加强行业的监管和风险把控，逐渐出台行业规范和相关法律法规，引导行业健康发展。

知识点应用和思考

《流浪地球2》衍生品众筹

近年来，众筹模式在文化娱乐行业，尤其是IP周边衍生产品打造方面不断获得成功。消费者的认知度和接受度逐渐提高，IP众筹项目覆盖类型逐渐丰富，金额纪录不断被打破。

2023年春节档电影《流浪地球2》的票房突破40亿元，其周边衍生品广受追捧。《流浪地球2》的周边衍生品授权并非独家，电影官方授权给几家公司各自去做自己擅长的品类。在淘宝"造点新货"众筹平台，赛凡科幻空间、52TOYS和徐工集团3家推出的《流浪地球2》衍生品众筹项目上线仅1分钟就达成10万元的目标金额，9天众筹金额突破亿元。为保证及时交付，官方主动停止众筹，项目提前售罄下架，创造了中国影视IP周边衍生品众筹金额的历史纪录。

走出电影院许久还念念不忘电影中的人物或道具，甚至将多款衍生产品买"断档"——对不少国产电影观众来说，这样的体验似乎并不多，但被影迷们亲昵地称作"小破球"的《流浪地球2》做到了，其成功验证了"电影＋衍生品"模式已经具备本土化土壤。通过众筹形式进行衍生品的开发，帮助相关企业预判产品销量情况再组织生产，在一定程度上规避了风险，而文创周边对于IP的活化助力将有助于拉长电影的商业链条。

电影周边众筹作为一种基于粉丝经济的C2B（消费者到企业）模式，能否成为破解中国影视衍生品开发滞后困局的关键路径？你能否给出自己的意见与建议？

二、资产证券化

案例导入

2025 年 1 月，全国首单包含游戏动漫版权的知识产权资产证券化产品（知识产权 ABS）——“财通—杭州滨江知识产权第 1 期资产支持专项计划（科技创新）”在深圳证券交易所挂牌。项目入池基础资产包括 13 家优质科创型中小微企业的 114 项专利，本次 ABS 项目共发行 1.05 亿元。

企业以游戏软件著作权、版号和专利等无形资产进行融资，打通知识产权 ABS 发行的市场化通路，可以助力“知产”变“资产”，有效拓宽轻资产创新企业的融资渠道。

知识点阐述

资产证券化通过把缺乏流动性但具有预期稳定现金流的资产汇集起来，形成一个资产池，通过结构性重组技术，使之成为可以在金融市场上出售和流通的资产支持证券（ABS）。资产证券化作为一种资产收入导向型的融资方式，其信用基础是知识产权，即核心优质资产，而非企业全部的资产。对于能够突出文化企业核心竞争力的资产，通过证券化能够使其获得市场投资的青睐。

比起其他资产证券化产品，文化产业资产证券化的发展历程并不长。1997 年，英国著名摇滚歌星大卫·鲍伊用音乐知识产权进行质押，以债券形式发行文化资产支持证券，将其 1990 年前录制的 25 张唱片知识产权许可使用费证券化，平均偿付期为 10 年，总规模为 5 500 万美元，被称为鲍伊债券。鲍伊唱片经销商百代唱片公司为债券作担保，成为这一资产证券化产品的重要增信方式。鲍伊债券的最终发行利率为 7.9%（同期 10 年期国库券利率为 6.37%），成为全球首个文化产业资产证券化案例。

文化资产证券化具有融资成本低、实施难度小、不影响知识产权权属等优点，为文化产业盘活现有资产、拓宽融资途径发挥了重要作用。可以进行证券化的文化产品需要具备以下条件：其一，发行的产品能够在未来产生可预期且较为稳定的现金流，而且其现金流可以通过预授权合约等方式得到保障；其二，公司作为发行人，具有良好的信用基础和盈利能力，而且这些都应由其经营的完备历史记录来证明；其三，公司所发行的文化产品，作为证券化资产需要具有较好的变现能力。

目前,文化资产证券化在发达国家已经比较普遍,主要以音乐版权等容易计算收益的知识产权为主,并逐渐扩展到游戏、电影、主题公园、品牌、商标等与创意产业密切关联的知识产权领域。在文化资产证券化模式下,将文化产品的未来预期收益以流动性资产剥离出公司,再以这些资产为信用基础在资本市场上获取融资。需要注意的是,组成基础资产池的不是某一部文化产品,而是作品集合。

近年来,我国各级政府纷纷出台政策,鼓励文化信贷资产证券化、票房证券化、影视院线资产支持票据、文化产业园区资产证券化等产品创新,各类资产证券化业务规模不断扩大。在我国的实践中,更青睐于以文化行业的未来门票收入、票房收入作为基础资产发行资产支持证券。门票证券化是指将门票的未来收入转化为证券,并在证券市场上进行交易的过程。门票证券化的目的是为门票的持有者提供更多的融资渠道,同时为投资者提供一种新的投资机会。门票证券化的过程通常包括以下步骤:首先,门票持有者将门票的未来收入出售给证券化公司;其次,证券化公司将门票的未来收入打包成证券,并在证券市场上进行发行;再次,投资者购买证券,获得门票的未来收入;最后,门票持有者在未来收到门票收入后,将其支付给证券化公司,证券化公司再将其支付给投资者。

门票证券化的优势包括:第一,资金支持。场馆或活动主办方可以通过门票证券化融资获取资金支持,用于项目建设、运营管理等方面。第二,分散风险。投资者可以通过购买门票证券化产品来分散风险,分享门票收入,实现投资多元化。第三,投资回报。投资者可以通过门票证券化获得门票收入的一部分,从而获得投资回报。第四,促进市场发展。门票证券化可以促进文化、娱乐、体育等产业的发展,吸引更多资金投入相关领域。

需要注意的是,基于未来收入(如电影院票房、公园门票等)进行证券化,其特点是收益不稳定,如票房收入波动、场馆运营风险等风险均不能有效控制。因此,要求发行人对相关项目进行充分的风险评估和财务分析,通过设计更为严密高效的产品结构,进行专属信用增级,以基础资产可以确定的收益作为融资保障,监管收益来源,以此弥补文化资产证券化基础资产薄弱的缺陷,确保投资者和主办方的利益得到保障。

我国发展文化资产证券化融资,当务之急是保证文化企业基础资产质量。究其原因,国内文化企业多为轻资产行业,其核心资产仅为少量文化产品,如几部小说、几位签约歌手或是一两部电影,因此造成资产估值困难、风险增加。此外,文化企业的核心资产是知识产权,但在我国文化产业资产证券化中将知识产权作为基础资产进行证券化的尝试尚未成为主流。

随着国内文化产业的发展,知识产权保护力度加大,文化企业经营模式和理念不断改进,未来还可以考虑发展 IP 资产证券化等业务,我国文化产业资产证券化的发展值得期待。

知识点应用和思考

2015 年，大地影院在观影人次达到 7 100 万、票房收入约为 22 亿元的基础上，将未来一段时期的票房收入作为基础资产进行资产证券化设计，成为影院行业资产证券化的经典案例。具体来说，大地影院集团将旗下多家影院的未来票房收入作为基础资产，通过结构化设计和信用增级等手段，将这些未来收入转化为可交易的证券，并在资本市场上进行发售。这种资产证券化的方式为大地影院提供了一种创新的融资渠道，使其能够提前获取资金，用于影院的扩建、升级和业务发展。该案例的成功得益于大地影院集团在影院行业的良好业绩和稳定的票房收入。通过将未来票房收入证券化，大地影院能够有效利用其现有业务的现金流，为企业的发展提供资金支持。

相较于传统影视项目融资依赖制片方信用评级，票房证券化以未来票房现金流为底层资产。但是，电影市场存在“爆款黑马”与“票房哑弹”的高度不确定性，会对资产证券化设计产生什么潜在影响?

任务拓展实训

训练目标

(1)理解各类文化金融工具的区别和特点；

(2)对文化产业投融资体系的多层次、多渠道、多元化特点有自己的见解；

(3)在未来的工作生活中，具备根据实际案例判断文化金融工具类型并进行资料文献查找的能力。

训练内容

阅读中国文化产业投资基金案例，思考在基金的投资与退出过程中，文化金融工具发挥了哪些作用?

文化领域中有一只国家级的文化产业投资基金——中国文化产业投资基金。2011 年 7 月 6 日，中国文化产业投资基金在人民大会堂举行成立仪式，基金以投资文化领域成长期和成熟期企业为主，总规模 200 亿元，首期募集 41 亿元。

作为引导基金，设立中国文化产业投资基金的目的十分明确，即为了贯彻中央提出的文化改革、文化发展等一系列指示精神，落实国务院《文化产业政策规划》，是应对我国文化产业发展中面临的市场活力不足、企业融资困难、投资渠道不畅等问题的重要举措。同时，也是中央财政创新资金方式、提高资金使用效率的一次新尝试。基于这种目的，中国文化产业投资基金在运作中具有十分明显的政府主导性。

1."十二五"时期的文化产业和投融资情况

2012 年，我国"十二五"（2011—2015 年）规划纲要明确提出，要推动文化产业成为经济支柱性产业，增强文化产业整体实力和竞争力。

在政策的支持下，至"十二五"末期（2015 年），我国文化产业出现高速增长，2012—2016 年，文化及相关产业保持平稳快速增长，比重稳步上升。至 2016 年，我国文化产业占 GDP 的比重超过 4%。

同期，文化产业领域的投资也出现较快增长。IT 桔子数据显示，2012 年文娱传媒领域有公开资料的投资事件合计 156 起，交易金额约合 82.57 亿元，2016 年投资事件合计 1 087 起，交易金额 959.65 亿元。5 年间，投资事件数量及金额均出现高速增长。

2. 中国文化产业投资基金的投资与退出

公开数据显示，中国文化产业投资基金从 2011 年开始着手对文化市场中优质企业进行投资（见图 4—2）。

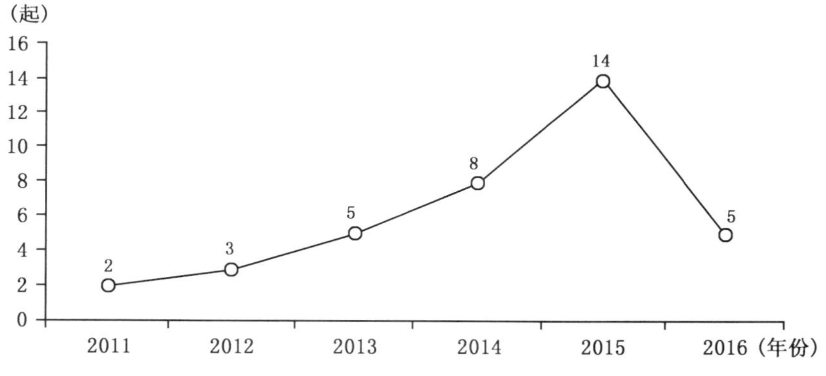

图 4—2　2011—2016 年中国文化产业投资基金投资事件分布

IT 桔子数据显示，中国文化产业投资基金投资活跃时段在 2011—2016 年，此后暂无公开的投资行为。其曾于 2011 年投资新华网，成为新华网第二大股东，同年参与发起中国出版传媒股份有限公司，也曾参与投资山东出版传媒集团等企业。

同时，中国文化产业投资基金还参与投资了多家民营企业，比如 2015 年参与投资微影时代 C 轮融资，2015 年 11 月参与投资百词斩 B 轮融资，2016 年 2 月参与投资蜻蜓 FMD 轮融资等。

中国文化产业投资基金涉猎范围十分广泛，覆盖文化产业中多个大类。文娱传媒领域是中国文化产业投资基金最为关注的领域，至今共参与该领域18起投资事件；其次是游戏、广告以及数据服务相关领域（见图4—3）。

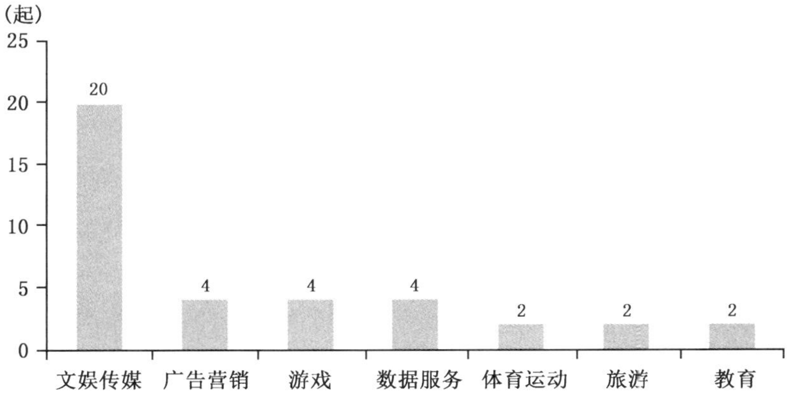

图4—3 中国文化产业投资基金历史投资事件领域分布

文娱传媒领域中，中国文化产业投资基金更看重具有优质内容的企业。早在2012—2013年，中国文化产业投资基金就参与投资了多家影视制作公司，比如开心麻花、欢瑞世纪等。这些影视类企业的共同特点之一就是拥有"爆款产品"。

这种思路源自对于生产过"爆款产品"企业的信心。此前，中国文化产业投资基金总经理陈杭在"一刻talks"活动中表示："在投资（影视公司）时候，我们希望投至少有出过一个爆款的公司。影视公司能够出第一个爆款，往往能够出第二和第三个。"

在文化行业的其他领域中，中国文化产业投资基金也较早参与了知名国产动画《秦时明月》的出品方玄机动漫的B轮融资以及知识付费领域罗辑思维的3轮融资。

在退出方面，中国文化产业投资基金拥有不错的退出成绩。至今已有7个上市退出案例、5个并购退出案例（见图4—4）。其中，除了欢瑞世纪借壳星美国际成功登陆A股外，其他上市案例均是新三板上市。比如开心麻花于2015年12月29日登陆新三板；心动游戏于2015年11月4日登陆新三板……

并购退出方面，奥飞娱乐并购"有妖气"是典型的退出案例之一。2015年8月11日，奥飞动漫发布公告称，正式宣布将以9.04亿元人民币收购"有妖气"母公司北京四月星空网络技术有限公司。收购后，"有妖气"品牌被奥飞列为"动漫生态"的核心要素之一。

此外，快乐购重大资产重组也是中国文化产业投资基金的成功案例之一。

2018年4月26日，证监会并购重组委第20次工作会议，快乐购重大资产重组会上获得审核通过。此次交易中，快乐购以115.51亿元收购快乐阳光、芒果互娱、天娱传媒、芒果影视、芒果娱乐五个标的。其中，快乐阳光是芒果TV的运营主体。

综合来看，中国文化产业投资基金作为政府引导基金，在2011—2016年保持了一

中国文化产业投资基金上市退出案例			
公司名称	上市时间	上市地点	股票代码
心动游戏	2015年11月4日	新三板	833897
灵思去途	2016年9月5日	新三板	838290
法宝网	2015年11月11日	新三板	834055
星美国际(欢瑞世纪)	2015年9月2日	A股	000198
开心麻花	2015年12月29日	新三板	835009
大陆桥	2016年5月11日	新三板	837492
金海岸文化	2015年11月10日	新三板	834015

截止日期：2019年4月21日　数据来源：IT桔子@ltjuzi.com

中国文化产业投资基金收购退出案例			
公司名称	并购时间	并购方	交易金额
有妖气	2015年8月11日	奥飞娱乐	9.04亿元人民币
骏梦游戏	2014年12月2日	富春通信	9亿元人币
体奥动力	2015年1月18日	华人文化产业投资基金	亿元及以上人民币
绿洲游戏	2016年6月2日	天神娱乐	36.76亿元人民币
芒果TV	2017年11月30日	快乐购	未透露

截止日期：2019年4月21日　数据来源：IT桔子@ltjuzi.com

图 4—4　中国文化产业投资基金投资退出情况

定的活跃度，参与投资了多个垂直领域投资的头部公司。同时，从退出成绩来看，中国文化产业投资基金无疑是成功的。至今中国文化产业投资基金共有 12 个退出案例，退出比例高达 34%，可谓佼佼者。

在合作方面，中国文化产业投资基金与腾讯、万达等垂直于文娱领域的 CVC 也有较为紧密的合作。IT 桔子数据显示，截至 2019 年 4 月 21 日，中国文化产业投资基金与腾讯合投 4 次，与万达集团合投 4 次。典型案例有：2015 年 11 月 17 日，微信电影票运营方微影时代 C 轮 15 亿元的融资，参投方包括信业基金、纪源资本等，中国文化产业投资基金也参与了此次投资，原始股东腾讯、万达、引力跟投。

（资料来源：https://m.jiemian.com/article/3076867.html。）

训练反馈

随着人民生活水平日益提高，文化产业在经济社会发展中的地位越发凸显。在国家政策的支持和引导下，文化产业成为各类资本投资的热点，也迎来了新的发展机遇。考虑到文化企业自身的特点和文化产业的发展规律，应该发挥金融行业对国民经济各产业的推动作用及调整产业结构的导向作用，实现“依靠金融支持→发展文化产业→促进经济增长”的良性循环。

文化金融服务于文化产业，金融机构在实际操作中应根据文化产业、文化企业和文化产品的特点进行金融产品的选择和服务模式的设计。在中国文化产业投资基金的运作过程中，既使用了传统金融工具，也涉及创新型金融工具，以市场化运作的方式，允许针对项目而非目标公司主体进行灵活投资，较好地实现了应对我国文化产业发展中面临的市场活力不足、企业融资困难、投资渠道不畅等问题的目标。

项目五　文化投融资的风险分析

【知识目标】

理解文化投融资风险的概念；

掌握文化投融资风险的分类；

认知文化投融资风险存在的原因；

了解降低文化投融资风险的重要性。

【能力目标】

理解各类文化投融资风险的区别和特点；

具备判断文化投融资风险类型的能力；

具备进行分析和解决实际问题的能力。

【思政目标】

通过本章的教学，帮助学生认识到管控金融风险的重要性，引导学生树立法治思维观念；

通过本章的教学，帮助学生正确认识金融市场金融风险的根本原因，提高学生对风险的重视程度；

通过本章的教学，引导学生珍惜个人信用，传承中华民族诚信精神。

【思维导图】

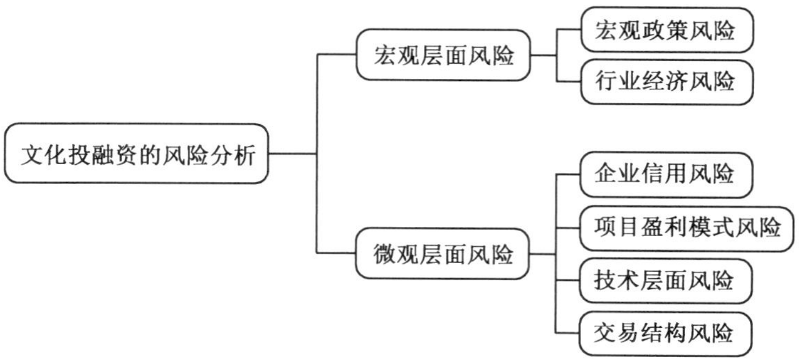

案例导入

上海环球乐园的兴衰

1996 年，上海环球乐园开业。该乐园位于上海市嘉定区南翔镇，占地 1 200 亩，耗资 5 亿元打造而成。作为中国首批主题乐园之一，环球乐园以微缩世界景观为特色，大多数景点按 1∶1 原型仿造。游客在领略异域奇观、品味他乡情调的同时，还可以参与丛林探险、太空影院、跑马、赛车、泛舟、滑水等大型娱乐项目。由于可以不出国就饱览世界各国的名胜建筑，因此环球乐园在开业初期受到市民追捧，风靡一时。开园当年仅 4 个月，接待游客就达到 70 万人次。

然而，好景不长，随着时间的推移，一成不变的景点造成到访游客的新鲜感开始流失，高昂的票价(乐园门票 70 元，同期上海月均工资为 889 元)无法持续吸引人流，乐园经营状况逐渐恶化。此外，乐园缺乏总体规划：一方面，选址远离市区、交通不便，导致游客时间成本花费过多；另一方面，单纯效仿深圳锦绣中华，过分强调雕塑景观，娱乐设施缺乏更新维护，导致游客体验不佳，人气开始大幅下降。乐园在运营第二年就开始步入亏损，苦撑三年后，因资金链断裂于 2000 年宣告停业黯然收场。

案例思考：

上海环球乐园案例体现了文化投融资过程中做好风险管控的重要性。同学们能否列举其他的文化行业投融资风险案例吗？

任务一　宏观层面风险

【任务描述】

文化产业在宏观经济层面面临一定的风险，投资者和从业者需要密切关注宏观经济环境的变化、加强风险管理、灵活调整发展策略，以应对各种风险挑战，实现文化产业的可持续发展。

【知识嵌入】

行业经济风险是企业在投资决策过程中必须考虑的重要因素。文化产业企业需要密切关注市场变化、及时调整经营策略，以应对行业经济风险的挑战。

一、宏观政策风险

案例导入

好莱坞作为全球电影产业的领军者，历来都是经济波动与市场变化的“晴雨表”。2008 年全球金融危机期间，好莱坞电影产业经历了前所未有的困境。一方面，金融危机导致资本市场动荡，投资者对于高风险、高成本的电影项目变得更加谨慎，以至于电影制作成本受到限制。许多计划中的大片，由于资金问题而不得不推迟制作计划或缩减预算。另一方面，在经济不景气的背景下，观众减少了电影院的消费，导致票房收入锐减。许多原本备受期待的电影，上映后票房表现不佳，给电影产业带来了巨大的压力。

知识点阐述

宏观政策风险主要是由于宏观经济因素变化，如经济政策变化、经济周期性波动以及国际经济因素等发生，对经营者或投资者产生的不利影响。这些因素的变化可能导致经济不稳定、失业增加、金融市场波动等，从而对财务状况和投资收益产生影响。宏观政策风险是进行投资决策中必须考虑的重要因素之一。

宏观政策风险具有潜在性、隐藏性和累积性的特点。所谓潜在性，指的是宏观政策风险总是与宏观经济系统相伴而生，宏观经济发展和运作本身就蕴涵着经济风险。所谓隐藏性，指的是宏观政策风险在多数情况下并不会明显地表现出来，但是到了一定程度就会暴露出来。所谓累积性，指的是宏观政策风险会随着社会经济矛盾的不断加深而日益增大，当累积到一定程度时可能引发经济危机。

通常情况下，只有多种因素共同作用才可能造成经济的波动和经济体系的动荡。当然，在不同的经济条件下，各种因素对宏观政策风险的影响并不一样。随着经济的发展，造成宏观政策风险的因素类型和结构也会发生变化，并将导致新的经济问题出现。

宏观政策风险的形成和发展是由经济发展本身决定的。随着经济全球化和世界经济一体化发展进程的加快，各国经济在获得发展新机遇的同时，宏观政策风险程度也相对增大。影响因素包括但不限于：

（1）经济周期。经济周期波动会影响消费者的消费能力和意愿，从而影响文化产业的市场需求。当经济增长强劲时，人们的收入水平提高、消费能力增强，对文化产品和服务的需求也会增加，从而促进文化产业的发展；反之，当经济增长乏力时，人们的消费能力下降，对文化产品和服务的需求也会减少，从而抑制文化产业的发展。

(2)通货膨胀。当通货膨胀率较高时,人们的实际收入水平下降,消费能力减弱,对文化产品和服务的需求也会减少,从而抑制文化产业的发展。此外,通货膨胀还会导致物价上涨,增加文化产业的生产成本,从而影响其盈利能力。

(3)利率水平。当利率水平较低时,企业和个人的融资成本降低,投资意愿增强,对文化产业的投资也会增加;反之,当利率水平较高时,企业和个人的融资成本提高,投资意愿减弱,对文化产业的投资也会减少。

(4)汇率波动。当汇率波动较大时,企业和个人的跨境投融资风险增加,对文化产业的投资也会减少。此外,汇率波动还会影响文化产品和服务的出口,从而影响文化产业的国际竞争力。

当然,经济发展水平本身与宏观政策风险并不存在必然的联系,但由于经济发展水平与相应的制度、结构和管理技术变迁往往存在不对称,所以导致宏观政策风险的产生。对于经济发达的国家,由于经济体制、市场结构、微观经济运行机制和宏观调控机制能够有机协调运作,经济素质、经济质量和经济效率也都比较高,所以宏观政策风险相对较小。

文化行业与宏观经济具有较强的相关性,宏观经济波动对文化产业的影响是全方位的。在经济增长放缓或衰退时期,消费者的文化消费可能减少,导致文化产业的整体收入下降。同时,宏观经济波动也可能影响文化产业的投资环境和融资条件,制约文化企业的发展和扩张。因此,文化行业需要更加关注宏观政策风险,制定灵活的策略,以应对不断变化的市场环境。

文化产品和服务具有很强的意识形态属性,能够影响人们的思想观念、价值取向和行为方式,因此长期以来受到相关法律法规政策的严格监督管理。国家文化产业政策的变动,将会导致相关企业所处的市场环境和发展空间发生变化,若企业未能与主流价值观的政策导向保持一致,则相关影视作品可能无法进入市场或进入市场后被勒令下架,导致企业面临无法收回投资成本、被处罚甚至取消市场准入资格的风险。此外,从全球角度来看,政治经济形势不确定因素导致文化产业市场需求下降,出现投融资发展速度放缓的态势。某些国家政府还可能通过出口限制、文化保护等方式来控制艺术品市场,从而影响投资者的投资收益。

知识点应用和思考

2016 年,国家新闻出版广电总局下发《关于进一步加强电视上星综合频道节目管理的通知》,要求严格控制未成年人参加真人秀节目,不得借真人秀节目炒作包装明星,也不得在娱乐访谈、娱乐报道等节目中宣传炒作明星子女,防止包装造“星”、一夜成名。这个被业内称为“限童令”的政策发布前，经过几番“吹风”，各电视台已开始就相关节目进行调整，避免给投资方带来的不必要损失。政策发布后，湖南卫视的《爸爸去哪儿》、浙江卫视的《爸爸回来了》再无下文；湖南卫视已经制作完成的《妈妈是超人》迁至芒果 TV 线上播出。

据业内分析，保守估计仅与上述三档节目相关的就有数十亿线上线下产业链收益受损，但从长远来看，“限童令”对综艺节目起到了正确的引导与扶持作用。请同学们思考，如果你是上述节目负责人，将会如何应对宏观政策风险呢？

二、行业经济风险

案例导入

2016 年，我国首次规定游戏运营必须通过网络游戏电子出版物审批，即具备游戏版号。2018 年 2 月，游戏行业遭遇了长达 267 天的版号寒冬，导致国内许多游戏厂商崩溃。此后，国内游戏版号审批历经数次重启和停发，对行业信心构成了巨大冲击。据统计，2024 年共有 1 749 家游戏公司注销或被吊销执照，其中多数原因在于连续停业超过 6 个月。

游戏版号相当于游戏的“经营许可证”，只有具备版号的游戏才能正式上线运营。对于开发中的游戏，短时间内无法上线就意味着失败。即使后续游戏版号恢复，但热度出现降低或者游戏玩法过时，也会让努力付之东流。

2023 年，国家新闻出版署发布《关于实施网络游戏精品出版工程的通知》。对于游戏公司而言，如果不能抵制泛娱乐化等不良倾向，在加强网络游戏正向引领、推动网络游戏弘扬真善美、传播正能量以及促进游戏产业健康有序发展方面有所欠缺，就将被无情淘汰。

知识点阐述

文化产业作为一个特殊的行业，与经济环境紧密相连，因此，行业经济风险对其产生的影响不容忽视。为了应对这些风险，文化企业需要密切关注市场动态和政策变化，加强风险管理和内部控制，提高自身的竞争力和适应能力。同时，政府和社会各界也应给予文化产业更多的支持和关注，为其创造更好的发展环境。

行业经济风险是指由于不确定因素的存在，导致对某行业生产、经营、投资或授信后，运营偏离预期结果而造成损失的可能性。行业经济风险由行业寿命周期、监管政策调整、竞争格局变化、技术革新进步等因素引起。行业经济风险是企业在投资决策过程中必须考虑的重要因素之一。

一般来讲，行业的寿命周期可以分为开创期、成长期、成熟期和衰退期四种类型。处于开创期行业的企业，有获取高额利润的可能性，但风险比较大；处于成长期行业的企业，利润增长较快，风险也比较小；处于成熟期行业的企业，利润大幅增长比较困难，但风险比较小；处于衰退期行业的企业，要维持前期利润比较困难，且行业风险不断增大。行业经济风险具有比较明显的行业特征，一般只对相关行业的企业产生影响。相应地，成长期行业和成熟期行业的企业较易吸引到资金，而处于开创期行业和衰退期行业的企业经营风险较大，需要引起关注。

监管政策的调整往往意味着行业内的竞争格局将发生变化。由于可能伴随着较大的不确定性，导致投资者对市场前景产生疑虑，从而更加谨慎地减少投资或延迟投资，这将对行业内的企业融资和扩张计划造成影响，进而影响整个行业的经济发展。新的监管政策还可能导致市场准入门槛的提高或降低，从而影响企业间的竞争态势：一些实力较弱的企业可能由于资金问题退出市场，而一些更具实力的企业则可能通过并购或扩大投资来巩固市场地位。

在文化产业中，技术创新是推动发展的重要动力。然而，新技术的出现也可能带来风险。例如，数字技术的普及使得盗版问题更加严重，给文化产业的知识产权保护带来了挑战。同时，新技术的出现也可能改变消费者的消费习惯，对文化产业的市场结构和商业模式造成影响。

文化产业作为一种重要的经济形态，同样面临着行业经济风险的影响。文化产业企业需要密切关注市场变化，及时调整经营策略，以应对行业经济风险的挑战。

行业风险往往会受到监管政策变动因素的影响。近年来，国家为了发展文化产业，出台了各种补贴、税收优惠等措施，但是，政策落实受到货币政策、财政政策、产业政策、政府执行意愿等多方面因素影响。政府对文化产业的补贴和支持政策可能影响文化产业的发展速度和规模。未来随着宏观经济形势发生变化，如果针对税收等方面的行业优惠政策进行调整，也将对部分企业的经济效益产生不利的影响。

竞争格局的变动也是行业经济风险的重要来源。新进入者的出现、竞争对手的合并与收购、市场份额的重新分配等都会改变行业的竞争格局。对于实力较弱的企业，将面临更大的竞争压力，市场份额可能被侵蚀；对于强者而言，也可能因为政策的调整而面临新的挑战，如新的竞争者进入市场或原有竞争者的策略变化。这些变动可能对企业的市场地位、盈利能力和生存空间造成威胁，导致市场份额的重新分配和文化产业的整体结构变化。

行业经济风险可能导致投资者对文化产业的投资前景产生不确定性。例如，政府可能改变对电影、电视或出版行业的税收政策，或实施新的内容审查制度，这些都会影响投资者的决策。投资者可能担心投资的文化项目因政策变动而遭受损失，从而选择推迟或取消投资，这将对文化产业的发展产生负面影响。

行业经济风险可能导致文化企业的资金链紧张。例如，政府可能加强对文化产业的监管，要求企业提高内容质量、加强版权保护等，这就需要企业投入更多的资金。同时，如果政府减少对文化产业的资金支持或税收优惠，企业的资金来源可能受到限制，这将导致企业面临资金压力，甚至引发资金链断裂的风险。

行业经济风险也可能导致文化产业的成本上升。例如，政府可能加强对知识产权的保护，要求企业支付更高的版权费用或授权费用。此外，政策调整也可能导致企业需要雇用更多的员工来满足新的要求，或投入更多的资源来提高内容的质量。这些都将增加企业的成本负担，降低其盈利能力。

在文化产业中，创新是推动行业发展的关键。然而，监管政策的调整可能阻碍创新。例如，政府可能实施严格的审查制度，限制某些类型的内容制作或传播。这将导致文化企业不敢尝试新的创作或商业模式，从而抑制了行业的创新活力。长期来看，这将对文化产业的发展产生不利影响。

此外，文化行业具有意识形态特殊属性，主管部门的严格监管贯穿于行业整个业务流程，政策变化也会对文化产业产生影响。对于不符合政策要求的文化产品，主管部门会要求对其进行下架、下线、销毁等处理。若从业人员违反规定，则有可能被约谈、审查，甚至禁止从业。因此，不排除可能由于个别企业出现违规行为而导致针对文化行业出台更为严厉的监管政策，甚至导致整个行业业务需求量减少造成损失的可能性。

知识点应用和思考

2021 年 8 月 30 日，国家新闻出版署发布《关于进一步严格管理切实防止未成年人沉迷网络游戏的通知》，通知要求所有网络游戏企业仅可在周五、周六、周日和法定节假日每日 20—21 时向未成年人提供 1 小时网络游戏服务，其他时间均不得以任何形式向未成年人提供网络游戏服务。作为目前关于防控未成年沉迷游戏最严厉的措施，此项政策的出台对游戏行业产生了直接的负面影响，由于游戏公司的收入可能受到一定程度的影响，次日开盘，各游戏企业股价集体大跌。“最严游戏禁令”的出台，基本上从政策层面杜绝了未成年人玩网络游戏，或将促使部分游戏公司加速转型。

随着国家监管力度的加强，游戏企业未来必须思考如何在规范的情况下保持各项业务的长期可持续性。请同学们分组进行讨论并给出建议。

任务拓展实训

训练目标

(1)理解宏观政策风险和行业经济风险的概念和影响；

(2)在未来的工作生活中，具备识别宏观层面文化投融资风险的能力。

训练内容

阅读案例，思考网红书店“言几又”的兴衰带给你哪些感悟。

“言几又”，来源于繁体“設”的拆字。言，代表语言、沟通方式；几，代表差异、别致；又，代表多元、迭代递进。曾几何时，“言几又”不仅是书店，而且融合了咖啡文化、文创产品、文艺沙龙、特色体验空间等多种元素，代表了集阅读、文化理念和生活方式于一体的文化生活体验空间。

“言几又”的前身是成都的“今日阅读”书店。2014 年，第一家“言几又”书店在北京海淀区五道口开立，名为“言几又 · 今日阅读”。此后，“言几又”凭借窗明几净的设计、极具北欧风格的高颜值，成为文艺青年们的打卡圣地，一度火到排队几小时才能进店。踏着网红经济的风口，“言几又”通过提高市场占有率来获得盈利和吸引投资，快速扩张发展，成为全国性的连锁品牌，门店遍布北京、上海等多个城市。2014—2018 年间，“言几又”完成 4 轮总金额超过 2 亿元的融资。在“吸引投资、迅速扩张、再吸引新一轮投资”的商业循环下，“言几又”一路高歌、激进发展，巅峰时期的全国门店数量达到 60 余家。此外，“言几又”打出文化牌，玩起了跨界，建立会员体系，但在市场调研和成本控制方面则没有引起足够重视。

“言几又”将自己打造成“最美书店”依靠的是高昂装修设计成本、门店租金、品牌营销成本的网红路线，但实体书店的经营模式其实不足以支撑“言几又”的“颜值”要求。短期“滤镜”往往无法支撑一个品牌的可持续性发展。在前期设计成本上耗资巨大，后期又不断营销，让自己变成网红，一边不赚钱，一边滚雪球似的花钱，最终窟窿越来越大。一旦收支失衡，危机就浮出水面。2020 年，“言几又”开始面临经营困境，在各地的多家门店客流锐减、逐渐冷清，最后相继关闭。2022 年，“言几又”总部更被曝拖欠员工工资，存在欠薪欠租等情况。截至 2023 年，“言几又”在北京、上海的门店已全部关停。

训练反馈

“言几又”的境遇只是网红书店行业现状的一个缩影。随着互联网的发展和电子书的普及，实体书店的生存空间受到了挤压，部分书店尝试通过转型来吸引消费者。然而，在书店投入大量资金、经营成本较高的同时，很多消费者打卡后却并不“消费”。网红书店的盈利模式较为单一，主要依靠销售图书和文创周边，但图书售价远高于电商平台，缺乏多元化的收入来源。此外，各个网红书店的设计同质化现象严重，对于图书的挑选和陈列摆放却不够用心，缺乏创新和特色。人来人往却留不住人，故而很难培养用户的忠诚度，难以成为复购的条件。这也是网红书店能够借助营销快速爆红，却难以维持火爆的根本原因之一。

互联网时代之下，网红书店的闭店潮反映了传统的实体阅读行业面临的挑战和机遇。国内不少读者仍有阅读纸质书的习惯，实体书店始终承载着人们的情怀与梦想，城市发展应为其留下一席之地。线下书店应该关注“书”这一本质，不仅成为读者与读者、读者与作者、读者与书交流的平台，而且要做好管理和运营，创造出独特的品牌，提升自我造血能力，通过提高自身的竞争力为消费者提供不可或缺的服务。唯有不断创新和改进，才能在激烈的市场竞争中立于不败之地。

任务二　微观层面风险

【任务描述】

文化产业作为推动社会经济发展与文化繁荣的重要力量，其内部运作涉及多个复杂环节，因此在微观层面上，文化产业面临着多样化的风险。此外，文化产业存在体量小、轻资产、无形化、知识化等特性，又往往缺乏金融机构认可的抵押担保品，使得该类项目的价值评估变得更加复杂和困难，因而较难实现文化产业与现有金融服务的对接。直接融资渠道和间接融资渠道都不畅通，导致文化企业面临融资困难的情况经常发生。因此，有必要对文化投融资的微观风险进行具体分析。

【知识嵌入】

企业信用风险是企业在经济活动中面临的重要风险之一，企业应该采取有效措施来降低信用风险、提高企业的信用等级和市场竞争力。文化项目行业无法回避其知识产权价值难以评估、资金回报周期长、成长不确定性大等属性，因此，进行文化类项目投资要承担巨大的风险。技术的进步会对文化产业产生影响。新技术的出现可能改变文化产品和服务的生产和传播方式，从而影响文化产业的市场格局和竞争态势。新兴文化产品和服务的市场份额不断增加，也会改变人们的消费习惯和需求。文化产业的交易结构风险是指文化产业交易中可能出现的各种风险，这些风险可能来自交易结构的设计、交易双方的信誉、交易合同的条款等方面。对于文化类项目，必须做好文化项目管理控制体系的完善工作。

一、企业信用风险

案例导入

2018 年 11 月，国家广播电视总局发布《关于进一步加强广播电视和网络视听文艺节目管理的通知》，要求严格控制综艺节目嘉宾片酬，加大网络剧治理力度。该通知被称为“限薪令”，推行后造成整个文化娱乐产业“地震”。2019 年，整个影视行业上市公司市值平均下跌逾七成，整体市值不足此前的 1/3。这种境况之下，资本对影视行业的信心严重不足，大量影片找不到资金拍摄，无论是申报电影备案还是电影开机数量都严重下滑。整个影视圈在 2019 年几乎面临无戏可拍的现状。政策严控、平台调整、资本退潮，以至于盛景不再。伴随着政策趋紧，余威更是传导到实体。天眼查数据显示，2019 年有近 2 000 家影视公司关停，具体表现为公司状态注销、吊销、清算、停业。

知识点阐述

企业信用风险又称违约风险，是指在交易过程中，一方企业不能履行约定而给另一方企业带来损失的可能性。发生信用风险的原因包括：一是借款人在贷款到期前破产倒闭，资产价值不能抵偿债务，致使银行无法收回本金；二是借款人由于资金紧张不能按期归还银行贷款；三是借款人人为因素，故意不还银行的贷款。

企业信用风险有四个主要特征：一是客观性，即不以人的意志为转移；二是传染性，即个别信用主体发生经营困难乃至破产，导致整体信用链条的中断和信用秩序的紊乱；三是可控性，即可以通过控制手段实现风险的下降；四是周期性，即信用扩张与信用收缩交替出现。

目前，我国尚未研究并建立完善的文化企业资产评估体系，很难在风险可控的前提下为文化企业提供有针对性的金融服务。而金融机构在为文化企业提供融资时，受到利率政策限制，仅靠贷款利息难以覆盖可能产生的高风险。因此，在文化企业的日常经营中，信用风险的存在不可避免。

影视作品投资回收存在不确定性。由于影视行业具有意识形态属性，国家政策变动、影视剧价值理念导向等社会因素的变化将会给影视作品的制作发行带来一定风险。同时，影视作品的消费是一种文化体验，由于市场和观众需求的不确定性，一部影视作品能否播映，继而能否取得高票房或高收视存在不确定性。此外，随着市场竞争加剧，受播映时期、作品质量、剧本、演员、导演等多种因素影响，影视作品投资回报面临的不确定性日益提高，对相关企业的整体业绩也会产生不确定性影响。因此，作为轻资产行业，一部影视剧从开发、制作、播出到回款，往往经历 1.5～2 年的周期，影视剧的资金周转率非常低，其投资回收存在不确定性。

财务杠杆容忍度低。除影院业务外，影视行业大多是轻资产企业，以无形资产为核心。同时，作为知识密集型行业，其本身就属于价值链上高附加值环节，也具有轻资产特点，这就决定了影视行业本身难以满足传统银行业务对抵质押增信的要求，其取得银行贷款难度大、融资成本高。由于影视作品投资回收期较长，其资金回笼普遍存在跨期现象，且经营活动现金流贯穿影视作品摄制和发行结束的整个过程，导致影视企业经营现金流不稳定。因此，一旦资金回笼困难或融资能力下降，拥有较高财务杠杆的企业将面临较高的财务风险。

为了尽可能降低风险，既要考虑到文化企业普遍存在“轻资产”特征，在考察文化企业的信用结构时，着重关注为其创造核心价值的无形资产的状况；又要对早期项目尽可能增加投资保障措施，分析达到盈亏平衡点目标的可能性。考虑到文化企业的生产具有极强的协同性特点，即其生产过程依赖于所处产业网络，既包括纵向的上下游供需链，又包括横向的文化企业间协作联系，因此在考察信用风险时，应把该企业放到所处的文化产业生产环境中统筹考虑。同时，金融机构及资本对文化产业进行投资时，要注意全面调查并采取措施，积极抵御信用风险。

知识点应用和思考

2022 年 8 月 9 日，知名影视公司当代东方申请破产重整。据了解，当代东方是传统企业跨界转型影视公司的成功案例，巅峰时期曾拥有自营影院 32 家、屏幕 209 块。该公司曾因投资出品《大军师司马懿之军师联盟》《北京遇上西雅图》等多部精品剧目而备受追捧，市值一度接近 200 亿元。然而，2018 年后，当代东方的业绩出现断崖式下滑，并购后遗症、债务问题等开始显现，背后的控股股东“当代系”所持股权也被频频冻结。2022 年 7 月，当代东方被深圳证券交易所勒令摘牌，市值仅存 1.97 亿元。该公司终因经营不善、资不抵债而导致无法偿还到期债务，于同年 8 月申请破产清算。当代东方黯然退市的过程中，一个备受关注的问题是明星投资人的失败。据报道，当代东方曾经吸引了多位明星投资人的加盟，既为公司带来了关注度和品牌效应，也为公司的发展提供了一定的资金支持。然而，随着当代东方的经营状况逐渐恶化，最终导致一众影视明星的投资损失惨重。

结合上述案例，请阐述你对于企业信用风险的理解。

二、项目盈利模式风险

案例导入

赵某为非物质文化遗产绒花制作技艺代表性传承人，其设计、制作的绒花具有较高的知名度和美誉度，曾被热播电视剧采用，并被多家媒体予以宣传报道。赵某曾创作“福寿三多”绒花并进行了作品登记。后发现Y公司通过西塘汉服节及淘宝店铺等渠道销售“南京摇曳绒花”，与“福寿三多”绒花极其相似。赵某认为Y公司侵害其绒花作品著作权，遂诉之法院。法院认为，Y公司未经赵某授权，擅自制作、销售“南京绒花”，侵害了赵某作品的著作权，故判决Y公司停止侵权行为，赔偿赵某50 000元。

知识点阐述

盈利模式是对企业经营要素进行价值识别和管理，在经营要素中找到盈利机会，即探求企业利润来源、生产过程以及产出方式的系统方法。项目盈利模式风险是指文化类企业在实现盈利的过程中，可能面临的各种风险和不确定性。这些风险可能来自市场、技术、法律、政策等多个方面，会影响企业或项目未能实现盈利模式既定目标。

文化产业项目盈利模式风险的具体表现包括但不限于以下几个方面：一是市场风险。文化产业的市场需求具有不确定性，市场风险是文化产业项目面临的主要风险之一。如果市场需求不足，那么项目的盈利能力将受到影响。二是竞争风险。文化产业竞争激烈，如果项目缺乏竞争力，就可能导致市场份额下降，盈利能力将受到影响。三是技术风险。文化产业的技术发展迅速，如果项目的技术不能及时更新，就可能导致产品过时，盈利能力将受到影响。四是法律风险。文化产业涉及版权、知识产权等法律问题，如果项目违反相关法律法规，就可能面临法律诉讼，盈利能力将受到影响。

文化项目行业无法回避知识产权价值难以评估、资金回报周期长、成长不确定性大等问题，因此，进行文化类项目投资要承担巨大的风险。一般来说，文化产品的提供在很大程度上依赖艺术创造者的个人因素，但创作情况往往无法人为进行控制。此外，提供的文化产品是否符合市场的需求、能否得到消费者的青睐将最终决定投资的成败，但往往不可预测。如新冠疫情防控期间，影视行业的拍摄工作处于“停摆”状态，部分中小企业收入出现断崖式下跌；但在线视频平台、直播、游戏等“宅经济”行业受到的冲击较小，甚至还迎来了利好发展机会。这些都在无形中增加了文化项目能否盈利的不确定性和风险性。

对于文化创意企业而言，需要注意的是，由于其产品技术壁垒较低、核心竞争力不足导致同行可以迅速实现仿造甚至超越。侵权山寨、盗版现象在世界范围内屡禁不止。山寨、盗版产品往往具有较高的性价比，因此成为部分购买者的消费首选。盗版的存在，造成电影行业票房收入的下降，带来电视剧收视率的降低。音像版权收入的减少，给影视剧的制作发行单位带来极大的经济损失，最终会引发影视行业持续发展动力不足、原创缺乏等一系列问题。

我国政府有关部门近年来通过逐步完善知识产权保护体系、加强打击盗版侵权执法力度、降低电影票价等措施，在保护知识产权方面取得了明显的成效。但对于市场秩序的规范是一个长期的过程，文化创意行业在一定时期内仍将面临项目盈利模式风险。后续在进行投资项目选择时，应尽量关注那些具有成熟商业模式、对政策变化不敏感、不会影响未来收益的项目进行投资，避免盲目政策跟风。

知识点应用和思考

2003 年，李大钧创办百雅轩画廊（简称“百雅轩”）。创始人因与一批老艺术家交好，故取得了作品的独家代理销售权。百雅轩采用名家限量版画交易模式，依靠经营吴冠中的限量复制品版画起家。由于顺应了收藏人群的多元化要求和艺术市场的迅速发展，因此百雅轩的规模逐渐做大，后来入驻北京 798 艺术区，成立百雅轩艺术中心，成为北京著名的艺术品经营会所。2012 年，百雅轩迎来“高光时刻”，知名风投机构 IDG 注入资本 6 000 万元购买百雅轩 20%的股权，希望推动其成为国内首家上市的文化艺术品机构。资本入主后，百雅轩盲目扩张布局线下画廊，摊子铺得太大导致原有的限量复制模式被打破。实际生产中，由于未能控制中低端版画的印量，导致库存积压、成本高企。此外，百雅轩在吴冠中先生去世几年后并未开发出其他业务方向，导致陷入经营困境，短期内无法盈利。彼时，又逢国内股市低迷，新股 IPO 长期停闸，百雅轩作为中小型画廊根本无法获得上市机会，既难以盈利，又无法上市，最终 IDG 因难以接受亏损的现实而选择撤资退出，百雅轩则因资金链断裂面临倒闭危机。仅仅一年多，风险投资与画廊的“联姻”宣告土崩瓦解。

结合上述案例，请阐述你对于项目盈利模式风险的理解。

三、技术层面风险

案例导入

据亚马逊中国官网消息，2024 年 6 月 30 日起，Kindle 中国电子书店关闭，云端下载服务关闭，Kindle 客户服务停止。黯然离场的 Kindle 在中国市场究竟输在哪里？究其原因：(1)Kindle 自身功能单一，近些年的更新仅针对外形或接口，很难触动中国消费者的神经；(2)国产阅读器竞争对手不断涌现，阅读不再受黑白屏的困扰，尺寸也有了更多选择；(3)移动互联网时代，手游、短视频、社交媒体都在争夺用户的注意力，导致中国用户对电子书阅读器的需求急剧下滑。

知识点阐述

技术的进步也会对文化产业产生影响。新技术的出现可能改变文化产品和服务的生产和传播方式，从而影响文化产业的市场格局和竞争态势。文化产业市场竞争激烈，新技术和新赛道层出不穷，加剧了市场竞争，传统媒体的市场份额逐渐下降。新兴的文化产业，如数字媒体，以其便捷性、互动性和个性化服务吸引了大量消费者，给传统媒体产业造成了巨大的冲击；互联网和移动通信技术的普及也给传统出版、音乐和电影产业带来了挑战。

新兴文化产品和服务的市场份额不断增加，改变了人们的消费习惯和需求。新兴文化产业由于具有较高的创新性和成长性，因此能够迅速吸引消费者的关注并占据市场份额。对于传统文化产业而言，如果不能及时了解和适应变化，或将错失机会、遭受损失，甚至面临被边缘化的可能。

文化产业投融资的技术层面风险主要包括以下几个方面：(1)技术创新风险。文化产业中，技术创新是推动发展的重要动力。然而，新技术的出现可能使现有技术迅速过时，从而导致投资项目的失败。(2)技术成熟度风险。文化产业的一些新技术尚处于早期阶段，技术成熟度不高，存在较大的不确定性，可能导致投资项目的失败。(3)技术应用风险。文化产业的一些新技术可能需要特定的应用场景和环境，如果这些场景和环境不具备，那么这些技术就无法得到应用，从而导致投资项目的失败。(4)技术安全风险。文化产业的一些新技术可能存在安全漏洞，如果这些漏洞被利用，可能导致投资项目的失败。(5)技术专利风险。文化产业的一些新技术可能涉及专利问题，如果投资项目涉及专利侵权，也将导致投资项目的失败。

为了降低文化产业投融资的技术层面风险，投资者需要对投资项目的技术进行充分的评估和研究，了解技术的成熟度、应用场景、安全风险等方面的情况；同时，需要对技术专利进行充分的调查和研究，避免专利侵权的风险。此外，投资者还需要与技术团队保持密切的沟通和合作，及时了解技术的发展情况，以便及时调整投资策略。

另外，传统文化产业可以通过创新和转型来应对这些挑战。例如，传统媒体可以利用数字技术来拓展业务，提供更多的在线内容和服务，与数字媒体进行合作或整合。传统出版、音乐和电影产业也可以利用互联网和移动通信技术来拓展市场，提供更多的数字化产品和服务。

为了应对 IT 技术层面带来的挑战和风险，传统文化产业需要积极拥抱新技术，加强技术创新和人才培养，提高自身的竞争力和创新能力；同时，传统文化产业也需要注重文化内涵和价值的传承与保护，避免过度商业化和同质化现象的发生。

知识点应用和思考

近年来，人工智能（AI）技术的快速发展和广泛应用给传统文化产业带来了新的机遇和挑战。第一，AI 技术为传统文化产业提供了新的工具和平台，使其能够更好地满足消费者的需求和期望。例如，AI 技术可以用于音乐、文学、艺术等领域，为创作者提供更多的灵感和创意；数字化技术可以用于遗产保护和传承，将文化遗产转化为数字资产，方便保存和传播。第二，AI 技术为传统文化产业提供了新的传播渠道和商业模式。例如，AI 技术可以用于智能推荐系统，根据消费者的兴趣和偏好为其推荐相关的文化产品和服务；AI 技术也可以用于文化产品的营销和推广，通过广告投放和社交媒体营销等方式提高文化产品的曝光率和销售量。第三，AI 技术的涌现加剧了市场竞争，给传统文化产业带来了压力和风险。AI 技术的应用使得文化产品的生产和传播更加高效和便捷，降低了文化产业的准入门槛，吸引更多的企业和个人进入文化产业。第四，AI 技术的应用使得文化产品的同质化现象越发严重，消费者的选择日益多样化，给传统文化产业带来了更大的竞争压力。

请查阅相关资料，介绍一个由于 AI 技术快速发展导致传统文化产业出现技术层面风险的案例。

四、交易结构风险

案例导入

2022 年，上海某游戏公司（简称 A 公司）与日本某知名动漫 IP 版权方（简称 B 公司）签订授权协议开发一款手游。合同约定，B 公司获得游戏总收入的 15%作为分成，但未明确“总收入”是否扣除渠道分成（如苹果商店 30%）。游戏上线后，A 公司认为分成基数应为扣除渠道费用后的净收入，而 B 公司则坚持按总收入计算，导致双方产生分歧。由于 A 公司现金流紧张，无法支付高额分成，故 B 公司提起诉讼，要求终止合同并赔偿。最终，法院判决 A 公司败诉，需按总收入支付分成，导致 A 公司资金链断裂、游戏停运。

知识点阐述

交易结构是买卖双方以合同条款的形式所确定的、协调与实现交易双方最终利益关系的一系列安排。对于较为复杂的金融工具（如资产证券化）而言，在进行风险分担时，设计严密可靠的交易结构既可以分担风险，又不会增加额外的风险，可以保证各参与主体能够遵守合约履行义务，确保发起人的破产不会影响到 SPV 的正常运营以及投资人的投资收益。

交易结构风险是指交易结构设计不当或不合理所带来的风险。例如，交易结构风险可能导致交易双方之间的利益分配不合理，或者交易双方之间的责任和义务不明确，从而导致交易纠纷和诉讼。为了降低交易结构风险，交易双方应该在交易前充分了解交易的背景、目的和风险，并进行充分的尽职调查。同时，交易双方应该在交易结构设计过程中充分考虑各种因素，如交易双方的利益、风险分担、责任和义务等，并制定详细的交易文件和协议。此外，交易双方还应该在交易过程中保持良好的沟通和合作，及时解决交易中出现的问题和纠纷。

文化产业的交易结构风险是指文化产业交易过程中出现的各种风险，这些风险可能来自以下几个方面：(1)交易结构设计不合理。文化产业的交易结构可能存在设计不合理的问题，比如交易双方的利益分配不合理、交易条款过于复杂或不明确等，这些问题可能导致交易纠纷和诉讼。(2)交易双方的信誉风险。文化产业的交易双方可能存在信誉风险，比如交易方可能存在欺诈、违约等行为，这些行为可能导致交易失败或产生不良后果。(3)交易合同的条款风险。文化产业的交易合同可能存在条款风险，比如合同条款过于苛刻或不合理、合同条款存在漏洞或歧义等，这些问题可能导致交易纠纷和诉讼。(4)文化产业的政策风险。文化产业的政策可能对交易产生影响，比如政策的变化可能导致交易无法顺利完成或产生不良后果。

伴随着文化产业的不断发展，企业在选择外部资金过程中的主动性和针对性逐渐增强，由以往的单纯资金数量需求向综合增值服务需求转型，对金融服务的要求不断提升。然而，目前金融服务机构的功能较为单一，综合性服务能力欠缺，无法充分满足文化产业更多的金融服务需求，导致文化企业在选择机构时心存顾虑。

对于文化类项目，必须做好文化项目管理控制体系的完善工作。根据项目投资情况，通过对文化企业盈利能力、偿债能力、成长性、产品信誉、人力资源等因素进行评估，对文化项目进程、效益、目标等不确定因素进行管控，从数据和关联的体系中得出项目系统对企业经营风险的影响程度。文化项目交易结构风险管理，强调在项目计划阶段，就细分项目工作进行潜在的风险预测，针对不同的风险分类与分级，进行风险规避策略和标识风险指标预警。在项目进程中，按照定期排查的方式对风险事项进行反馈和更新，以保证执行项目过程的风险管控，使其能力得到提升。不同层级通过实现项目计划、过程监管、项目成果监督等环节，确保在项目最终层面上最大限度地降低技术风险和管理风险。

知识点应用和思考

在音乐版权的交易中，版权所有者和使用者之间的交易结构可能存在风险。例如，版权所有者和使用者之间的合同条款存在漏洞或歧义，就可能导致版权所有者的权益受损。此外，如果版权所有者和使用者之间的合作关系破裂，就可能导致版权所有者无法获得应有的收益，从而给版权所有者带来巨大的损失。

请同学们分小组讨论，音乐版权的交易结构中还可能存在哪些风险？

任务拓展实训

训练目标

(1)理解各类微观层面文化投融资风险的区别和特点；

(2)在未来的工作生活中，具备识别微观层面文化投融资风险的能力。

训练内容

阅读案例，分析小程序涉嫌虚假售卖“冰墩墩”事件中的项目盈利模式风险。

2022年北京冬季奥运会期间，吉祥物“冰墩墩”“雪容融”备受追捧和喜爱，奥林匹克官方旗舰店的“冰墩墩”周边不断售罄，可谓“一墩难求”。

在全网断货的背景下，“好特卖商城临期食品”小程序平台2月8日在社交媒体发布广告，称其售卖“冰墩墩”钥匙扣，标价59元一个，库存量似乎没有上限，对订单来者不拒，吸引了大量消费者前去购买。数据显示，广告发布当天该店共成交9 000余件“冰墩墩”挂件。但据悉，该小程序中的官方销售许可和产品详情图与奥林匹克官方旗舰店如出一辙，疑为盗用。网友在发现该商城存在售假行为后，申请退款但无人受理，客服不回应。2月9日下午，好特卖HotMaxx官方微博发表声明称，“好特卖商城临期食品”系冒名，公司与该小程序及其所有者不存任何法律关系，也并非子公司、分级机构或关联公司。好特卖公司已就此事报警。

北京冬奥会吉祥物“冰墩墩”是北京冬奥组委的重要财产。北京冬奥组委对“冰墩墩”的形象依法享有著作权、注册商标专用权、外观设计专利权等，仅允许少数官方授权的线上线下渠道进行售卖。随着“冰墩墩”的走红，一度出现了各种蹭热度的骗局，上述小程序涉嫌虚假售卖事件即为典型案例，体现了北京冬奥会吉祥物衍生文创产品所面临的项目盈利模式风险。“好特卖商城临期食品”小程序冒用正版“好特卖Hot-Maxx”的名义开业，骗取许多消费者的信任下单，实为假冒的山寨店铺。在没有获得冬奥特许经营授权的情况下，擅自售卖“冰墩墩”挂件已构成侵权行为。

训练反馈

对于文化创意企业而言，如果产品技术壁垒较低、核心竞争力不足，就会导致同行可以迅速实现仿造甚至超越。山寨、盗版产品往往具有较高的性价比，因此成为部分购买者的消费首选，造成侵权山寨、盗版现象在全世界范围内屡禁不止。例如，盗版资源的存在，造成电影行业票房收入下降，带来电视剧收视率的降低；音像版权收入的减少，给影视剧的制作发行单位带来极大的经济损失，最终会引发影视行业持续发展动力不足、原创缺乏等一系列问题。

在文化产业中，未经许可进行山寨产品的售卖涉及版权和知识产权的侵权问题，从而导致项目盈利模式风险。一方面，山寨产品可能侵犯原创作品的版权，导致原创作者无法获得应有的收益，从而蒙受巨大的损失；另一方面，山寨产品可能侵犯消费者的权益，导致消费者无法获得应有的产品质量和服务，从而带来不良的消费体验。文化产业应该采取各种措施保护原创作品的版权和知识产权，加强监管和打击力度，维护消费者的权益。

项目六　文化版权资产及其价值评估

【知识目标】

了解版权资产、专利权资产和商标权资产的内涵；

掌握文化资产的价值评估方法；

掌握文化资产的价值评估体系。

【能力目标】

具备区分不同文化资产类别和特征的能力；

掌握针对不同的文化资产采用适合的价值评估方法的能力；

具备构建文化资产的价值评估体系的能力。

【思政目标】

在讲解文化资产的评估方法时，引导学生建立理论联系实际，并且要将理论应用到实际业务当中去的意识，做到具备知行合一的学习理念；

在讲解如何构建文化资产的价值评估体系时，引导学生树立清晰和良好的职业素养，能够区分并规避错误的职业道德行为。

【思维导图】

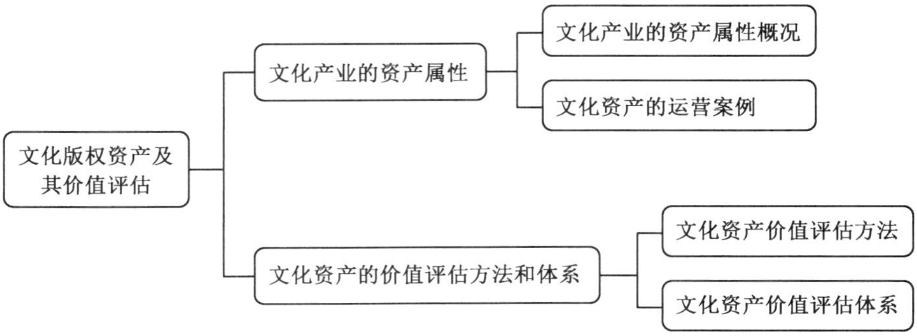

案例导入

2019 年 4 月，共青团中央官微发布了一条信息(见图 6—1)，将视觉中国推上了舆论的风口。处在舆情风口浪尖的视觉中国很快进行了整改。但是，屋漏偏逢连夜雨，整改后的视觉中国又遭遇负面信息。

图 6—1　共青团中央官微截图

2021 年 10 月，摄影师张立表示，在视觉中国发给自己的月销售报表中，其中一项是，视觉中国在 VEER 平台分销的一张名为“上海虹桥机场”图片售价 0.34 元，而给到他的稿费是 0.1 元。于是，他就自己在 VEER 平台注册了一个账号，点击购买这张图片的时候发现该单张标价为 180 元。针对这一事件，视觉中国随后也给出了一系列解释。不过，事件的孰是孰非并不是本文关注的焦点，通过这一系列事件，我们很想知道视觉中国到底是一个什么样的公司、它的主营业务收入是什么，以及文化企业如何通过合法合规的无形资产获得稳定的收入。

百度百科显示，视觉(中国)文化发展股份有限公司(简称“视觉中国”)是一家国际知名的以“视觉内容”生产、传播和版权交易为核心的互联网科技文创公司，2014 年成功在深圳 A 股上市(股票代码:000681)。视觉中国通过整合全球优质版权内容资源，基于大数据、人工智能技术，通过互联网版权交易平台提供高质量、专业性的图片、视频及音乐素材，为内容生态中的生产者与使用者提供全方位的版权交易和增值服务。视觉中国战略投资摄影师社区和设计师社区，加速视觉生态布局，以互联网+视觉内容+行业的战略，将业务延伸至旅游、教育领域，打造以视觉内容与营销增值服务为核心的多业务板块高度协同发展的互联网科技文创集团。简言之，视觉中国就是一家以售卖图片和视频等数字内容版权为主要收入来源的公司。

我们打开视觉中国发布的 2021 年财务报告报可以发现，截至 2021 年 12 月 31 日，视觉中国净资产为32.64亿元，总资产为39.54亿元，其中，非流动资产为33.14亿元，占比达83.81%。而非流动资产主要包括无形资产(1.83亿元，无形资产主要由著作权构成，具体见图6—2)、商誉(11.95亿元)和其他非流动资产(5.04亿元，指视觉中国收购的corbis图片素材)，三者合计占比56.80%。截至2021年12月，营业总收入为6.57亿元，绝大部分为视觉内容和服务收入，净利润为1.55亿元。由此可见，作为一家典型的文化企业，通过分析视觉中国的财务报告，我们可以归纳出文化企业的资产特点：(1)文化企业普遍具有轻资产的特征，总资产不足百亿实际上在文化行业已经属于规模比较大的公司；(2)总资产以无形资产(包括著作权、商标权和专利权)和商誉为主；(3)企业利润率较高，因为文化企业的无形资产属于前期开发一次性或者购置支出投入较大，后续维护成本较低，导致后续的企业利润率较高。

(1) 无形资产情况

单位：元

项目	土地使用权	专利权	非专利技术	管理系统软件	商标使用权及域名	著作权	特许权使用费	合计
一、账面原值								
1.期初余额				64,210,280.87	68,660,082.86	45,519,726.07	8,931,131.90	187,321,221.70
2.本期增加金额				33,797,172.60	-717,949.36	10,483,392.07		43,562,615.31
(1)购置				619,468.95		57,500.00		676,968.95
(2)内部研发				33,177,703.65		11,186,792.71		44,364,496.36

图6—2　视觉中国2021年财务报告附注截图

案例思考：

(1)列举文化企业的资产包括哪些？

(2)文化资产一般具备哪些特征？

任务一　文化产业的资产属性

【任务描述】

在一个国际文化交流展览会上，来自不同国家的参展商们齐聚一堂，展示着各自独具特色的文化产品和艺术作品。其中，一家来自某国的小型设计工作室引起了广泛的关注。他们的展台上展示了一款独特的文化创意产品——一幅富有艺术感和历史内涵的绘画作品。

这幅作品描绘了该国历史上重要的文化场景,融合了传统文化元素和现代设计理念。不仅如此,该设计工作室还推出了一系列相关产品,包括 T 恤、文创周边等,以此来推广和传承这幅绘画作品所承载的文化价值。

然而,在这个展览会上,该设计工作室的代表们却面临着一个问题——文化资产的保护。虽然他们已经对这幅绘画作品申请了版权(著作权),但是一些不法商家依然在未经授权的情况下,大量复制并贩售这幅作品的山寨品。通过本任务的学习,应了解文化资产是什么?哪些可以称之为文化资产?

【知识嵌入】

一、文化产业的资产属性概况

文化资产是文化企业的核心资产,它作为企业的无形资产,具有非实物性、不确定性、可增值性和可交易性等特征,是能够在生产经营活动中与有形资产进行有机结合并最终提升企业盈利能力的重要资产,具有现实的和潜在的商业价值。文化资产主要包括版权(著作权)、专利权和商标权,下文我们将围绕文化资产的这三类权利资产属性展开详细论述,以清晰认知文化产业的资产属性。

(一)版权资产

案例导入

在某个城市的咖啡馆里,一名年轻的音乐人坐在角落,弹奏着自己创作的歌曲。他的音乐充满了灵感和情感,吸引了不少咖啡馆的顾客驻足聆听。其中,一名音乐制作人无意中听到了他的演奏,并被深深吸引了。

这位音乐制作人认为该年轻音乐人才华横溢,决定与他取得联系,希望能够合作录制专辑,并推广这位音乐人的作品。然而,在合作洽谈的过程中,他意外地发现年轻音乐人并未进行任何版权(著作权)的登记,也没有与其他人签订过任何创作授权协议。

在这个案例中,年轻音乐人创作的歌曲是他的原创作品,因此自然受到版权(著作权)的保护。然而,由于他没有进行版权的登记,所以其他人可能以类似的音乐风格或曲调制作类似的歌曲,而他却无法得到应有的权益保护。

知识点阐述[1]

1.版权内容

版权又称著作权。根据《中华人民共和国著作权法》(以下简称《著作权法》),著作权的内容是指著作权人依照法律享有的专有权利的总和,包括著作人身权和著作财产权。著作人身权是指作者基于作品依法享有的以在作品上体现的精神利益为内容的权利;著作财产权是指基于对作品的利用而可能给著作权人带来财产收益的权利。

(1)著作人身权。

①发表权。即决定作品是否公之于众的权利。发表权只能行使一次,除特殊情况外,仅能由作者行使。

②署名权。即表明作者身份,在作品上署名的权利。它包括作者决定是否署名,署真名、假名、笔名,禁止或允许他人署名等权利。

③修改权。即修改或者授权他人修改作品的权利。

④保护作品完整权。即保护作品不受歪曲、篡改的权利。

(2)著作财产权。

①复制权。即以印刷、复印、拓印、录音、录像、翻录、翻拍、数字化等方式将作品制作一份或者多份的权利。

②发行权。即以出售或者赠与方式向公众提供作品的原件或者复制件的权利。

③出租权。即有偿许可他人临时使用视听作品、计算机软件的原件或者复制件的权利;计算机软件不是出租的主要标的除外。

④展览权。即公开陈列美术作品、摄影作品的原件或者复制件的权利。

⑤表演权。即公开表演作品,以及用各种手段公开播送作品的表演的权利。

⑥放映权。即通过放映机、幻灯机等技术设备公开再现美术、摄影、视听作品等的权利。

⑦广播权。即以有线或者无线方式公开传播或者转播作品,以及通过扩音器或者其他传送符号、声音、图像的类似工具向公众传播广播的作品的权利;但不包括著作权法第十条第一款第十二项(信息网络传播权)规定的权利。

⑧信息网络传播权。即以有线或者无线方式向公众提供,使公众可以在其选定的时间和地点获得作品的权利。

⑨摄制权。即以摄制视听作品的方法将作品固定在载体上的权利。

⑩改编权。即改变作品,创作出具有独创性的新作品的权利。

---

[1] 王红英、张静、万洁、瞿畅:《版权资产管理》,上海远东出版社2023年版。

⑪翻译权。即将作品从一种语言文字转换成另一种语言文字的权利。

⑫汇编权。即将作品或者作品的片段通过选择或者编排,汇集成新作品的权利。

⑬应当由著作权人享有的其他权利。

因此,一般意义上,我们所指的版权资产指的是著作财产权的相关内容。

2.版权的合法合规性

版权的合法合规性是指民事主体可以在法律规定的范围内,不经著作权人许可而利用其作品或受相关权保护之对象,且不构成侵权的制度,它包括合理使用、法定许可和著作权权利穷竭三方面内容。

(1)合理使用。

合理使用是指著作权人以外的主体,在法律规定的情形下,可以不经著作权人许可,不向著作权人支付报酬而使用作品的制度。在法定合理使用的情形下,应当指明作者姓名或者名称、作品名称,并且不得影响该作品的正常使用.也不得不合理地损害著作权人的合法权益。《著作权法》规定的合理使用情形有:

①为个人学习、研究或者欣赏,使用他人已经发表的作品;

②为介绍、评论某一作品或者说明某一问题,在作品中适当引用他人已经发表的作品;

③为报道新闻,在报纸、期刊、广播电台、电视台等媒体中不可避免地再现或者引用已经发表的作品;

④报纸、期刊、广播电台、电视台等媒体刊登或者播放其他报纸、期刊、广播电台、电视台等媒体已经发表的关于政治、经济、宗教问题的时事性文章,但著作权人声明不许刊登、播放的除外;

⑤报纸、期刊、广播电台、电视台等媒体刊登或者播放在公众集会上发表的讲话,但作者声明不许刊登、播放的除外;

⑥为学校课堂教学或者科学研究,翻译、改编、汇编、播放或者少量复制已经发表的作品,供教学或者科研人员使用,但不得出版发行;

⑦国家机关为执行公务在合理范围内使用已经发表的作品;

⑧图书馆、档案馆、纪念馆、博物馆、美术馆、文化馆等为陈列或者保存版本的需要,复制本馆收藏的作品;

⑨免费表演已经发表的作品,该表演未向公众收取费用,也未向表演者支付报酬,且不以营利为目的;

⑩对设置或者陈列在公共场所的艺术作品进行临摹、绘画、摄影、录像;

⑪将中国公民、法人或者非法人组织已经发表的以国家通用语言文字创作的作品翻译成少数民族语言文字作品在国内出版发行;

⑫以阅读障碍者能够感知的无障碍方式向其提供已经发表的作品；

⑬法律、行政法规规定的其他情形。

此外，对与著作权有关的权利（邻接权）的限制同样适用上述规定。

（2）法定许可。

法定许可是指著作权人以外的主体，在法律规定的情形下，可以不经著作权人许可使用其作品但需要向著作权人支付报酬的制度。《著作权法》及相关法律规定的法定许可情形有：

①教科书编写的法定许可。为实施义务教育和国家教育规划而编写出版教科书，可以不经著作权人许可，在教科书中汇编已经发表的作品片段或者短小的文字作品、音乐作品或者单幅的美术作品、摄影作品、图形作品，但应当按照规定向著作权人支付报酬，指明作者姓名或者名称、作品名称，并且不得侵犯著作权人依照本法享有的其他权利。[1]

②报刊转载的法定许可。著作权人向报社、期刊社投稿的，作品刊登后，除著作权人声明不得转载、摘编外，其他报刊可以转载或者作为文摘、资料刊登，但应当按照规定向著作权人支付报酬。

③音乐作品的法定许可。录音制作者使用他人已经合法录制为录音制品的音乐作品制作录音制品，可以不经著作权人许可，但应当按照规定支付报酬；著作权人声明不许使用的不得使用。

④广播电台、电视台播放已发表作品的法定许可。广播电台、电视台播放他人已发表的作品，可以不经著作权人许可，但应当按照规定支付报酬。但播放视听作品需要取得视听作品著作权人的许可，播放录像制品需取得录像制作者、著作权人的许可。

⑤制作课件的法定许可。《信息网络传播权保护条例》规定，为通过信息网络实施九年制义务教育或者国家教育规划，可以不经著作权人许可，使用其已经发表作品的片段或者短小的文字作品、音乐作品或者单幅的美术作品、摄影作品制作课件，由制作课件或者依法取得课件的远程教育机构通过信息网络向注册学生提供，但应当向著作权人支付报酬。

（3）著作权权利穷竭。

著作权权利穷竭是指以销售方式将原作品原件或复制件投放市场后，任何人不经著作权人许可，且不必向著作权人支付报酬，而继续发行销售该作品原件或复制件，不构成侵权。[2] 著作权穷竭并不意味着著作权权利的消灭，而是指著作权人对已经合

---

〔1〕 彭宇茜：《我国网络环境下著作权许可制度研究》，西南交通大学 2021 年硕士学位论文。

〔2〕 余丽萍、程凌：《追续权入法问题探讨——对著作权法修改草案引入追续权的思考》，《东方论坛》2015 年第 6 期。

法流入市场的作品原件或复制件的发行权的用尽。

从管理角度来说，它是知识产权管理与无形资产管理的重要组成部分，是对集技术、经济和法律三位一体的市场竞争形式的特殊管理。

3.版权资产

(1)版权资产的概念。

版权资产是企业拥有或者控制的，能够持续发挥作用，并且预期能带来经济利益的著作权的财产权益和与著作权有关权利的财产权益。版权资产既是文化企业健康发展的核心资产之一，也是文化产业高质量发展的核心要素之一。通过对版权资源进行再生产、再创造、管理和运营，形成了版权资产，是文化传媒产业获取经济收益的核心资源。一般来说，只要是有市场价值的版权资源都可以被列为版权资产。同时，版权资产与其他资产相比，其核心是对企业(组织、个人)在不断研究和开发过程中形成的版权所有权、使用权、处分权、收益权等一系列权益进行有效的计划、组织、协调和控制。通过对版权资产实施价值管理和实务管理，可以提升企业经济效益和管理效率，使企业获取稳定的竞争优势和盈利能力，保障和提高版权资产权益，强化内部控制机制，防范侵权风险，对企业价值管理具有重要意义。

(2)版权资产的性质。

版权资产作为一种无形资产，具有非独立性、可转化性、可交易性和可增值性等特征。一个版权资产可转化为多个版权产品，可得到独立开发与运营。同时，版权资产具有可多次交易、多次开发、长期运营的特性，即使在权力失效之后仍然可以继续开发与运营，其价值也是动态变化的。[1] 通常情况下，文化企业拥有的具有市场开发价值的版权资源都可以被视为版权资产。资产的核心是企业(组织、个人)在不断研究、开发、运营版权产品的过程中形成的所有权、占有权、使用权、收益权、处分权等一系列权利形式的无形资产。版权资产作为一种无形资产，具有不确定性。一方面，版权资产作为无形资产，具有独创性和独占性。版权产品只有具备独创性和独占性才能占有市场，这与版权产品的易复制传播性形成了冲突，加上目前的法律体系难以保证其独创性和独占性，使得其市场价值更加难以确定。另一方面，版权资产的盈利能力和寿命受环境影响较大。与固定资产相比，版权无形资产的盈利能力和寿命受政策、市场竞争力、网络新媒体、高新技术的发展、版权新产品的市场接受程度、模仿品及替代品的出现等多个方面的影响而表现出不稳定性和不确定性。

①相对的独占性。版权资产的独占性是相对的，这是由不同的国家(或地区)的保护状况来决定的，如果只在一个国家(或地区)取得了版权资产的所有权，则只在此国家(或地区)具有独占权，在其他国家(或地区)则不一定具有独占性，有时甚至会失去

[1] 卢玲、王智源：《版权资产管理模式的分析及思考》，《编辑之友》2013年第10期。

对该项资产的所有权。同时,版权资产还受到著作权法上有关“合理使用”“法定许可”等方面的限制。

②突出的营利性。由于版权资产具有独占性,这在很大程度上排除遭遇市场竞争的可能,拥有版权资产的企业可以利用这一特性,通过开发和运营,将由此开发形成的产品投入市场,从而获得一定的垄断性收益,即借助于版权资产获得超额的盈利。另外,这种突出的营利性还表现在版权资产的授权交易过程中,国有文化企业可以通过转让或授权许可使用的方式,对外允许其他企业使用,从而获授权交易过程中的垄断利益。其中,版权资产的许可使用具有一定的期限性,许可使用到期后,拥有版权资产的企业将收回合作企业支配权利,并可以再次许可使用以获得新的收益。

③显著的依附性。版权资产表现为国有文化企业所拥有的某种能够带来超额收益的版权财产性权利。版权资产尽管属于无形资产,但具有一定的实物形态,需要依附于一定的实物载体而存在,这种存在形态的差异导致版权资产为国有文化企业带来的经济利益方式与实物资产是不同的。比如,计算机软件需要借助于实物形态的光盘等介质而存在,但这并不改变版权资产作为无形资产的特性。

④交易的特殊性。版权资产的交易也具有特殊性。主要表现在:一是版权资产的所有权和使用权在交易过程中可以实现分离。所有者一般不愿意将自己的权利完全转让给他人,通常仅愿意他人在一定期限内有偿使用。这样,他既可以保留自己对版权资产的所有权,又可以因许可授权使用而得到额外收入。二是版权资产交易是长期交易(通常以一年为限)。无论是转让还是许可使用,这种交易一般都不像货物贸易那样是短时期的交易,交易的协议一经达成,通常会有一个较长的授权时间,这决定了版权资产的交易是一项长期的交易。三是版权资产的交易价格是不确定的。在交易市场上通常没有相对公允的价格,表现出较强的价格弹性,即溢价空间与贬值空间都很大。

知识点应用和思考

李某自学英语多年,经常做笔译练习。李某同事赵某经常在报刊上发表一些文章。李某为了提高翻译水平,常常将见到的文章顺手拿来做翻译练习。一次,李某将赵某在报纸上发表的一篇文章进行翻译。赵某见到李某翻译自己的文章,便提出李某这样做未经自己许可,是侵犯了自己的著作权。李某辩称,自己只是做翻译练习,并不打算发表,但赵某坚持认为李某的行为侵犯了自己的著作权,并要求李某今后不得再翻译自己的作品。双方为此发生争执。请问李某是否侵犯了赵某的著作权?为什么?

(二)专利权资产

案例导入

某国的一家智能科技公司“智联科技”开发了一种具有革命性创新的智能芯片技术，能够大幅提高智能手机的处理速度和效率。该技术不仅在手机行业具有巨大潜力，而且可以应用于其他智能设备领域，如智能家居、无人机等。为了确保其技术的独家权益，智联科技迅速申请了该项技术的专利权。

然而，就在智联科技的专利申请处于审批阶段时，另一家竞争对手公司“智酷科技”也推出了类似的智能芯片技术，并且未经智联科技授权，直接将该技术应用在自家的产品中。智联科技发现后，立即向法院提起专利侵权诉讼，指控智酷科技侵犯了其专利权。

在庭审过程中，智联科技提交了该项技术的专利申请文件和相关实验数据，以证明其技术的原创性和独特性。同时，智联科技还展示了他们在技术研发上的巨大投入和取得的成果。而智酷科技则试图辩称其技术与智联科技的专利技术并不相同，但由于实质上两者的技术有明显的相似之处，辩词难以令法官信服，最终，法院判决智酷科技侵犯了智联科技的专利权，要求智酷科技停止侵权行为，并赔偿智联科技经济损失。

这个案例具有代表性和现实意义。在科技快速发展的今天，专利权保护对于鼓励创新和保护创新成果的合法权益至关重要。它提醒人们，当企业或个人拥有独特的技术创新时，应及时申请专利权，确保其技术的独家权益。同时，对于其他企业而言，了解并尊重他人的专利权是避免侵权纠纷的重要措施，有助于维护公平竞争的市场环境。通过专利权的保护，科技创新得到鼓励，社会经济发展也将获得更多的动力。那么，什么是专利权？专利权又有哪些内涵和特征呢？

知识点阐述

1. 专利权

在阐述专利权资产之前，我们需要理解专利权的概念和内容。专利权是指发明和实用新型专利被授予后，除另有规定以外，任何单位或个人未经专利权人许可，都不得实施其专利，即不得为生产经营目的制造、使用、许诺销售、销售、进口其专利产品，或者使用其专利方法及使用、许诺销售、销售、进口依照该专利方法直接获得的产品。专利权作为知识产权的一种类型，同样具有一些共性的特征：

(1)排他性。

也称独占性,它是指专利在其法律规定的有效期和管辖地域内,专利所有者拥有专利权的独自占用的权利,任何单位或者个人必须得到专利所有者的许可才能使用其专利,否则就会构成专利权的侵权行为,专利所有者可以追究侵权者的法律责任。总之,排他权是法律赋予专利权所有者最基本的权利。

(2)地域性。

它是指专利权获得的法律保护具有地域限制的特征,即某个国家(或地区)根据其专利权的相关法律法规授予专利权申请人的法定权利只在该国家(或地区)具有法律效力受到保护,在该国家(或地区)之外是不具有法律效力的,即域外国家(或地区)对该专利权的未经专利权所有者同意的使用情况不必采取遵守和保护的法律行动。

(3)时效性。

由于科学技术日新月异和专利技术迭代更新加速,因此,企业利用专利权进行生产经营活动的时间是有限的;同时,法律法规对于专利权的保护期限也是有限的。专利权所有者仅在一定期限内享有对其技术方案或外观设计的独占实施权,一旦期限终止,则该技术方案或外观设计进入公有领域,任何人均可以自由使用。修订后的《中华人民共和国专利法》(以下简称《专利法》)规定,专利保护时间自申请之日起计算,发明创造型专利、外观设计型专利和实用新型专利对应的保护期限分别为 20 年、15 年和 10 年。

2.专利权资产

(1)专利权资产概念和特征。

专利权资产是指专利权所有者在法定有效期内持续占有并使用其专利权为企业带来收益。专利权作为资产,除了具有专利权的一般特征以外,还具有一些资产性质的特征:

①非实物性。专利权资产作为无形资产的一种,不具有实物状态和实际空间形态。例如,我们所指称的文字作品,既不是载有特定文字符号的纸张或者其他载体,如瓦片、石板或竹简等,也不是这些文字符号本身,而是这些文字符号借由其意义所显示的字形和结构。

②可复制性。复制实际上是信息的重复,相同的信息可以被呈现在不同的载体上。例如,一幅古代的字画,当它首次呈现在纸张上的时候,就包含了线条、颜色等基本表现形式,以及动植物、人物或建筑等图案背景;而当它被扫描进电脑制作成数字作品时,它呈现的依然是之前的线条、颜色等基本表现形式,以及动植物、人物或建筑等图案背景。换句话说,这些古代字画的信息被复制了,如同我们所体验的一样,一般的信息复制并不会导致信息的损耗。

③可参照对比性弱。按照《专利法》的规定,授予发明和实用新型专利权的实质条

件包括新颖性、创造性和实用性，而授予外观设计专利权的实质条件包括新颖性、创造性和不与在先权利相冲突。因此，这就导致每一项专利权资产都具有各自的独特性，它们之间可参照性和可比性的程度不高。

④收益不确定性。专利权资产与有形资产（商品房等）相比较，具有预期收益的不确定性，它容易受到政策风险、技术风险、市场风险等影响。随着科学技术的飞速发展，科技的知识和手段都在不断变化，专利权资产也存在由于科技产品的不断更新迭代而产生贬值的风险，从而导致未来的基于专利权的资产收益不确定性较大。例如，随着手机产品的普及和更新加速，数码相机的销量日益减少，而基于数码相机的专利权收益也相应减少甚至消失。

⑤可交易性。它是指专利权所有者可以通过合法途径在相关部门和机构登记以后，将专利权的所有权转让给其他机构或个人的权利。可交易性是专利权资产的一个很重要的特征，正是由于可交易，才会让企业有动力不断研发专利权以获取交易时的资产溢价。例如，数码产品公司可以通过买卖的方式直接购买专利权进行产品生产，而省去自己招聘人员和租借场地进行开发的成本与风险。

（2）专利权资产的内容。

专利权资产包括发明专利权、实用新型专利权和外观设计专利权。发明专利权是指对产品、方法或其改进所提出的新的技术方案。实用新型专利权是指对产品的形状、构造或者其结合所提出的适于实用的新的技术方案。外观设计专利权是指对产品的整体或者局部的形状、图案或者其结合以及色彩与形状、图案的结合所做出的富有美感并适于工业应用的新设计。那么，应具备什么条件，这些“技术方案”或者“新设计”才能被授予专利权呢？以下我们分两方面来阐述：

①发明和实用新型专利权。

第一，具备新颖性。新颖性是指该发明专利权或者实用新型专利权不属于现有技术，也没有任何机构或者个人就相同的发明专利权或者实用新型专利权在申请日以前向有关部门提出过申请，并记载在申请日以后公布申请文件或者公告的专利文件中。

第二，具备创造性。创造性是指同现有技术相比较，该发明专利权具有突出的实质性特点和显著的进步，该实用新型专利权具有实质性的特点和进步。这是在专利授权的实质条件中，发明专利权与实用新型专利权之间唯一的不同之处。从具体的定义描述中可以发现，发明专利权比实用新型专利权在创造性上的要求更高。

第三，具备实用性。实用性是指该发明专利权或者实用新型专利权能够制造或者使用，并能够对使用者产生积极有效的影响。从定义描述和实践操作来看，对实用性的判断是不需要根据对比文件来操作的，因此没有进行专利的检索过程。

②外观设计专利权。

第一，具备新颖性。外观设计专利权的新颖性是指被授予专利权的外观设计应当不属于现有设计，也没有任何机构或者个人就相同的外观设计在申请日以前向相关部门提出过申请，并记载在申请日以后的公告专利文件中。外观设计专利权的新颖性判断也适用单独比较原则，同发明和实用新型专利权一样，把申请保护的外观设计和一项对比外观设计进行单独比较。

第二，具备创造性。外观设计专利权的创造性条件保护两个方面：一是仅针对承载相同或者相似的产品上的外观设计进行比较；二是将授予专利权的外观设计与现有外观设计或者现有外观设计特征的组合进行比较，应当具有显著的差异。

第三，不与在先权利相冲突。即授予专利权的外观设计不能与他人在申请日之前已经获得的合法权利相互冲突，这些合法权利包括著作权、企业名称权、商标权、肖像权、知名商标特有包装或装潢使用权等。例如，外观设计图案如果来自他人的艺术作品，则涉及侵犯他人的在先著作权；外观设计的图案如果使用了他人的头像，则涉及侵犯他人的肖像权等。

知识点应用和思考

某日用化工厂研制出一种“厨房多功能清洁用具”，该产品结构简洁、设计极具创新。因此，该日用化工厂向专利局提出实用新型专利申请。专利局经审查发现，该产品虽然在国内属于首创，但在申请专利以前，该产品已经在国外上市并销售。那么，该日用化工厂的发明创造是否具有新颖性呢？为什么？

（三）商标权资产

案例导入

某国际知名品牌“蓝色星球”（化名）是一家著名的户外运动用品公司，其产品涵盖登山、露营、滑雪等领域，在全球范围内拥有广泛的市场影响力和忠实的客户群。这个品牌的商标标识是一个蓝色的星球图案，独特而引人注目。

然而，在“蓝色星球”持续发展壮大的过程中，出现了一个名为“星球蓝”（化名）的新兴品牌。该品牌是一家同样专注户外运动领域的公司，其产品也以高品质和创新著称。并且，“星球蓝”的商标标识也是一个蓝色的星球图案，与“蓝色星球”非常相似，很容易混淆。“蓝色星球”察觉到“星球蓝”的商标与其商标非常相似，存在可能导致消费者混淆的风险，认为这是对其商标权的侵权行为。因此，他们向法院提起商标权侵权诉讼,要求“星球蓝”立即停止使用相似的商标标识,并赔偿相应的经济损失。

在庭审过程中,“蓝色星球”提交了其商标的注册证明和相关商标权的证据,以证明其对商标的合法拥有权。同时,他们还展示了其品牌的全球知名度和市场份额。而“星球蓝”则试图辩称其商标与“蓝色星球”的商标在细节上有所不同,且其自身也是一个独立的品牌。然而,由于两者商标图案在整体上非常相似,因此辩词难以令法官信服。

随着全球经济的发展,品牌竞争越发激烈,商标的重要性日益凸显。企业在选择商标标识时,应该注意避免与其他品牌相似,避免可能导致消费者混淆的情况。同时,了解并尊重他人的商标权是避免商标纠纷的重要措施,有助于维护公平竞争的市场环境,推动品牌产业的健康发展。通过商标权的保护,企业的品牌价值得到了进一步维护,为企业在市场竞争中赢得更多的认可和市场份额。那么,什么是商标权?商标权又有哪些内涵和特征呢?

知识点阐述

1. 商标的概念及特征

(1)商标的概念。

商标(trade mark)来源于古代的工匠们在自己制作的日用品、艺术品或其他物品上用符号、文字、图标和图画等进行标注,久而久之,便演变为当今的商标注册。商标作为一种商业标志,其广泛存在于人们生活中,主要功能在于向消费者展示如何将自己的商品与市场上同类商品或者服务的提供者有效区别开来,以便于消费者快速识别并避免市场商品混淆。那么,如何规范地定义商标呢?从法律的角度来看,商标是指人们使用于商品或服务上的,由符号、文字、图标、数字、字母、颜色和声音等,或者上述要素组合构成的具有明显的可被消费者感知的标志。

(2)商标的特征。

①可感知的法定符号。可感知意味着商标是能够被人的视觉和听觉感官感知的,法定意味着商标具有法律规定性。

②具有依附性。商标必须依赖于商品或者服务,这样的依赖关系意味着商品厂家、生产经营者、服务提供商等依赖商标宣传推广商品和服务,从事生产经营活动;而消费者在选择商家提供的商品或者服务时,也依赖于商标识别。这使得双方都重视商品和服务的质量,从而促使商家提升商标的价值。

③具有显著性。商标的显著性表现为独特且易识别,主要体现在两个方面:一是商标本身的显著性,商家通过将符号、文字、图标、数字、字母、颜色和声音等,或者上述

要素组合构成的商标显著区别于其他商家的注册商标；二是商标所依附的商品或服务具有显著性，消费者在长久的使用过程中将独特的商品体验和感知与该商标建立了稳定的联系，从而将其所标识的商品与服务同其他商家所提供的商品与服务显著区别开来。

2. 商标权资产

商标权资产是指商标权所有者在法定有效期内持续占有并使用其商标权为企业带来收益。商标权资产包括专用权、许可使用权、转让权和禁止权。

（1）商标专用权。

它是指商标所有权人在商标注册核定使用的商品或者服务上使用该核准注册商标的权利。商标专用权具有排他性，他人不得未经许可使用其注册的商标。专用权是商标权的核心内容，也是最基本的权利，是商标所有者对其注册商标享有独占性的权利。

（2）商标许可使用权。

它是指商标所有者许可他人使用其注册商标的权利。商标权所有者不仅自己可以使用其注册的商标，而且可以许可他人使用其注册的商标，这并非商标权所有权的转让，只是商标使用权的部分转移，这是商标权作为资产属性比较重要的一个权利。

（3）商标转让权

它是指商标权所有者依法将其注册商标的所有权转让给他人所有的权利。商标权具有价值和使用价值的财产属性，可以成为转让的标的。

（4）商标禁止权

它是指任何人未经商标所有者许可，不得在相同或者类似的商品或服务上使用与其注册商标相同或者类似的商标，否则就会构成商标侵权。商标禁止权是基于商标专用权而由法律赋予，以保障商标专用权的实现为目的而设立的。

知识点应用和思考

A 家具厂家在沙发、办公桌等产品上申请注册的“雅丽”商标，已被核准注册。现 B 公司未经 A 家具厂同意就在自己生产的柜子上使用“雅丽”商标，请问，B 公司的行为是否合法？为什么？

二、文化资产运营案例

摸金校尉铁三角的集结，让网剧《云南虫谷》掀起一股追剧热潮。然而，随着剧集热度越涨越高，让幕后公司实现名利双收之时，这一切与《鬼吹灯》系列原著作者天下霸唱却似乎离得有点远，起因在于，天下霸唱早在2007年便将除专属于自己权利外的著作权都转让给其他公司，甚至他自己都不能随意擅自授权使用“鬼吹灯”这一名称。反观盗墓题材另一位“大佬”南派三叔，则将相关版权握在自己手中，或授权他人，或自己直接操刀。两相对照之下，不禁令外界感叹天下霸唱亏大了。

1. 商业化运作不停歇

2021年9月13日，网剧《云南虫谷》将于这一天在腾讯视频VIP超前点播上线大结局，这令剧迷兴奋不已，也让剧集的热度再次攀升。

据灯塔专业版显示，截至9月13日19时，《云南虫谷》在当日灯塔热度剧集类排行榜中位于第六，较前一日上升了一位；同时，该剧累计播放量也已达到7.64亿次，并13次居于腾讯视频播放量日冠。此外，据豆瓣电影显示，《云南虫谷》的评分为7分，四星及以上评分占比达到五成。

《云南虫谷》不仅获得较高的播放量，而且在商业合作上不可小觑，这从剧中出现的广告可见一斑，包括纽西之谜、康师傅、大众途观、娃哈哈苏打水在内的多个品牌的广告，均在剧集播出前、正剧播出后或播出过程中出现。

《云南虫谷》的商业化运作只是《鬼吹灯》IP的一角，近年来，通过对IP进行不同领域的延展与开发，《鬼吹灯》已经从小说逐渐覆盖至电影、电视剧、漫画、舞台剧、线下实景娱乐等多个领域，由此衍生出较大的商业空间。

2. 多年前转让版权

无论是《云南虫谷》还是《鬼吹灯》IP的一番操作，基于粉丝以及市场对该作品的热衷，无疑能让背后的公司实现名利双收。然而，对于《鬼吹灯》原著小说作者天下霸唱，该IP所衍生的红利却与他没有过多的关联，这背后离不开一份多年前签订的合同。

公开资料显示，2007年，天下霸唱与上海玄霆娱乐信息科技有限公司（以下简称“玄霆公司”）就《鬼吹灯》签订了协议书，约定天下霸唱将《鬼吹灯》除中国法律规定专属于天下霸唱的权利外的著作权全部授权给玄霆公司。而据江苏省高级人民法院的一份民事判决书显示，当时转让费为税前150万元，同时玄霆公司承诺约定作品如前述影视改编权协议产生经济效益，将该部分影视改编所产生报酬的40%作为奖励支付给天下霸唱。

尽管这一笔钱款在当时不是一个小数目，但这份协议也让天下霸唱失去了对自己作品的掌控权，甚至连他自己授权使用“鬼吹灯”这一名称也存在侵权的风险。

网剧《鬼吹灯之牧野诡事》引发的侵权案便是佐证。该作品是由天下霸唱创作的小说改编而成，但玄霆公司徐州分公司起诉称，《鬼吹灯》系列作品具有极高知名度，为知名商品；《鬼吹灯》与该知名商品具有极强的指向性和联系，为特有名称。而《鬼吹灯之牧野诡事》未经知名商品特有名称权益人的许可，在《牧野诡事》作品前冠之以“鬼吹灯”标识，侵害了玄霆公司徐州分公司的知名商品特有名称权益，涉案影视剧制片者在影视剧的名称中使用“鬼吹灯”标识等，侵害了玄霆公司徐州分公司的知名商品特有名称权益。最终，该案件以天下霸唱等方面败诉告终，并被列入江苏省 2019 年度知识产权保护十大典型案例。

3. 版权授权审慎为之

如今，版权的重要性已毋庸置疑，授权及转让版权的行为也需要进行审慎考量。数字文创产业智库研究员李杰表示，《鬼吹灯》是盗墓题材中的代表性 IP 之一，也是掀起该题材热潮的主要作品，拥有较大的受众群，通过多元化的开发，能持续挖掘出 IP 的内容价值，这一切均是从内容版权出发才逐渐形成的商业价值。

值得注意的是，在对照另一位盗墓题材“大佬”南派三叔的版权运作后，更能显现谨慎考量授权及转让版权的重要性。

作为《盗墓笔记》系列小说的原著作者，南派三叔在 IP 商业运作上掌握了更多主动权，不仅将多种版权握在自己手中，而且与其合伙人叶方仓、叶在飞、陈戴阁共同创立南派泛娱，运营《盗墓笔记》《老九门》《藏海花》《沙海》《怒江之战》等 IP，并从图书、电视、电影、漫画、动漫、游戏、话剧等多个角度对 IP 进行深度开发。先不论相关衍生开发后的市场口碑如何，不得不承认在资本运作上已形成相对完整的布局。

（资料来源：郑蕊，《〈云南虫谷〉热播背后：版权卖了白菜价》，《北京商报》2021 年 9 月 14 日。）

任务拓展实训

训练目标

(1)掌握版权的内涵；

(2)掌握版权资产的内涵。

训练内容

上海步升大风音乐文化传播有限公司享有许巍《在路上》专辑中 12 首歌曲的录音制作者权。公司发现，北京豆网科技有限公司未经许可，在其经营的豆瓣网提供涉案歌曲的在线播放服务，认为侵害其享有的信息网络传播权，于是诉至法院。在公证取证环节，步升大风公司登录豆瓣网站发现，不是豆瓣网的用户不能播放和下载该涉案歌曲。于是，步升大风公司使用名为视频广告拦截＋嗅探＋下载(3 合 1)超强绿色纯净版的浏览器插件对涉案歌曲进行了下载和播放。请问，豆瓣网是否侵犯了大风公司的版权？为什么？

任务二　文化资产的价值评估方法和体系

【任务描述】

小李入职了“智能未来科技有限公司”，这家公司成功研发了一项颇具创新性的人工智能技术专利——“智慧城市交通控制系统”。这项技术可以高效地管理城市交通流量，实现智能信号控制，减少交通拥堵和事故，极大地提高了城市交通的运行效率和安全性。这项技术被认为是未来城市发展的关键技术之一，备受国内外关注。公司由于处在快速发展的阶段，因此亟须金融机构的资金而需要对其拥有的“智慧城市交通控制系统”技术专利进行文化资产价值评估。试问，小李应该从哪些方面对评估公司的专利技术从而使其获得最贴合实际的市场价值呢？通过本次任务的学习，了解文化资产价值评估的具体方法、适用范围和评估体系的建立。

【知识嵌入】

一、文化资产价值评估方法

现有的文化资产价值评估主要有三种基本方法：成本法、市场法和收益现值法。成本法是以该知识产权的成本为基础；市场法是以现存的与该知识产权类似权利的价值为基础；收益现值法是以该知识产权未来可能获得的收益为基础。因此，这三种方法分别关注的是知识产权的历史价值、现有价值和未来价值。

（一）成本法

案例导入

某国的一家历史博物馆拥有大量珍贵的文物馆藏，其中包括古代艺术品、历史文献、传统手工艺品等，具有极高的历史、艺术和文化价值。为了更好地管理、保护和利用这些文物，博物馆决定进行文化价值评估，以全面了解其馆藏的重要性和价值。馆藏文物由于自身的特殊性导致较难进行价值评估，使用什么方法才最适合馆藏文物的价值评估呢？

由于馆藏文物的特殊性，一般采用成本法进行价值评估。因为成本法能够综合考虑馆方投入的实际成本和文物的文化价值，对于稀有、独特、非市场性的馆藏文物的价值评估具有较好的适用性。它能够更为全面、客观地评估文物的价值，为文化遗产保护和传承提供科学依据。同时，成本法还能帮助博物馆合理规划资源，优化文物的管理和展示策略，更好地实现文化资产的保护和价值的发挥。

知识点阐述[1][2]

1. 成本法的概念

成本法是指以被评估资产的重置成本减去各项损耗的价值作为资产价值的方法。成本法主要是以现实基础上重新创作与该项知识产权相同功能和用途的知识产权所需要的成本为计量标准，所以成本法又称为更新重置成本。知识产权利用更新重置成本法进行价值评估时，根据知识产权的来源不同，可以将知识产权分为自创型知识产权和外购型知识产权。

2. 成本法的计算公式

$$被评估资产价值=(重置成本-损耗)\times 成新率$$

其中，重置成本指的是企业重新获得与其所拥有的被评估资产相同或与其功能相当的资产需要支付的现金或现金等价物；成新率是反映被评估资产的现行价值与其全新状态时的价值的比率，即为损耗后资产的新旧程度。

3. 成本法的适用条件

当文化资产的成本构成合理时，这种方法的评估结果可以作为参考。使用重置成

---

[1] 王红英、张静、万洁、瞿畅：《版权资产管理》，上海远东出版社 2023 年版。

[2] 甄烨、薛耀文、王文利：《基于质押融资的文化企业知识产权价值评估研究》，《中国文化产业评论》2017 年第 1 期。

本法对版权进行评估时,应从如何确定重置成本和损耗入手,结合实际进行评估。

4. 成本法的局限性

虽然成本法有计算简单、易操作等优点,但是文化资产的价值并不与其成本呈现一定的比例关系,比如有些价值很高的文化资产的成本很低,而有些价值很低的文化资产的成本却很高,这是由文化资产研究成果出现的随机性决定的。这些现象使得文化资产的成本很难准确地计量,一定程度上对成本法在文化资产价值评估中的应用造成了阻碍。[1]

另外,有些文化资产的成本难以度量,比如节目创作属于智力劳动,因此版权的价值在节目制作、发现、放映、开发衍生品的过程中不断增加。由此可见,文化资产的价值形成过程大多数是无形资产的状态,而衡量无形资产的价值是非常困难的。而且无形资产的损耗为无形损耗,无法确定损耗价值以及成新率,所以,成本法并不完全适用于所有文化资产的价值评估。

知识点应用和思考

你能从馆藏文物的稀有性、独特性、非市场性和文化价值突出性等方面来总结采用成本法价值评估的合理性吗?

(二)市场法

案例导入

艺术家李小明是当地艺术界备受瞩目的新锐画家,他的绘画作品充满个性和独特的创意,受到了众多收藏家和艺术爱好者的喜爱。随着李小明在艺术圈的知名度逐渐上升,他的画作逐渐受到市场追捧,引起了一些拍卖行和画廊的兴趣。

一家知名拍卖行看中了李小明的一幅代表作,决定将其列入即将举行的艺术品拍卖会的拍品目录。在进行拍卖前,拍卖行需要对这幅画进行价值评估。对于艺术品这类文化资产来说,市场法可以客观地反映艺术品在市场上的供求和价格情况,从市场交易的角度进行文化价值评估。通过市场法的评估,可以更加准确地把握李小明的绘画作品在市场上的受欢迎程度和交易潜力,进而为拍卖行制定拍卖策略和估价提供科学依据。

---

〔1〕 甄烨:《文化创意企业融资创新模式研究——以演艺企业为例》,山西师范大学 2017 年博士学位论文。

市场法不仅适用于艺术品，对于其他文化产业领域的文化资产也有一定的借鉴意义。通过市场法进行文化价值评估，可以更好地认知文化资产在市场上的受欢迎程度和商业价值，有助于引导企业和政府进行资源配置与投资决策，推动文化产业的发展和文化资产的广泛应用。

知识点阐述

1. 市场法的概念

市场法是一种国际通用的评估方法，也是知识产权评估的首选方法。它是以市场中同类知识产权的现有价格作为评价标准，通过对知识产权交易市场进行调查，选取一些与被评估知识产权相同或相似的已成功交易的同类知识产权作为参照物，将被评估知识产权与选取的样本进行比较，找出它们之间的差异，并且对其进行适当的价格调整。

2. 市价法的一般程序

(1)界定评估的对象；

(2)进行公开市场调查，并寻找参照物；

(3)运用科学方法对参照物进行重构和调整；

(4)分析调整差异，得出结论。

3. 市场法的限制

现行市场法在不同的场合也经常被称为市场比较法或销售比较法。顾名思义，实际上就是采用市场上具备完整估值的类似资产的相关估值进行参考和调整，进而确定拟估计资产的相关价值。事实上，现行市价法就是以市场价格来确定资产价格。采用现行市场法也需要满足两项假设：首先是具有活跃的文化资产交易市场[1]；其次是参照物或者参照价格具有公允性，有与被评估文化资产相同或相似的交易作为参照、能够获取相关的信息。

然而，我国的知识产权交易还处于初级阶段，所以相应的文化资产交易市场并不是很活跃，并且对于文化企业来说，文化资产交易一般属于商业机密，通常是在严格保密的情况下进行，这就对从活跃的交易市场中获取文化资产交易数据造成了非常大的困难。文化资产一般具有垄断性质，所以在市场上想找到与被评估资产相同或者相似的参照物也很困难。从理论上说，在市场上如果可以寻求到三个或更多的可比参照

[1] 张斌：《中国演艺企业无形资产评估体系的问题与建构研究》，中国科学技术大学 2013 年博士学位论文。

物，并且可以用科学的方法来对其相关差异或者误差进行重构和调整，那么就完全可以其价格为基础来确定待评估资产的价值。但在实践中，寻找与待评估资产相似程度很高的资产较难，这就对如何应用参考物来进行指标调整，进而准确反映估值等提出了较高的要求。如果不能较好地对有关参照物指标进行调整，就会导致估值与实际价值差异较大的情况。

当今，我国因对文化资产价值的认识、利用度不够，自主文化品牌匮乏、发展动力不足，文化资产市场环境不理想、侵权严重，文化产业人才缺乏、培养机制不健全等因素影响，文化资产市场化不完善。可以采取文化资产市场化的措施有：

(1)借用新技术，拓宽创新空间。

当今时代，数字化多媒体网络技术的发展使得各传播媒介呈现融合趋势，界限日益模糊，为文化产业的发展开创了新的传播渠道和利用空间。一方面，文化产业作为一种有着知识产权属性、文化属性、高科技依托型的新兴产业，需要新技术来实现发展；另一方面，新媒体技术的丰富多样与便捷性也为文化创意人才的创作提供了新的工具。

(2)构建“OSMU”模式，充分开发文化资产的利用价值。

“OSMU”模式，即“一个来源，多种用途模式”。“OSMU”模式作为一个全版权资产运营模式，通过对核心版权资源进行全方位、立体化的开发利用来实现资源的增值，主要表现为对版权资源的跨界运营。[1]

(3)拓展产业链，推进版权产业深层次利用。

拓宽我国文化资产产业链，深层次开发利用文化资产。从创意产生到核心作品的创作，再到对原作的改编、演绎以及延伸产品的开发，力求形成完整的产业链。

(4)完善知识产权保护法律法规，营造发展的良好环境。

我们要建立完善的知识产权法律法规，为知识产权产业发展营造一个良好的法律与制度环境。

知识点应用和思考

假如需要你对艺术家李小明的画作进行市场法价值评估，你会怎么操作呢？

[1] 王守龙、陈宇明、王智源：《版权资产价值评估基本方法及其市场化运用》，《出版发行研究》2015 年第 5 期。

（三）收益现值法

案例导入

某地区一座历史悠久的古城，因其独特的文化遗产和历史景观而成为热门的文化旅游目的地。为了更好地保护和利用这些文化遗产，政府决定开展文化旅游项目，提升古城的旅游体验和吸引力。然而，文化旅游项目的实施需要投入大量的资金和资源，因此需要对项目的文化价值进行评估，以确定其可行性和收益情况。因此，政府委托专业的评估机构采用收益现值法对文化旅游项目进行价值评估。对于文化旅游项目而言，收益现值法可以更客观地评估项目的投资价值和收益情况。通过对项目未来收益的预测和现金流量的折现计算，可以更加全面地了解项目的经济效益和投资回报情况，为政府和投资者做出决策提供科学依据。

知识点阐述

1. 收益现值法的概念

收益现值法是指以被评估企业知识产权未来能够给企业带来的经济利益的现值作为该知识产权价值的评估方法。依据效用价值论观点，一项资产的价值主要取决于它的效用，即一项资产的价值取决于它能够为其所有者带来的收益。知识产权收益的实现是一个长期运作的过程，它通常表现为企业在一定期间内的收益流，并且收益具有时间价值。因此，为了相对准确地估算知识产权的现时价值，需要对未来一定时期内的收益进行折算使其成为所需要的现值，该现值就是知识产权最终的评估价值。

2. 收益现值法的计算公式

收益法是指估算被评估资产将来每一期的预期收益，将其折为现值并累加的方法，其广泛应用于无形资产价值评估中。其计算公式为[1]：

$$P=\sum_{t=1}^{n}\frac{F_t}{(1+i)^t}$$

其中：P 为资产评估价值；F_t 为第 i 年资产预期收益；n 为资产的经营期限；i 为折现率。

3. 收益现值法的分类

在使用收益法评估版权价值的时候，我们主要有增量收益法（直接估算法）、超额

[1] 甄烨：《文化创意企业融资创新模式研究——以演艺企业为例》，山西师范大学2017年博士学位论文。

收益法(差额法)和许可费节省法(分成率法)三种方法。

(1)增量收益法(直接估算法)。这是通过对文化资产的成本、所获得的收入变动、市场份额等因素进行量化分析,直接通过对比有文化资产的收益和没有文化资产的收益来确定版权价值。

(2)超额收益法。该方法的原理是,先计算使用的文化资产的总收益,然后按其在收益过程中做出的贡献进行分成;而许可费节省法也就是分成率法,指的是在文化资产交易中,资产卖方允许买方行使的权利,并且通过收取固定的费用作为弥补。

(3)许可费节省法(分成率法)。这是用收益法来评估文化资产价值中最常用的一种评估方法。其中的难点就是有关分成率的确定,每个行业各有不同,我们一般采用市场平均水准。[1]

4.收益法适用的前提条件

(1)被评估资产未来预期收益可以预测并可以用货币计量。要求被评估资产与其经营收益之间存在较为稳定的比例关系。

(2)资产的拥有者获得预期收益所承担的风险可以预测并可以用货币计量。

(3)被评估资产预期获利年限可以预测。

5.收益现值法的优越性

在大多数的版权文化资产评估中,收益法往往是使用最多的一种方法。收益法是以未来经济收益作为无形资产存在状态的价值反映,并通过对其折现来估算无形资产现时价值的方法。因为收益法的基本原理符合无形资产的本质特征,所以无形资产价值的高低从根本上取决于其能够带来未来收益的多少。判别无形资产价值存在与否的关键在于,能否带来超过在没有它的情况下的一般盈利水平。从目前实际进行的资产评估来看,收益法无疑是无形资产评估中最好的一种方法。[2]

6.收益现值法的局限性

首先,在现实实践中,收益法没有统一的考核指标和预测基础,使得预期收益额和收益期限、折现率等参数的确定比较困难。收益法计算出来的评估值随意性太大,缺乏客观性和可度量性,故评估结果的准确性不高。

其次,收益现值法在文化资产价值评估的执行结果与企业的管理水平息息相关。如果文化企业的管理水平很低,很可能导致发展前景本来很好的文化资产项目中途报废;或者文化企业具有较高的管理水平,因此其拥有的文化资产可能在未来给企业带来比预想更丰厚的利润。[3]

---

〔1〕 徐墨清:《基于实物期权模型的电影版权价值评估研究》,中国矿业大学2019年博士学位论文。

〔2〕 顾中国:《无形资产计价方法和评估方法的分析选择》,《技术经济》2001年第11期。

〔3〕 郑雯:《中国音像业标准化版权价值评估的构建》,《中国出版》2009年第10期。

最后，收益现值法并未将环境变化给文化资产价值评估带来的影响考虑进去，一般收益现值法在最初设定好参数以后就会运用于整个评估过程中，这与事物发展的实际情况是相违背的。[1]

知识点应用和思考

假如你是资产评估公司的员工，现在需要你对文化旅游项目采用收益现值法进行价值评估，具体你会怎么操作呢？

二、文化资产价值评估体系

随着社会经济的不断发展，文化产业日益成为推动经济增长和社会发展的重要力量。文化遗产、艺术品、文学作品和传统技艺等文化资产不仅具有独特的历史、艺术和文化价值，而且能够带来经济效益和社会影响。为了更好地保护、传承和利用这些文化资产，建立科学有效的文化价值评估体系显得尤为重要。

（一）文化价值评估体系概述

文化价值评估体系是为了全面、科学地评估文化资产的重要性和价值，以更好地保护、传承和利用这些宝贵的文化财富而建立的综合性评估方法。随着社会经济的发展和文化全球化的影响，文化资产面临着日益严峻的保护与利用问题。而建立文化价值评估体系可以从多维度、多层次的角度对文化资产进行深入研究和评估，从而更好地认识和把握文化资产的历史、艺术、社会和经济价值，为文化产业的发展和文化遗产的保护与传承提供科学依据。

1. 建立文化价值评估体系的背景

（1）文化资产的重要性和价值。

文化资产是国家和社会的独特财富，包括历史文物、艺术品、传统技艺、文学作品等。这些文化资产不仅具有独特的历史、艺术和文化意义，而且承载着民族的文化认同和社会的记忆，是传承文化传统和促进社会发展的重要载体。

（2）文化资产面临的问题和挑战。

随着社会经济的快速发展和城市化进程的加速，文化资产面临着日益严重的保护和利用问题。一方面，文化资产面临着被过度开发、商业化和破坏的风险，一些重要的

[1] 甄烨：《文化创意企业融资创新模式研究——以演艺企业为例》，山西师范大学2017年硕士学位论文。

文化遗产面临着失去原始文化价值的危险；另一方面，由于缺乏科学有效的评估体系，文化资产的保护和传承工作往往缺乏科学性和针对性，导致资源分配不均和文化遗产的价值未能得到充分发挥。

（3）建立文化价值评估体系的意义。

①保护文化遗产。文化价值评估可以帮助评估文化遗产的重要性和价值，为文化遗产保护提供科学依据，避免因经济利益而破坏文化遗产。

②传承文化传统。通过评估传统技艺、民间文化等价值，可以引导社会对这些传统文化的传承和发展，促进其活力和传承。

③优化资源配置。文化价值评估可以帮助政府和企业优化资源配置，将更多的资源用于对文化资产的保护、传承和利用。

④促进文化产业发展。文化价值评估可以帮助文化产业更好地发展，吸引更多的投资和人才进入文化领域，推动文化产业的繁荣。

2.文化价值评估体系的内容

（1）定义和范围。

文化价值评估体系是对文化资产进行全面、综合、科学评估的一个体系，它涵盖了各类文化资产，包括文化遗产、艺术品、传统技艺、文学作品等。评估的重点不仅是经济价值，而且包括其历史、艺术、社会和文化等多方面的价值。

（2）评估目标。

①评估文化资产的历史和文化价值，了解其传承和保护的必要性；

②评估文化资产的艺术价值，了解其在艺术领域的地位和意义；

③评估文化资产的社会价值，了解其对社会的影响和作用；

④评估文化资产的经济价值，了解其在经济领域的潜在价值。

（3）评估内容。

①历史价值评估。对文化资产的历史来源、历史意义、历史传承等进行研究和评估，了解其在历史进程中的地位和作用。

②艺术价值评估。对文化资产的艺术表现、艺术风格、艺术价值等进行研究和评估，了解其在艺术领域的价值和影响。

③社会价值评估。对文化资产的社会认同、社会影响、社会传承等进行研究和评估，了解其对社会的作用和意义。

④经济价值评估。对文化资产的市场价值、经济效益等进行研究和评估，了解其在经济领域的潜在价值。

（4）评估方法。

文化价值评估体系采用多样化的评估方法，包括历史文献研究、专家评估、市场法评估、收益现值法评估、成本法评估等。这些方法相互协作，使得文化资产的价值从不同角度得到全面展现。

①历史文献研究。通过对历史文献、考古资料等进行研究，了解文化资产的历史价值和文化意义。

②专家评估。邀请相关领域的专家学者对文化资产进行评估，从专业角度评价其历史、艺术、科学和社会价值。

③市场法评估。对市场上类似文化资产的交易价格进行调查和对比，以市场交易反映的价格来评估其市场价值。

④收益现值法评估。适用于文化项目等长期投资，考虑时间价值，将未来的收益折算为现值，评估其经济效益。

⑤成本法评估。评估文化资产的生产和保护成本，以此来评估其成本效益。

(5)特点。

①综合性。文化价值评估体系从多个维度评估文化资产的价值，涵盖历史、艺术、经济、社会等方面，确保评估结果全面客观。

②针对性。文化价值评估体系根据不同类型的文化资产，采用不同的评估方法，确保评估的针对性和准确性。

③可比性。文化价值评估体系采用标准化的评估方法，使得不同文化资产的评估结果可比较，方便决策者做出科学决策。

④可操作性。文化价值评估体系注重实践操作，提供具体可行的评估方案，有助于指导文化资产的保护和利用工作。

⑤可持续性。文化价值评估体系强调文化资产的可持续发展，旨在通过评估为文化产业的可持续发展提供支撑。

综上所述，文化价值评估体系是保护、传承和利用文化资产的重要工具。通过对文化资产的多维度、多角度评估，可以更全面地认识和把握文化资产的历史、艺术、社会和经济价值，为文化产业的发展和文化遗产的保护与传承提供科学依据。在未来的发展中，我们应该进一步完善文化价值评估体系，推动其在实践中的应用，实现文化资产的保护与传承、促进文化产业的繁荣和社会文明的进步。

(二)建立文化价值评估体系的步骤

案例导入

截至2022年8月31日，贵州茅台(600519)总市值超过2.4万亿元，超过了苏州

2021年GDP数值(2.27万亿元),当然也远远超过了2021年贵州省的GDP数值。一家白酒企业的市值超过全国绝大部分城市的GDP,除了让人惊叹以外,白酒作为中国酒文化价值的重要组成部分是如何得到体现的呢?或者说,贵州茅台等白酒企业的市值数字背后有多少价值是白酒作为文化资产的直接体现呢?

白酒企业在我国经历了"量"和"质"的竞争以后,目前已经处于"品牌"竞争阶段。如表6—1所示,排名第一的贵州茅台和排名第二的五粮液的市值差距巨大,这其中很大一部分是品牌的价值所在。白酒企业要在竞争激烈的市场中获得优势,不仅需要强化自身的核心竞争力,更应该重视企业的品牌建设。尤其是在现代信息网络时代,品牌建设不仅是企业能否盈利的关键,而且是企业能否在市场竞争中生存的重要法则。

表6—1　　白酒企业市值排名

序号	代码	名称	市值(亿元)
1	600519	贵州茅台	24 169.25
2	000858	五粮液	6 489.66
3	600809	山西汾酒	3 574.82
4	000568	泸州老窖	3 446.52
5	002304	洋河股份	2 478.39
6	000596	古井贡酒	1 348.72
7	603369	今世缘	579.58
8	600702	舍得酒业	557.10
9	000799	酒鬼酒	484.99
10	603589	口子窖	303.30

注:数据截至2022年8月31日,根据市值大小排列。

那么,请同学们思考一个问题,既然白酒企业都有实施品牌战略和强化品牌建设的意愿,如果你作为一名白酒行业的顾问,需要为白酒行业在增加品牌价值和强化品牌建设方面提供建议,你会怎么做呢?首先,我们需要运用前文所学习的评估价值理论对如白酒等文化资产进行资产评估,从而得到白酒企业的无形资产价值,但这样是不够的,因为企业品牌的价值不仅仅受制于自身的无形资产,它还受到其他各方面的影响,比如市场地位、消费者忠诚度、社会文化习惯和区域独特习俗等都会对企业的品牌价值产生重要作用。因此,这就需要我们建立一个文化资产(本例中为白酒品牌)价值评估体系,它不仅能够体现我国的市场特殊性,而且能够适用于市场上同类型的竞争企业。

案例思考：

文化资产价值评估体系应该如何构建呢？

知识点阐述

接前述的白酒行业案例，假设你接手了一个构建白酒行业文化资产价值评估体系的任务，如何使构建的体系能够最大限度地贴近实际中的市场价值和反映实际的市场预期，这是评判一个价值评估体系好坏的标准。

如何正确构建文化资产价值评估体系，这不是一个容易回答的问题，因为不同的评估对象需要构建包含不同指标的价值评估体系，尤其是文化资产本身具有的巨大差异性无法给出一个放之四海而皆准的价值评估体系。但是，我们可以给出一个普遍适用的构建价值评估体系的流程模型，通过对这一流程模型的准确把握，使我们给出的文化资产价值评估体系具有普适性和贴近现实。例如，我们构建的白酒行业品牌价值评估体系不仅可以用来评估茅台、五粮液等大型酒企，也可以用来评估酒鬼酒、口子窖等小型酒企；而且根据价值评估体系最后得出的结果需要能够最大限度地拟合实际情况，否则说明构建的评估体系可能在指标的选取或者权重的赋值等方面是存在问题的，需要我们重新进行修改。

步骤一：明确文化资产评估对象。

文化资产评估对象是指文化企业无形资产的财产权益，或者特定无形资产组合的财产权益。文化资产通常包括著作权、专利权、专有技术、商标专用权、销售网络、客户关系、特许经营权、合同权益、域名和商誉等。表 6—2 引用了向勇(2015)关于文化资产价值评估对象的分类标准，由此可见，文化资产涵盖的范围很广，如何准确地归类文化资产是进行文化资产价值评估工作的第一步。

表 6—2　　文化资产的价值评估对象

序号	行业分类	文化产品
1	策划方案类	节庆策划方案、开幕式策划方案、展览策划方案、会议策划方案、旅游项目策划方案、娱乐项目策划方案、传统文化保护与开发策划方案、网络文化项目策划、体育赛事活动策划方案、教育培训方案等
2	广告创意类	LOGO 文案、广告内容创意文案、广告投放渠道与广告绩效提升策划方案、广告新技术应用方案、广告新媒体开发方案等

续表

序号	行业分类	文化产品
3	文学作品与影视、戏剧、美术创作文本类	小说、诗歌、小品、词曲、影视剧、戏剧脚本、舞美设计与美术作品等，广播、电视频道的策划等
4	工艺品与时装设计类	手工艺品设计、家具设计、珠宝设计、时装设计、工业包装设计等
5	建筑、装修设计方案	文化地产开发方案、住宅小区规划、室内装潢设计等
6	区域文化产业发展规划类	区域文化产业发展战略、区域历史与自然文化资源保护与开发规划、区域文化产业链规划、文化产业园区规划方案、区域文化产业集聚区规划、文化一条街规划、区域文化市场规划、区域品牌文化产品创建规划等
7	文化企业管理类	文化企业管理新理念，文化企业管理新技术，文化企业跨行业、跨区域与跨国发展战略，文化企业产品开发计划新产品策略，文化企业市场营销策划，文化企业品牌建设方案，文化企业投融资策略等
8	公共文化服务类	公共文化服务规划，公共文化服务的艺术品，公园、绿地、植物园、动物园和其他文化公园与休闲地带规划与创意，群众文化活动项目，广场演出，公共场所电子显示策划等

资料来源：向勇，《文化产业导论》，北京大学出版社2015年版。

步骤二：构建文化资产价值评估指标体系。

评估人员根据评估的对象和目的选取合适的指标对于构建指标体系非常重要，一般要求选取的指标能够客观和准确地反映评估对象的基本特征，而由这些相互关联的指标所组成的指标体系能够准确地反映评估对象各个维度的基本概况。

当然，现实中影响文化资产价值评估指标的因素有很多，比如评估对象的不同、评估者的知识储备和主观意愿、评估的目的和要求等。因此，这要求评估人员在选取具体的指标时，一定要本着科学和慎重的原则来对待。

基本评估指标的选取流程如下：首先，由评估者在研究现有大量的资料和文献基础上，根据自己对评估对象的了解程度和专业基础知识，初步筛选出一系列与当前文化资产相匹配的价值评估指标；其次，运用头脑风暴法，即邀请该领域内富有丰富理论和实践经验的专家对初步的指标集进行讨论和评分；最后，在与相关领域专家持续的意见反馈和不断调整后，最终确定评估指标集。我们以前文的白酒行业为例，来构建白酒行业品牌价值评估指标体系结构表，具体指标和不同层次的指标分类见表6—3。

表 6—3　　　　　　　　　白酒行业品牌价值评估指标体系结构表

一级指标	二级指标	指标属性（三级指标）		
市场价值	竞争者强度	持续性	影响力	覆盖率
	市场地位			
	公司品牌影响			
企业价值	财务健康程度	持续性	有效性	执行力
	公司成长性			
	无形资产价值			
	研发创新能力			
	产品宣传能力			
消费者价值	品牌知名度	持续性	有效性	感染力
	口味喜爱程度			
	心理满足程度			
	品牌忠诚度			
产品价值	资源独特性	独特性	人性化	创新性
	产品质量			
	包装设计			
	产品文化含量			

步骤三：制定文化资产价值评估指标评测依据表。

文化资产价值评估指标评测依据表是对三级指标体系进行评分的重要依据，不仅直接影响后续的赋值文化资产价值评估指标体系程序，而且其制定的科学程度和详细程度将会影响价值评估体系的有效性和实践性。表 6—4 是根据表 6—3 制定的白酒行业品牌价值评估指标评测依据表。

表 6—4　　白酒行业品牌价值评估指标评测依据表

一级指标	二级指标	持续性	影响力	区域性	评估标准
市场价值	竞争者强度	A. 持续性强 B. 持续性一般 C. 持续性弱	A. 影响力强 B. 影响力一般 C. 影响力弱	A. 范围广 B. 范围一般 C. 范围小	评估人员将依据 A、B、C 对应的分数值进行打分，A、B、C 对应分数值为：A 为 4～5 分（不包括 4 分）；B 为 3～4 分（不包括 3 分）；C 为 0～3 分；满分为 5 分，分数保留小数点后一位。
	市场地位	A. 持续性强 B. 持续性一般 C. 持续性弱	A. 影响力强 B. 影响力一般 C. 影响力弱	A. 范围广 B. 范围一般 C. 范围小	
	公司品牌影响	A. 持续性强 B. 持续性一般 C. 持续性弱	A. 影响力强 B. 影响力一般 C. 影响力弱	A. 范围广 B. 范围一般 C. 范围小	
一级指标	二级指标	持续性	有效性	执行力	
企业价值	财务健康程度	A. 持续性强 B. 持续性一般 C. 持续性弱	A. 有效性强 B. 有效性一般 C. 有效性弱	A. 执行力强 B. 执行力一般 C. 执行力弱	
	公司成长性	A. 持续性强 B. 持续性一般 C. 持续性弱	A. 有效性强 B. 有效性一般 C. 有效性弱	A. 执行力强 B. 执行力一般 C. 执行力弱	
	无形资产价值	A. 持续性强 B. 持续性一般 C. 持续性弱	A. 有效性强 B. 有效性一般 C. 有效性弱	A. 执行力强 B. 执行力一般 C. 执行力弱	
	研发创新能力	A. 持续性强 B. 持续性一般 C. 持续性弱	A. 有效性强 B. 有效性一般 C. 有效性弱	A. 执行力强 B. 执行力一般 C. 执行力弱	
	产品宣传能力	A. 持续性强 B. 持续性一般 C. 持续性弱	A. 有效性强 B. 有效性一般 C. 有效性弱	A. 执行力强 B. 执行力一般 C. 执行力弱	
一级指标	二级指标	持续性	有效性	感染力	
消费者价值	品牌知名度	A. 持续性强 B. 持续性一般 C. 持续性弱	A. 有效性强 B. 有效性一般 C. 有效性弱	A. 感染力强 B. 感染力一般 C. 感染力弱	
	口味喜爱程度	A. 持续性强 B. 持续性一般 C. 持续性弱	A. 有效性强 B. 有效性一般 C. 有效性弱	A. 感染力强 B. 感染力一般 C. 感染力弱	
	心理满足程度	A. 持续性强 B. 持续性一般 C. 持续性弱	A. 有效性强 B. 有效性一般 C. 有效性弱	A. 感染力强 B. 感染力一般 C. 感染力弱	
	品牌忠诚度	A. 持续性强 B. 持续性一般 C. 持续性弱	A. 有效性强 B. 有效性一般 C. 有效性弱	A. 感染力强 B. 感染力一般 C. 感染力弱	

续表

一级指标	二级指标	独特性	人性化	创新性	
产品价值	资源独特性	A. 独特性强 B. 独特性一般 C. 独特性弱	A. 程度深 B. 程度一般 C. 程度浅	A. 程度深 B. 程度一般 C. 程度浅	
	包装设计	A. 独特性强 B. 独特性一般 C. 独特性弱	D. 程度深 E. 程度一般 F. 程度浅	A. 程度深 B. 程度一般 C. 程度浅	
	产品文化含量	A. 独特性强 B. 独特性一般 C. 独特性弱	A. 程度深 B. 程度一般 C. 程度浅	A. 程度深 B. 程度一般 C. 程度浅	

步骤四:赋值并计算文化资产价值评估指标体系。

赋值包括评分和权重,评分是指在步骤三的基础上进行大范围的市场调研,以获得客观反映实际的市场评分,而权重是指该指标在整个价值评估体系中的重要程度,这是一个相对的概念,是该指标相对于其他指标而言,重要程度越深,该指标的权重系数也越大。

确定权重的方法可分为主观法和客观法,主观法是指根据相关领域的专家和评估人员的主观经验与认知来进行赋值;客观法是指不依赖于人的主观判断,而是根据指标的实际值经过一定的数学运算以后进行赋值,如变异系数法等,实际操作中两种方法综合运用居多。表 6—5 是白酒行业品牌价值评估指标赋值举例:

表 6—5　　白酒行业品牌价值评估指标赋值

一级指标	一级指标权重	二级指标	二级指标权重	指标属性	三级指标权重	三级指标评分	三级指标总分	二级指标总分	一级指标总分
市场价值	0.3	竞争者强度	0.3	持续性	0.3	3	3.4	3.19	
				影响力	0.4	4			
				覆盖率	0.3	3			
		市场地位	0.3	持续性	0.3	2	2.7		
				影响力	0.4	3			
				覆盖率	0.3	3			
		公司品牌影响	0.4	持续性	0.3	3	3.4		
				影响力	0.4	4			
				覆盖率	0.3	3			

续表

一级指标	一级指标权重	二级指标	二级指标权重	指标属性	三级指标权重	三级指标评分	三级指标总分	二级指标总分	一级指标总分
企业价值	0.2	财务健康程度	0.2	持续性	0.3	2	2.7	3.12	3.232
				有效性	0.3	3			
				执行力	0.4	3			
		公司成长性	0.2	持续性	0.3	3	2.9		
				有效性	0.3	4			
				执行力	0.4	2			
		无形资产价值	0.3	持续性	0.3	3	3.7		
				有效性	0.3	4			
				执行力	0.4	4			
		研发创新能力	0.1	持续性	0.3	4	2.9		
				有效性	0.3	3			
				执行力	0.4	2			
		产品宣传能力	0.2	持续性	0.3	3	3.0		
				有效性	0.3	3			
				执行力	0.4	3			
消费者价值	0.3	品牌知名度	0.3	持续性	0.3	4	4.0	3.25	
				有效性	0.4	4			
				感染力	0.3	4			
		口味喜爱程度	0.2	持续性	0.3	4	2.9		
				有效性	0.4	2			
				感染力	0.3	3			
		心理满足程度	0.3	持续性	0.3	4	2.9		
				有效性	0.4	2			
				感染力	0.3	3			
		品牌忠诚度	0.2	持续性	0.3	3	3.0		
				有效性	0.4	3			
				感染力	0.3	3			
产品价值	0.2	资源独特性	0.4	独特性	0.4	3	3.3	3.38	
				人性化	0.3	3			
				创新性	0.3	4			
		包装设计	0.2	独特性	0.4	2	2.3		
				人性化	0.3	2			
				创新性	0.3	3			
		产品文化含量	0.4	独特性	0.4	4	4.0		
				人性化	0.3	4			
				创新性	0.3	4			

步骤五：依据文化资产价值评估判定标准输出结论。

通过步骤四对文化资产价值评估体系表的赋值和计算，评估人员可以计算出结果得分，然后依据判定表得出结论，表6—6为白酒品牌价值评估判定表举例。

表 6—6　　白酒品牌价值评估判定表

序号	判定依据	结论
1	一级总评分≥4	优秀
2	4>一级总评分≥3	良好
3	3>一级总评分≥2	一般
4	一级总评分<2	较差

知识点应用和思考

针对文化价值进行评估，我们需要采用合适的评估方法并建立适用的评估体系。请问，文化价值评估方法和评估体系两者有什么区别和联系呢？

任务拓展实训

训练目标

（1）能够理解文化资产价值评估的内涵；

（2）掌握建立文化资产价值评估的方法和步骤。

训练内容

《花千骨》作为改编自网络小说的电视剧，一度火爆电视荧屏和社交媒体。原创小说描绘的仙侠人物和神话故事拥有几百万的粉丝，而这正是 IP 的价值基础。剧集火爆以后，众多游戏公司获得授权开发并出售《花千骨》，这是影视 IP 所体现的衍生品价值。

实际上，作为影视 IP 的鼻祖，好莱坞较早就将一些票房高、受观众欢迎的电影作品接二连三地创作续集，衍生出“系列电影”，而其中的故事内容和关键角色即可被称为 IP，围绕经典 IP 产生的商业价值，可以在不同领域进行反复开发。

因此，可以预见影视 IP 无论在国外还是在国内都是大有可为的趋势。随着影视基金和资本的持续介入，如何构建影视 IP 的价值评估体系就变得日益紧迫。那么，作为影视基金从业的评估人员，为了使公司能够准确估算某个影视 IP 的真实价值，或者说，从众多影视 IP 中为公司筛选真正值得投资的项目，你应该如何构建影视 IP 的价值评估指标体系呢？

项目七　文化项目投融资

【知识目标】

了解基于文化项目的投融资理论与主要国家的文化投资的发展概况；

理解项目融资及特征；

理解不同文化项目具有不同的现金流特征和投融资方式。

【能力目标】

通过对案例的分析，掌握文化项目投融资的具体操作；

针对不同的文化项目，能够设计和优化投融资。

【思政目标】

在课程讲解文化投融资对我国文化事业及精神文明的促进作用，突出文化投融资对解决我国社会发展中的主要矛盾的重要性(满足人民日益增长的物质文化需求)；

文化投融资对建设和实现新时代中国特色社会主义的重要意义。

【思维导图】

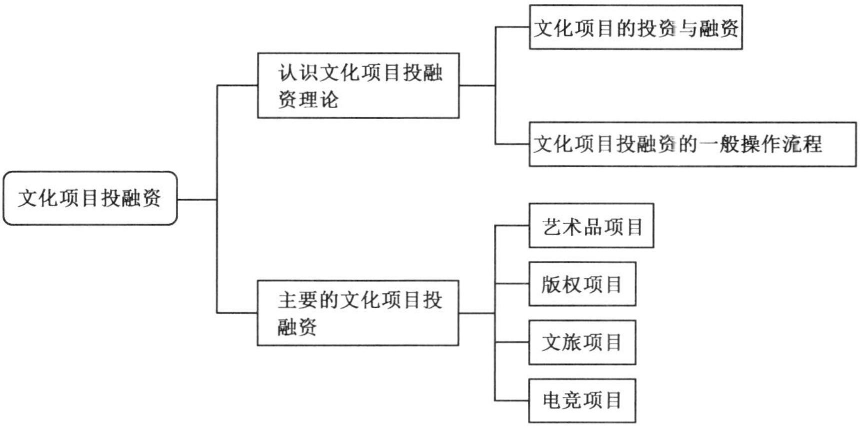

案例导入

上海迪士尼乐园项目与浦东的发展

上海迪士尼度假区项目是迄今中国最大的外商投资项目之一，也是华特迪士尼公司有史以来最大的海外投资项目。2016 年正式开幕以来，上海迪士尼度假区在浦东生根发芽、成功运营，也带动了周边全产业链的联动拓展。

上海迪士尼乐园占地面积约 1.16 平方公里，项目的初期投资包括投入主题乐园建设的约人民币 245 亿元(37 亿美元)及度假区其他部分建设的 45 亿元(7 亿美元)。华特迪士尼公司与上海申迪集团共同投资上海迪士尼度假区项目。作为协议的一部分，双方成立了一家业主公司，其中，申迪集团持股 57%、迪士尼持股余下的 43%。此外，再成立一家合资管理公司，迪士尼持股 70%、申迪集团持股 30%。此管理公司将负责度假区创意、发展和运营。

《上海迪士尼项目对经济社会发展带动效应评估》报告显示，迪士尼乐园开园首年(2016 年 6 月 16 日至 2017 年 6 月 15 日)，游客接待人数超过 1 100 万人次。2011—2016 年建设期间，项目固定资产投资对上海全市 GDP 年均拉动 0.44%，年均拉动新增就业 6.26 万人次。受迪士尼项目开园的带动影响，2016 年上海市旅游产业增加值比重增长，实现旅游业增加值 1 689.7 亿元，占 GDP 比重上升至 6.2%，旅游业增加值同比增长 6.9%。项目对上海市旅游接待总人次和旅游总收入带动显著。上海迪士尼乐园还带动了上海本土知名景点游客的上升，比如，东方明珠接待人数显著增加，达到 465.86 万人次，比 2015 年增加了 67.49 万人次，同比增长 16.9%。

采访花絮(一)：

本土化是上海迪士尼的一大特色。“我们非常高兴上海迪士尼度假区受到了游客的热烈欢迎。我们一开始就把‘原汁原味迪士尼，别具一格中国风’作为度假区的宗旨，这也是为了使我们能够很好地融入本地市场，与本地游客产生共鸣。我们设计了很多独具本土特色的演出服、‘留声上海’系列的商品，以及‘达菲和朋友们田园’系列商品等，都特意加以鲜明的中国元素和特色。所以，我们非常高兴能成为上海这座城市的一部分。”薛逸骏对第一财经记者表示。

据统计，上海国际旅游度假区开放两年，累计接待游客超过 3 400 万人次，即每年平均的游客量逾千万人次。2020 年是上海迪士尼乐园开业的第四个年头，四年来，上海国际度假区累计接待游客约 6 600 万人次，2019 年旅游产业总收入突破 100 亿元人民币，同比增长 17%，已然成为上海和全国重要的新兴旅游目的地。上海国际旅游度假区紧贴广大游客、市民旅游、休闲及娱乐需求，聚焦打造“休闲度假好去处”及“文旅融合发展示范区”目标任务，度假区运营总体安全有序，全域旅游态势初步形成，影视产业发展得以突破。

总而言之，上海浦东的川沙地区，这里为近郊，原本商旅配套甚少，但是经过多年谈判和筹划，迪士尼乐园落户，至此这片区域成为全国知名的旅游度假区之一，与之相关的商业、旅游文化、餐饮、交通和住宿等产业均得到了全面发展和极速提升。

上海迪士尼的项目投资背景——多年筹划，花落浦东

作为中国改革开放后首个获准进入中国市场的美国大型文化娱乐公司，华特迪士尼多年来在品牌产品营销、影视及互联网互动娱乐等领域与中方有广泛合作。1986 年，中央电视台与华特迪士尼公司签署许可协议，《米老鼠与唐老鸭》卡通片开始在中国播放。《米老鼠与唐老鸭》卡通片的热映，也让当时的上海市领导萌生了在上海兴建迪士尼乐园的想法。

当然，整个选址、谈判和筹划的过程是漫长的，至少有十多年。根据梳理公开资料和多方采访，第一财经记者了解到，20 世纪 90 年代，当上海决定营造主题公园的基本思路明朗化之后，华特迪士尼公司恰好也在亚洲四处寻找新建主题乐园的地点，在与上海方面接触的同时，迪士尼代表团还先后 6 次考察广东珠海，并对横琴岛表现出浓厚的兴趣。

“迪士尼方面对于选址是异常谨慎的。”一位核心专家曾经向第一财经记者透露，华特迪士尼公司在谈判上很有“技巧性”，其在确定最终选址之前并不会明确显示意图。

曾经有一位参与迪士尼乐园选址的管理层人士向第一财经记者这样描述：“我从青壮年一直谈判到了中年。因为迪士尼乐园不是一个简单的主题公园，而是涉及多方面元素和条件，需要全面考虑。”

曾经参与上海迪士尼度假区项目研究的一位专家表示，浦东为迪士尼建园所预留的土地等了多年，迪士尼在上海建乐园是经济和政策的综合产物，从宏观和微观上说，迪士尼进入上海都具备了条件。

采访花絮(二):

谈及上海迪士尼对于经济的拉动,薛逸骏对第一财经记者透露:“我们在浦东创造了12 000个直接就业岗位,每个直接就业岗位可以创造4～6个间接就业岗位。有很多人直接为上海迪士尼度假区提供服务。创造就业机会有助于经济发展和增长。此外,我们为上海带来了更多的游客,旅游消费不仅是发生在度假区,而且带动了附近的社区、酒店、餐厅和商店的发展,也惠及了上海全市,包括浦西和浦东。我们还带来了更高水平的服务和培训,通过技术和服务,满足本地服务行业的培训需求以及对未来消费者服务的需求。”

(资料来源:第一财经《浦东开放30年,上海迪士尼乐园拉动商旅文全面发展》;转引自新浪网:https://news.sina.com.cn/o/2020-11-13/doc-iiznctke1270073.shtml。)

案例思考:

(1)上海迪士尼的建设涉及哪些文化项目的投融资?请同学们简要举例说明。

(2)文化项目投融资过程中需要注意哪些方面?请同学们根据案例的提示进行举例说明。

(3)项目参与方采取了什么样的方式来力争项目的投融资达到预期目标?

分析提示:

文化项目的投融资尽管可以根据不同的内容进行分类,但这些不同的文化项目并非孤立的,在一个项目中可能涉及多个子项目,这意味着我们在进行项目管理中需要考虑到项目的外部性,从而综合考虑一个项目投资和融资可能带来的具体收益。

外部性又称溢出效应、外部影响、外差效应,或者外部效应、外部经济,是指一个人或一群人的行动和决策使另一个人或一群人受损或受益的情况。经济外部性是经济主体(包括厂商或个人)的经济活动对他人和社会造成的非市场化的影响。即社会成员(包括组织和个人)从事经济活动时,其成本与后果不完全由该行为人承担。分为正外部性(positive externality)和负外部性(negative externality)。正外部性是某个经济行为个体的活动使他人或社会受益,而受益者无须花费成本;负外部性是某个经济行为个体的活动使他人或社会受损,而造成负外部性的人却没有为此承担代价。

在进行项目投融资时,无论是项目的发起方还是其他参与方,都需要根据商业逻辑来进行评估项目的价值。

任务一　认识文化项目投融资理论

【任务描述】

通过对相关案例的分析，学生将了解文化项目投资与融资的概念、特征及差异。同时，掌握文化项目投融资的一般操作流程，包括市场调研、项目评估、投资决策、资金募集和项目实施等环节。在此过程中，学生还需要思考如何评估文化项目的价值和风险，以及如何根据项目需求制订合理的投融资计划。通过本项任务的学习，学生将为后续的文化项目投融资实践打下坚实的理论基础。

在任务一中，我们对项目投融资的基础理论进行了系统学习。具体来说，我们认识到，文化项目投资是将一定数量的资金或实物或其他相关的东西作为文化资本，投于文化产业领域内企业的新建或扩大再生产；文化资本投资的功能和目的也是实现增值或创造新价值。但是，文化项目投资形式与其他产业投资形式又有所不同，具有更广泛的多样性。项目融资作为一种特殊的资金筹集方式，是经济主体在金融市场的一种活动。任何一个经济主体都是为了某个特定目的而进入金融市场，而项目融资就是一种优势互补交易，融资方和投资方因互有优势而相辅相成。随着文化产业的发展，文化项目投融资在我国项目融资中的比重日益提升。

一、文化项目的投资与融资

案例导入

股票、房地产、艺术品被称为投资市场上的“三座金矿”，一向精明的刘益谦在完成财富的初始积累之后，也将目光盯在了艺术品市场上。据刘益谦回忆，1992 年当国内艺术品拍卖市场刚刚兴起后，他就开始介入艺术品收藏市场，1993 年起就在拍卖市场大量买入艺术品。

记者发现，在艺术品市场上，刘益谦绝对称得上是花钱最多的人。据了解，自 2009 年以来，国内艺术品拍卖市场上出现的珍品几乎都被他买下了，其中包括王羲之的《平安帖》、宋徽宗的《写生珍禽图》、吴彬的《十八应真图卷》、齐白石的《可惜无声册》、乾隆御制“水波云龙”宝座、乾隆青花“海水红彩龙纹如意耳葫芦瓶”等国宝级作品，数量与质量足以同很多国家博物馆媲美。另外，刘益谦收藏的当代艺术品也达数百件之多，包括沈嘉蔚等人的作品。据不完全统计，近20年来，刘益谦在艺术品拍卖市场上投入的资金至少有五六十亿元。

众所周知，艺术品拍卖圈历来是水深、潜规则多，以至于很多有钱人望而生畏，不敢轻易介入，生怕一不留神就充当了那个最后接盘的“傻瓜”。然而，刘益谦说他参与艺术品投资，他没有专业知识，他的优势是有钱。刘益谦透露，“只买贵的”是他在艺术品拍卖市场上的不变法宝。

记者发现，刘益谦除了是一位胆大心细的超级买家外，也是一位最会赚钱的收藏家。据了解，2005年刘益谦花500多万元接下的黄庭坚《砥柱铭》，2010年6月在保利春拍以4.368亿元成交，赚了4亿多元。2011年5月，在中国嘉德春拍以4.255亿元成交的齐白石《松柏高立图·篆书四言联》，让刘益谦一下子赚了4亿多元，而他当初买入价总计才不到2 000万元。

（资料来源：卢建波，《刘益谦：艺术品的生财之道》，《金融投资报》，2014年12月4日。）

知识点阐述

尽管投资和融资都与资金的使用相关，但组织者在参与经济活动中所处的地位不同，因此，在主导资本的使用中也会有不同的目的。

项目投资通常是指投资人通过一定的制度安排，将资本（资金或实际）投入某个项目中，其出发点是项目受益人，目的是在未来一定时期内获得价值增值和保值。因此，项目投资更注重项目的风险与收益之间的匹配，保障利益的实现。在项目投资中，投资者将会对文化项目的收益与风险进行评估，再根据自身的资本现状安排投资周期和投资规模以及相应的监督模式。因此，项目投资侧重于资本的利得，为此而让渡了资本的使用权。而投资者为了降低资本投资风险、防止资本使用方滥用资本，投资人会引入各种利益保护的制度安排。例如，在艺术品投资中，引入第三方评估机构和专家系统来确定投资品的价值，同时利用保险机构来规避可能产生的过高风险。

与项目投资不同，项目融资是由项目使用者组织发起，通过各种制度安排，在为投资人提供获利产品的同时，实现盈利目的的经济活动。项目融资的侧重点在于，通过一定的周期安排，为项目提供充足的资本。因此，项目融资在于资金募集，为此而让渡一定的项目收益。由于项目融资的组织者是资金使用方，因此为了避免资金出让方过多地干预资金的使用，通常会利用某种制度安排来避免融资者过度介入组织的经营。例如，在融资过程中，融资需求方会根据项目引入融资供给方参与项目的运行，保证融资供给者的知情权，但只是赋予有限的决策权（如一票否决权，但没有提议权）。

总而言之，项目投资的关键是风险与收益的匹配，而项目融资的关键是资金的募集与使用，由此产生了不同的制度安排、操作流程。

需要注意的是，项目投资和融资可能共存于一个项目中，只是项目参与者承担了不同的角色。一个项目，对投资者而言就是项目投资，而对资金需求方而言则是项目融资，他们会有不同的偏好。一个项目将通过投融资过程完成资金的融通，为完成项目而提供及配置相应的资本。

知识拓展

项目融资作为一个金融术语，迄今为止还没有一个准确的公认定义，国内外经济学界对其有着不同的理解。从广义上讲，项目融资是指为建设一个新项目、收购一个现有项目或对已有项目进行债务重组所进行的一切融资活动和方式，即"为了项目而融资"。欧洲即采用广义概念，一般把一切针对具体项目所安排的融资活动称为项目融资。从狭义上讲，项目融资仅指具有无追索权或有限追索权的融资活动，通常是以项目未来收益的资产为融资基础、由项目的参与各方分担风险的具有无追索权或有限追索权的特定融资方式。

文化项目的投融资目的在于价值的保值和增值，其基础是确定项目的价值和增值方式。通常来说，为了确定文化项目的价值，需要估计项目的现金流产出(项目的价值实现)，通过对现金流的估计，利用各种价值评估手段来获得文化项目的价值。

不同的文化项目其现金流产生的路径和方式不同，因此，确认文化项目的方式和手段也会做相应调整。以艺术品项目为例，艺术品为产生现金流可以通过展览、拍卖等形式来实现，价值评估者则根据现金流来估算艺术品的价值。这个过程可能涉及很多环节，如专家评估系统、收藏者需求以及生产者的供给等。而与艺术品项目不同，版权项目的现金流的产生和实现方式则更多地依赖于实际的市场需求(版权消费者的偏好)，如一部影视作品最终的票房收入、一部书籍的销售册数等。简言之，判断项目的现金流是评估文化项目的关键环节。

知识点应用和思考

(1)刘益谦透露，"只买贵的"是他在艺术品拍卖市场上的不变法宝。根据艺术品投资的原理，是什么让刘益谦有信心认为"只卖贵的"能让其在投资中获得成功?

(2)利用网络搜索更多有关刘益谦投资艺术品的信息，结合所学的知识点，分析刘益谦艺术品投资背后的经济逻辑。

二、文化项目投融资的一般操作流程

案例导入

小张是一位充满激情的创业者，他一直对文化产业有着浓厚的兴趣和独特的见解。最近，他发现了一个极具潜力的文化项目——打造一个以传统文化为主题的沉浸式体验园区。

小张首先对这个项目进行了深入的市场调研和分析，确定了项目的可行性和潜在收益。接着，他开始寻找投资伙伴。他通过各种渠道，如行业展会、网络平台等，结识了一些对文化项目感兴趣的投资人。

在与投资人的沟通中，小张详细介绍了项目的创意、市场前景、预期收益等方面的情况。投资人对这个项目表现出一定的兴趣，但同时提出了一些问题和疑虑。

为了解决投资人的问题，小张邀请了专业的市场调研机构对项目进行更为深入的分析和评估。市场调研机构通过对目标客户群体、竞争对手、市场趋势等方面的研究，为项目提供了详细的市场分析报告。

有了市场分析报告的支持，小张再次与投资人进行沟通。这次，投资人对项目的信心明显增强，他们开始讨论投资的具体方式和条件。

小张根据投资人的要求，制订了详细的投资方案。投资方案包括投资金额、股权比例、退出机制等方面的内容。投资人对投资方案进行了认真的审核和评估，最终决定投资这个项目。

在获得投资后，小张开始着手项目的实施。他组建了专业的项目团队，包括策划、设计、施工、运营等人员。项目团队按照预定的计划，稳步推进项目的建设。

在项目建设过程中，小张不断地与投资人保持沟通，及时汇报项目的进展情况和遇到的问题。投资人也积极为项目提供支持和建议，帮助项目顺利进行。

经过一段时间的努力，项目终于顺利建成并投入运营。项目的运营效果非常好，吸引了大量游客前来体验，因此收益也超出预期，投资人获得了丰厚的回报。

知识点阐述

我们在前文学习到，在进行项目投融资的活动中，需要遵循一定的操作规范。本节将主要介绍具体文化项目投融资的一般操作流程。

文化项目投资的一般操作流程见图 7—1：

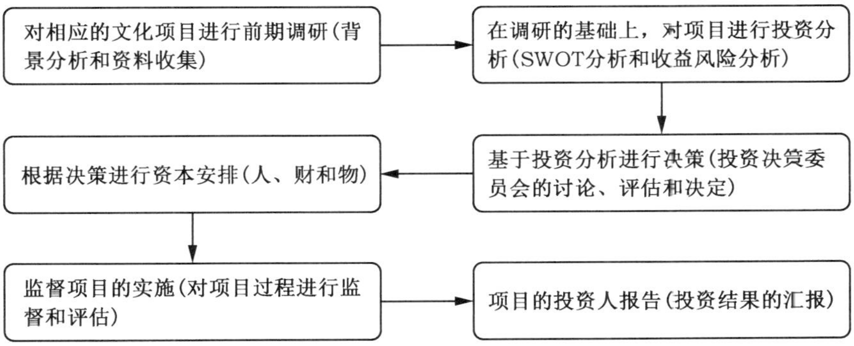

图 7—1　文化项目投资的一般操作流程

文化项目融资的一般操作流程见图 7—2：

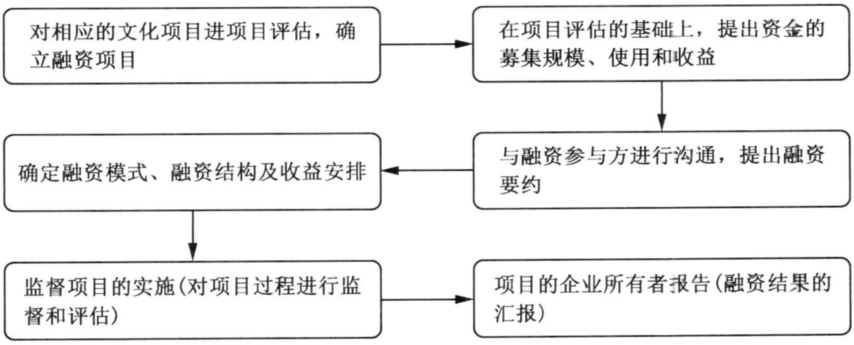

图 7—2　文化项目融资的一般操作流程

知识点应用和思考

假如你是一位投资者，正在考虑投资一个文化演出项目。请结合文化项目投资的一般操作流程，阐述你在进行投资决策时会考虑哪些因素？

在文化项目投资中，如何确保投资结果的汇报能够准确反映项目的实际情况和投资效益？

知识小百科

各国文化产业项目投资情况

各国都非常重视对文化产业的投资，通过多年的实践，各国在文化产业投资方面形成了各自的特色。

加拿大为了加大对文化产业的投入，努力扩大和占领文化市场。在连年削减联邦预算的情况下，却不断增加对文化产业项目的投入，比如为支持电影业发展，投资2亿加元建立了一个故事片生产和发行基金；对投资电影业的加国公司实行一定程度的减免税政策等。

法国政府非常重视对文化基础设施的建设，每年都拨出几十亿法郎用于兴建图书馆、博物馆、剧场等文化设施。这些资金先由政府拨给文化部，再由文化部分配给各施工项目。近年来，法国兴建了一批大型文化工程，如巴士底歌剧院、新国家图书馆、大卢浮宫扩建工程等。这些工程耗资巨大、施工时间长，比如新国家图书馆工程建设资金为80亿法郎，于1989年开工、1996年建成，工期为7年，每年均需十多亿法郎的投资。1999年，文化部用于文化基础设施建设的资金为35.43亿法郎。由此可见，文化设施的建设是法国最重要的文化产业项目。

印度政府通过给予优惠政策等方式，鼓励国内私人企业和财团投资文化企业项目，并取得了良好的效果。印度的新闻社、广播电台、报纸杂志，以及电影制作发行、图书发行、演出团体等主要文化产业部门都采用了官办、民办多种形式。例如，印度最大的通讯社——印度报业托拉斯就是一家私人机构，而在印度最有影响力的时报系、印度教徒报系、印度快报系等均由私人投资，这些报系不仅发行出版报纸杂志，而且涉足更广泛的文化产业领域。

美国文化产业的金融介入程度比较高，各个文化产业集团已经形成比较完善的融资体制，一些有实力的文化产业集团，如美国广播公司、哥伦比亚广播公司等，其背后都有金融资本的有力支撑，文化产业集团与金融集团互相渗透，互相参股、控股，两者之间建立了稳定的伙伴关系。

任务拓展实训

训练目标

（1）深入理解文化项目投资与融资的概念及差异；

(2)掌握文化项目投融资的一般操作流程；

(3)通过实际案例分析，提高对文化项目投融资的风险评估和决策能力。

训练内容

(1)选取一个文化项目案例，如艺术品展览、影视制作、文旅景区开发等；

(2)分析该项目的投资与融资需求，明确项目的可行性和潜在收益；

(3)根据项目需求，制订投资或融资计划，包括资金规模、资金来源、投资周期、收益预测等；

(4)模拟项目的投融资过程，进行风险评估和收益分析；

(5)撰写投融资计划书，阐述项目的背景、目标、操作流程、风险控制等内容。

训练反馈

(1)项目小组内部进行讨论和总结，反思在制订投融资计划过程中遇到的问题和解决方案；

(2)投资决策委员会成员对各项目小组的投融资计划书进行评估，并提出意见和建议；

(3)全体同学参与讨论，分享各自的经验和见解，共同提高对文化项目投融资的理解和实践能力。

实训结束后，请同学们填写情景模拟心得，包括在训练中的收获、遇到的困难、对文化项目投融资的新认识等。

任务二　主要的文化项目投融资

【任务描述】

任务二主要聚焦于文化项目投融资。学生通过对艺术品、版权、文旅、电竞等不同文化项目的案例分析，深入了解各项目投融资的特点和运作方式。在艺术品项目中，探讨价值评估和变现对投融资的重要性；在版权项目中，分析版权质押和证券化等融资方式；在文旅项目中，研究不同融资模式的应用及现金流的关键作用；在电竞项目中，关注粉丝经济和电子游戏对投融资的影响。通过这些学习，学生能够掌握不同文化项目投融资的要点和挑战，为实际操作提供指导。

一、艺术品项目

案例导入

职场新人小白所在的公司对某艺术品的信托计划有投资意愿，部门经理希望小白撰写一份项目投资计划作为公司的投资决策参考。为此，小白对该艺术品的信托计划进行了详尽的调查。通过对该艺术品信托的了解，小白对标的资产——某艺术家的作品——进行了专业的资产评估。根据信托计划的介绍，目前该艺术家在市场中具有很强的影响力，作品是收藏热点。香港苏富比拍卖公司近年来举行了该艺术家的多场专项拍卖，受到众多收藏家的追捧，交易活跃，作品持续升值，单项和总成交金额逐年攀升。香港多家银行接受该艺术家的艺术品作为抵押资产，而在近期艺术馆和博物馆组织的展览中，该艺术家的作品在艺术爱好者及参观者中也有很高的人气。

最终，小白给公司投资决策委员会提供了一份详尽的投资分析报告，认为该艺术品信托计划的底层资产具有较强的变现能力，流动性好，需求强劲，并具有很强的增值潜力。因此，该艺术品的信托计划有较强能力实现预期收益目标，投资风险相对较低。公司投委会对小白的报告给予了积极的肯定，最终同意了该艺术品项目的投资。

知识点阐述

从经济学的角度来看，投融资热潮瞄准艺术投资的原因就在于艺术品的增值特性。在经济稳步增长时期，较之股票、房地产等投资项目，艺术投资的风险更小。以齐白石的作品为例，20 世纪 80 年代，在文物商店购买其作品，一平尺只需 20 元左右，而改革开放 40 年后，其作品每平尺超过 10 万元，远远超过普通商品的增值幅度。同时代画家傅抱石、潘天寿和李可染等大师的作品情况也类似。收藏艺术品为投资者带来了巨大的回报，潜在投资价值可见一斑。

此外，作为一种特殊资本，“艺术资本”的存在、转化或传递具有隐蔽性和复杂性，它的实现正是资本通过各类艺术机构和金融机构的市场运作实现的。艺术品的价值不像一般物质产品那样随着使用次数和人数的增加而逐渐耗尽；相反，艺术品被使用的次数和人数越多，其内涵就越丰富、价值就越大。因此，市场是商品的价值交换的场所，通过市场交易是最好的价值发现手段。艺术品的价值增长潜力越大，对投资者的吸引力也越大，这奠定了艺术品作为投资标的的使用价值基础。

知识小百科

所谓艺术品项目投资，是将艺术品作为投资标的，通过明确产权关系和收益结构形成项目，实现资本保值增值的经济活动。

然而，从需求角度来看，艺术品的需求属于非刚性需求，这必然导致艺术品的需求弹性较大，增加投资风险。因此，当艺术品作为投资项目时，与普通的产业投资项目不同，为了完成对艺术品的投资，参与的中介机构更多，从而最大化降低艺术品投资带来的不确定性。通常对于艺术品投资，投资者会根据有资质的中介机构的评估（如艺术专家系统），通过某种购买机制实施投资（如拍卖），为了降低投资风险带来的损失，投资人还会对艺术品进行保险。

在对艺术品投资的同时，基于艺术品的融资也应运而生。资本的特点是不断地进行周转，通过价值的传递不断增值。在国外，艺术品质押贷款已经具有一套成熟体系，金融机构利用第三方价值评估手段，对相关的艺术品项目进行评估，利用大数据分析，以艺术品作为基础资产提供不同种类的融资产品；而艺术品的所有人则最大化利用艺术具有的投资属性，在保值增值的同时，优化所有者的现金流。

艺术品项目投融资的基础在于艺术品的估值，无论是过去还是现在、在中国还是西方，艺术品的估值都是艺术品投融资项目的核心和难点，因为估值的困难长期以来限制了艺术品（艺术资产）作为投融资标的在金融中的运用。一般来说，当下艺术资产评估的方法有四种：同类比较法、成本计算法、平均价格法和双重出售法。

同类比较法是通过将某件艺术品与市场上已有出售记录的同类及相似品质的艺术品进行比较来确定估价区间。成本计算法是根据物品的生产成本或创作成本来确定价值的估值方法。平均价格法采用平均计算法，其基础要求是已经拥有可供取样的艺术品数据库样本。艺术品的所有交易价格除以作品尺寸得到平均尺寸价格，目前这种方法是国内各种艺术品指数普遍采用的方法。双重出售法是一种完全样本配对法，只能使用重复出售作品的数据。用标准连续复利回报率公式测量一段时间内至少售出两次的绘画回报率。

无论这些评估方法如何，作为艺术品投入融资的相关方，更多的是关注艺术品的价值实现,基于变现能力来进行投融资决策。因此,艺术品的估值可以艺术品产生的现金流作为估值基础,同时结合其他的相关因素来决定。

一般来说,艺术产生现金流是通过两条路径来实现的:一是艺术品的审美需求实现,二是艺术品的产权交易需求实现。在审美需求实现中,现金流通常是通过展览产生的。大量参观者以购买门票等形式来支付参观费用(门票是一种形式,也可能是会员费等其他形式),通过估算一段时期的参观费用,可以获得艺术品的价值贴现。以某件艺术品的作品为例,其一个月的参观费用带来的净收入为 1 000 元,而当期的月利息率为 0.2%,则可以通过净收入/当期月利息率来获得净收入的贴现价值,即该艺术品的价值为 500 000 元。此外,也可以通过市场交易的方式来估算艺术品的价值。例如,2023 年 4 月 5 日,张大千的《花开十丈影参差》在香港苏富比以 2.5 亿港元成交,则该艺术品可以该拍卖价格进行估值。

张大千《花开十丈影参差》

泼墨泼彩金笺双摺屏风 1973 年作

花心:170×176 厘米

成交价:251 648 500 港元

成交时间:2023 年 4 月 5 日

图 7—3　艺术品信息

在国内,随着经济的发展和社会的进步,中国艺术品市场质押贷款服务项目也应运而生,2010 年 7 月,深圳某企业以一批苏绣作品作担保从中国建设银行获得 3 000 万元的融资额;9 月,潍坊银行投放了 262 万元国画作品质押贷款。南方文化产权交易所在与多家金融机构研讨的基础上,结合国内文化产业企业融资现状,利用文交所平台公信力、专家团队及资源整合,形成了"艺术品质押融资+承诺回购"的结构性质押融资方案,在当前市场现状对艺术品投资领域起到积极作用。

尽管艺术品项目的投融资在中国已有了一定发展，但仍处于起步阶段，无论是在政策法规还是相应的机构治理方面，都尚未完善。无论是艺术品投资还是艺术品融资，其难点都在于质押物艺术品的鉴定和估值，以及其鉴定和评估结果的认可度。尽管艺术品收藏在中国源远流长，但基于现代市场经济的艺术品交易市场是在改革开放后才开始的，与市场相适应的投融资环境不健全。以艺术品的质押融资为例，尽管艺术品作为一个项目非常清晰，但是，其具有的价值无法通过常规的评估手段（如财务审计）进行估值。这与欧美成熟的艺术品融资体系形成了鲜明的对比。实际业务中，作为融资项目的资金提供方之一的银行缺乏艺术品评估方面的专业人士，而市场也没有被一致认可的第三方权威鉴定和评估机构，导致艺术品质押贷款难以全面展开。在实际的业务开展中，艺术品质押融资往往会通过第三方担保与承诺回购的方式来放款，这在某种程度上否定了艺术品本身所具有的价值，而只是一个形式的抵押物。与房产抵押不同，这种所谓的艺术品抵押在出现融资人违约的情况下，艺术品不具有变现能力。

艺术品项目融资中，艺术信托也是一种主要的融资方式。信托制度起源于英国，从诞生至今已有几个世纪的历史，当前信托理财成为继股票、基金、保险之外的又一重要投资标的，是中国艺术品资本市场极为重要的组成部分。以艺术品作为投资标的的信托，分为结构型艺术品信托和管理型（非结构型）艺术品信托两种。结构型艺术品信托将受益人分为两层：优先受益人主要是投资者，收益是固定的；次级受益人主要是投资顾问，其收益取决于艺术投资的最终回报。管理型艺术品信托受益人不分层，共同享有艺术投资的回报。因此，管理型艺术品信托是真正能令投资者享有由艺术品增值而获得的收益。

此外，艺术品基金的运作方式与其他基金的运作方式具有相似性，一般是由基金经理人负责募集资金，同时聘请专门的艺术品专家指导投资。艺术品投资基金是以投资艺术品为目的，将艺术品视为衍生性金融商品操作，具有收益性功能和增值潜能的特点。艺术品基金是由专业的基金管理公司负责募集资金，并通过多种艺术品类组合或者单一艺术品类组合的投资方式，以达到最终实现较高收益的目的。具体来说，艺术品基金是银行等金融机构根据基金的总额及客户的需要，制订不同的投资计划、形成专门的艺术品投资基金，并且依托专业的艺术品经营机构来运作，包括艺术史家、艺术家、策展人、鉴定家、艺术机构和艺术顾问公司等在内的机构，在众多投资艺术品里进行筛选、价值评估和投资指导，为客户寻找优秀的、有潜力的艺术品，共同把握基金的投资方向。基金公司与艺术品拍卖公司形成互动，以资产配置的理念进行投资架构。

知识点应用和思考

(1)在艺术品的投融资中,为什么价值评估非常重要?

(2)艺术品的变现如何影响艺术品项目的投融资?

(3)在艺术品抵押中,承诺回购如何增强融资标的的信用度?

二、版权项目

案例导入

在文化创意产业蓬勃发展的今天,版权的经济价值日益凸显,但版权项目投融资难题长期制约着文创产业的高质量发展。"2024年度成银蓉城知识产权(版权)第一期定向资产支持票据"(以下简称"成银版权ABN一期")的成功发行,为破解这一困局提供了新思路。它开创性地以版权为底层资产,通过结构化设计与金融创新,将原本难以估值、流通的版权转化为低成本的直接融资渠道,帮助文创企业盘活无形资产。这一项目不仅实现了文创产业与金融的深度融合,而且为版权项目投融资市场提供了新动力,激励更多金融机构和文创企业探索版权价值的释放路径,推动版权经济迈向新高度。

据报道,2024年,在成都市委宣传部、中国银行间市场交易商协会的指导下,在申万宏源证券的专业支持下,12月19日,由成都银行承销的"成银版权ABN一期"成功发行。这是全国首个底层资产全部为版权的ABN项目,首期发行规模1亿元,优先级发行利率2.1%,创全国ABN票面利率新低。该产品通过激活版权资源,帮助文创企业获得成本更低的直接融资,目前9家企业的影视、软件等版权资产进入底层资产包。

近年来,成都银行投资银行部在交易商协会的创新产品框架内,不断寻求开发具有差异化和成都特色的债务融资工具,实现了版权资产的证券化。此次"成银版权ABN一期"项目,实现了文化创意产业与金融服务的紧密结合,形成了具有成都特色的"文创+金融"创新模式。这一模式不仅促进了成都在文化领域的金融创新,而且为成都朝着建设世界文化名城的目标迈进提供了有力的支持。

"唤醒"沉睡版权ABN首开先河

然而,长期以来,版权的评估、质押和流通存在较大的不确定性,影响了其作为融资工具的吸引力和可行性,如何唤醒"沉睡"版权资产,更好地为文创产业"造血"?

"我们从去年开始尝试探索版权ABN产品,一步一步解决其中的难题,"成都银行相关负责人介绍，“ABN(Asset-backed Notes)是指资产支持票据，是一种在银行间市场发行的债务融资工具。发行底层资产为全版权的 ABN 项目，面临评估难、市场认可度低、流动性差等挑战，成都银行从注册到发行、底层资产的筛选、版权资产管理等方面，都做了全面的设计，最终 9 家重点版权文创企业加入资产包，1 300 余件版权参与评估，涵盖影视、家具、游戏、短视频交易、通信等行业，成功推出‘成银版权 ABN 一期’。”

“成银版权 ABN 一期”不仅是全国首个底层资产全部为版权的 ABN 项目，而且是西部地区首单知识产权 ABN 项目。该产品通过结构化设计，借助银行公信力助力企业无形资产的价值确认，协助文创企业盘活版权资产，通过 ABN 实现成本更低的直接融资。

先行先试 特色化文创金融服务

首开版权 ABN 先河，离不开成都银行在文创金融领域的长期探索、积累与耕耘。

早在 2018 年，成都银行就大胆拓路、先行先试，率先在中西部设立首家文创专营支行，联动政府、专业担保公司，加强“政银担”合作纵深，创新推出“文创通”金融产品。据统计，截至 2024 年 9 月末，成都银行“文创通”贷款产品已累计支持企业超 800 户次，信贷额度超 41 亿元。

多年来，成都银行在文创金融领域不断探索，“文创＋金融”深度融合不断拓展，从“文创通”到版权 ABN 落地，逐渐走出一条差异化、特色化的文创金融服务道路，为优质文创企业提供了更丰富的融资渠道，带来了更好的发展机会。

成都银行的相关负责人表示：“未来成都银行将继续致力于直接融资市场的创新产品开发，提升债券直融服务质效，深化对文创金融服务的探索，加强与优秀文创企业的沟通合作。我们立志成为西部地区一流银行，不断扩大文创金融的合作网络，增强成都文创金融生态的建设，为成都打造世界文化名城贡献稳定的金融支持。”

（资料来源：颜雪，《全国首创！成都版权 ABN 成功发行，首期金额 1 亿元》，红星新闻网，2024 年 12 月 20 日；转引自国家版权局 https://www.ncac.gov.cn/xxfb/yjdt/202412/t20241224_878421.html。）

知识点阐述

版权作为重要的资产，越来越受到资金的关注。目前，版权项目如影视剧产业的投融资规模逐年扩大，资金来源日趋多元化，行业外实业资金也相继涌入，逐步形成了国有资本、民营资本和海外资本多主体投资框架，依靠单纯资金制作的影片比例越来越小。除了传统的影视产业自有资金、政府资金、银行资金、广告资金和私募基金外，还出现了行业内资金和行业外实业资金。

需要注意的是，文化产业版权项目是一种资金密集型产业，尤其是影视剧产业，从制作环节到发行环节，再到放映环节都需要大量资金支持。与传统制造业不同，文化产业的资产结构中，应收账款和存货项目的比重较高，这两项往往占用大量资金；而固定资产则比重较低，实际上多数企业根本没有资产。所以，虽然文化企业未来可能很有价值，但是，一旦它的融资出现风险，投资方就很难兜底，文化企业这种轻资产甚至没有资产的现象，使得像银行这样的金融机构很难深度介入这个领域。从运营角度来看，文化产业更依赖以版权、品牌和主创团队为代表的无形资产，这种轻资产运营的特点，也是文化创意产业的共性，因此文化产业融资模式不能一味照搬传统制造业的融资模式，而是应该充分结合文化产业的特殊情况。

以影视版权项目为例。我国电影产业长期以来面临着融资难问题，这一方面是因为电影业融资的风险大、周期长；另一方面，银行等金融机构在提供贷款时，均要求企业提供相应的担保，而由于电影企业的资产是以著作权等知识产权为主，在缺乏专业的知识产权价值评估、流转、担保体系的背景下，依靠电影著作权进行质押融资时往往就会陷入困境。然而，随着市场的不断深化，影视版权所具有的融资属性也逐渐被接受，比如国内首例规模较大，且没有固定资产抵押和担保机构提供担保，在以著作权作为质押融资标的的电影《集结号》中，华谊兄弟获得了招商银行 5 000 万元的贷款。

为了通过版权进行融资，市场展开了多种方式的探索，影视版权证券化就是其中之一。影视版权证券化是指影视公司将影视版权的未来收益或其他基于该版权的相关衍生品的收益权打包成一个基础资产，将该资产“真实销售”给一个特殊目的载体SPV，SPV 对基础资产中的收益要素和风险因素进行重构与隔离，随后由 SPV 发行以该基础资产的未来现金流为支撑的证券，影视公司通过从 SPV 处获得投资者购买证券的对价来实现融资目的。影视版权证券化的基础资产并非影视版权本身，而是版权产生的现金流。版权是发起人实现融资的依据，证券化的直接目的是获得融资，根本目的是开发利用版权以获得更大的收益。

影视版权证券化的主要运作流程是：版权所有者作为发起人将版权未来收益权真实销售给 SPV、SPV 建立资产池、信用评级、信用增级、SPV 发行证券、产品完工后托管人资产管理、托管人向投资者支付本息。版权证券化是知识产权证券化的应用，版权证券化不仅能够吸引大量的投资者进入文化产品融资领域，而且能倒逼版权保护机制的强化，以推动版权市场化进程。

版权质押是银行贷款的一种方式：即将影视剧版权作为质押标的物，向银行申请贷款融资，如果影视公司到期无法还本付息，银行就可以将质押的电影版权折价或拍卖、变卖，银行作为质权人对所得价款优先受偿。这里的版权只针对版权中的财产权，实际上，质押的是版权在未来期间内所获得的收益权。另外，对于银行来说，版权价值的评估有一定困难，削弱了商业银行进行风险评估和风险控制的重要指标：质押率＝贷款金额÷质押物估值。当银行愿意承担的风险程度为既定值，即质押率既定的情况下，质押版权的估值与贷款金额成正比，可见，版权估值也与贷款规模直接相关。然而，版权的估值在当下中国还是一个难点。电影版权本质上是权利束的集合，电影版权价值除了票房外，还包括音像、电视台等发行窗口的价值，以及衍生产品的价值，因此对影视类版权的评估是一个系统工程，需要一套完整的版权评估体系，国内目前还没有权威的版权评估机构，系统化、标准化的版权评估体系也有待建立。盗版问题的存在也使得版权价值变得不易把握。

不论通过哪种方式进行版权项目的投融资，与文化品项目的投融资一样，都需要对版权进行估值。就影视版权项目而言，最终将体现在票房收入及相关的周边带来的收益，如广告等。由于产生的现金流来源不同，因此，对于参与影视项目的投资者会有不同的收益分配机制。在影视版权投融资当中，初始投资是对票房分成获得投资回报，其往往具有很大的不确定性，而对参与宣传发行的融资提供者，则往往是获得固定收益，因为在宣发过程中，其具有的收益（如广告）比较确定，风险较小。

版权交易市场目前运作还不是很成熟，版权交易市场并不畅通，使得版权变现困难重重，如果质押版权的电影项目未能完工，那么版权的变现将难上加难。影视产品版权的归属如果有争议，也会影响版权质押的有效性，因为目前还没有成熟统一的版权公示体系，版权权利界限不清，如果出现“一物二卖”等权利瑕疵，将会给银行带来贷款风险。鉴于版权变现困难，银行作为质权人的权益无法充分兑现，导致质押贷款往往成了信用贷款，银行承担过多风险，银行不能像传统质押贷款一样，就质押标的物折价或者拍卖、变卖。目前，银行为了控制项目风险，通常会要求影视公司的实际控制人以其个人财产为电影项目提供连带担保，迫使高管拿个人财产承担无限连带责任。例如，华谊兄弟的《夜宴》《集结号》以及保利博纳的《十月围城》《白发魔女》等都是版权质押，总裁无限连带责任保证；也有用房产抵押或第三方担保公司提供担保的，如《夜宴》就包含了中国出口信用保险公司的担保。

知识点应用和思考

在版权项目融资中，资金出借方为什么在版权质押的情况下还要求“个人连带无限责任”的信贷担保方式？（提示：可以通过网上资源搜索了解《集结号》中是否存在“个人连带无限责任”的信贷担保方式。）

三、文旅项目

案例导入

2018年12月27日，宋城演艺发布公告称，佛山千古情项目运营由轻转重，同时首期投资10亿元建设西塘项目。近两年以“轻资产输出”为关键词的宋城演艺转而重金投资重资产项目，同期还有张家界、上海等多个重资产项目同步推进。业内专家指出，多项目密集落地，宋城演艺正面临不小的工程压力和资金需要。

由于多个重资产项目上马，宋城演艺为获得资金支持，2017年3月，宋城演艺拟非公开发行股票，募资总额40.17亿元，6月又将募资金额调整为39.56亿元，称将用于建设澳大利亚项目、张家界项目和上海项目等。但在披露方案8个月后，宋城演艺在2017年12月宣布终止非公开发行股票事项。随后，宋城演艺方面表示，澳大利亚、西安等公告中的项目依然在稳步推进，并未受到股市融资受阻的影响。

定增终止，宋城演艺在多次公告中提到自有资金。12月17日，宋城演艺在接收机构调研时表示，目前宋城没有贷款，自有资金和银行授信充足，能满足现有项目的陆续开业。另外，如果出于战略发展需要，公司可动用的融资手段非常丰富，比如门票经营权等。

此外，宋城演艺还在2018年6月计划转让六间房股权，获得的利润预计将超过宋城演艺2017年净利润的50%。宋城演艺公告称，重组后，六间房将不再作为宋城演艺的并表子公司。此外，为优化股权结构，宋城演艺还计划向外转让部分六间房股权。在宋城演艺近三年的业绩中，互联网演艺业务即六间房平台始终扮演着重要角色。在本次交易中，六间房整体估值达到34亿元，较2015年身价再度上涨。

（资料来源：王胜男，《宋城演艺再投重资产项目六项目同步建设资金超50亿》，《新京报》，2018年12月28日；https://baijiahao.baidu.com/s?id=1621102710923767574&wfr=spider&for=pc。）

知识点阐述

基于项目投融资的文化旅游是指以文化为内容的旅游产品，文化内容包括手工艺、语言、艺术和音乐、建筑、对旅游目的地的感悟、古迹、节庆活动、遗产资源、技术、宗教、教育等。它通过提供这些内容来满足旅游者的消费需求而实现价值。随着我国人民生活水平的不断提高，对于文化旅游的需求日益增长，逐渐形成了一个相对独立的文旅产业。这种发展趋势让大量的资本和经济组织挖掘其中的商机,也吸引了政府及相关部门和企事业单位的参与。

从具体实践来看,文旅产业相关的政策性资金涉及旅游、文化、康养、历史街区改造、棚户区和安居工程,以及公路、铁路、民航、电信、生态、水利等基础设施建设,可争取的国家相关资金较多,应多维度梳理、集中整合、综合利用。可争取的政策性资金主要包括以下几个方面:一是列入国债、地方债、绿色金融债的文旅及相关基础设施项目资金;二是各级各类政府性基金,包括基础设施和旅游发展等基金;三是专项建设资金(基金),包括相关文旅基础设施、棚改、扶贫等资金;四是中央和地方政府预算内投资,包括历史文化名城和街区、国家自然遗产地和国家公园体制试点项目、重点景区、红色旅游地等的基础设施建设;五是财政 PPP 项目支持;六是以国家开发银行为主的国家政策性银行贷款。具体来说,有以下几种具体模式:

(1)银行信贷融资模式。这是文化旅游项目投融资常见的模式之一,但随着国内文化旅游相关主管部门对项目审批严格程度的提高,目前国内银行、信托等金融机构对文化旅游项目融资的审批和要求也较以往有了提高。并且这种融资使得项目每年要背负较大的还本付息压力,目前这种投融资模式的使用频次在逐渐降低。

(2)上市融资模式。这种投融资模式一方面可以使企业获得大量资金,另一方面也可以使企业无须承担巨大的还本付息压力。并且,通过上市融资模式还能扩大项目的知名度和影响力。但是,该种投融资模式也存在着审批程序长、上市要求严格、容易受资本市场情绪影响等弊端。

(3)PE 融资模式。这种投融资模式可以使企业短期内快速获得所需资金。但是,PE 投资形式多以股权形式存在,除非项目经营情况较好,PE 才会维持其投资强度,否则,一旦发现项目出现问题,PE 可能随时中断资金供应或者获得相应回报率之后就撤出投资,这会对项目的可持续发展造成一定的影响。

(4)PPP 融资模式。这种投融资模式正日益成为文化旅游项目主要的投融资模式。对于政府而言,降低了政府的投资强度,有利于缓解地方政府财政压力;对于企业而言,由于有政府的支持,故有利于项目的开展;政府和企业各司其职,有利于整个项目效率的提高。

(5)债券融资和资产证券化融资(ABS)。一方面,大力发展传统的债券融资,主要包括相关国债、地方债、绿色债券等政策性债券支持,企业债、公司债、各类债务融资工具等债务融资;另一方面,积极推进权属明确、能够产生可预期现金流的文旅相关资产开展证券化融资。以相关土地收益权、门票收费权、商业物业租金、公共事业收费权、相关路桥收费权、文旅企业应收账款等为标的寻求信托、租赁等非银行金融机构发行资产支持证券,为文旅项目和园区融资。

无论以何种方式对文旅项目进行投融资，其关键均在于项目所产生的现金流。对现金流的分析，决定了企业和相关组织利用何种方式来参与开发。

通常来说，文旅项目的现金流来自两方面：一是项目本身直接产生的现金流，如景点园区等的门票收入；二是由文旅项目衍生出来的现金流，如房产开发带来的溢价、租金收入、景区消费和广告周边等产品与服务收入。此外，还有一种收益可以带来现金流，但它是由文旅项目的外部经济带来的，项目直接开发者可能无法获得，如文旅项目给地方带来的税收增加、土地收入增加、所在区域或者其他相关区域带来的商机产生的收益。例如，上海迪士尼项目的开发，不仅给项目开发者带来了丰厚的收益，而且让周边的居民及商家获得了外部性收益。

正是文旅项目具有的外部性收益，在开发过程中，政府等公共管理部门的参与非常普遍，PPP 的开发模式被经常利用，项目获得公共资源支持也非常普遍。

此外，现金流的产生方式不同也决定了文旅项目可能使用的投融资方式。从文化旅游产业项目全生命周期来看，在建设期，在没有经营型现金流的情况下，其投融资策略可能要以股权融资和项目贷款为主；在运营初期和市场培育期，最好是以流动资金贷款为主，这种方式可以不稀释原始股东的权益；在项目成熟期，这个时候现金流充沛和稳定的情况下，就要以流动资金贷款和资产证券化方式为主来解决运行的资金所需和迭代投资的资金所需。另外，资产证券化可以实现轻资产运营，提升净资产收益率(ROE)，比较快速地拉升股价，让投资人获得股票差价的收益。

知识点应用和思考

(1)文旅项目的融资模式主要有哪些？

(2)宋城演艺使用了哪种融资模式？

四、电竞项目

案例导入

2021 年 1 月 14 日，哔哩哔哩电竞已经完成首轮 1.8 亿元人民币的融资。此次融资由浙江创想文化基金领投，天府文投和博瑞传播跟投。博瑞传播公告显示，博瑞传播投资哔哩哔哩电竞 5 000 万元，持股 6.02%。哔哩哔哩电竞首次在公开市场进行融资。按照本轮投资比例估计，哔哩哔哩电竞现时的估值为 8.3 亿元。哔哩哔哩电竞拥有英雄联盟、守望先锋等多个项目电竞战队，已构建以俱乐部、赛事运营及制播、艺人经纪和赛事主场为核心的业务闭环生态。

2022 年 8 月 23 日，国内头部电竞俱乐部成都 AG 超玩会完成数千万元 A 轮融资，瑞壹投资领投该轮，上海市信息投资股份有限公司跟投。AG 超玩会 2016 年诞生于四川成都，旗下拥有王者荣耀、王者模拟战、英雄联盟、QQ 飞车、和平精英五大竞技项目。以“心怀荣耀，勇往直前”作为战队口号的 AG 超玩会在成立之初就一直致力于冠军追求，曾在 2016—2017 年两度获得 KPL 职业联赛亚军，在 KPL 创办之初就积累了极高的粉丝人气，培养打造了梦泪、老帅、一诺等无数高人气职业选手。电竞产业未来一定是线上线下结合紧密的产业，优质的项目会在两方面结合催生出强大的商业转化力。AG 是国内历史最悠久、影响力最广的电竞俱乐部品牌之一，团队在竞赛席位、战队能力、粉丝运营、商业开发等各方面有着良好的表现，使得电竞 IP 与传统产业产生更多的互动，打造出“电竞＋”的商业化生态。

知识点阐述

电子竞技(electronic sports)简称“电竞”。作为电子游戏比赛达到“竞技”层面的体育项目，电竞也是一种职业，同棋艺等非电子游戏比赛类似，是利用电子设备作为运动器械进行的、人与人之间的智力和体力结合的比拼。通过电子竞技，可以锻炼和提高参与者的思维能力、反应能力、四肢协调能力和意志力，培养团队精神。国家政策也不断扶持电竞产业，2016 年，国家发展改革委明确指出：在做好知识产权保护和对青少年引导的前提下，以企业为主体，举办全国性或国际性电子竞技游戏赛事活动；教育部开始将“电子竞技“增补为专业；国家体育总局发布的《体育产业发展“十三五”规划》中也将电竞作为具有消费引领性的健身休闲项目重点。

电竞项目通常是指以电竞赛事为核心，基于某项目电子游戏为赛事内容，由赛事承办商组织，电竞俱乐部参与，吸引大量电竞观众关注，利用直播平台扩大影响的综合性文化项目，并涉及周边开发和广告赞助等市场活动。它借助于互联网和信息技术手段，将游戏经济、数字经济、粉丝经济和直播经济等信息时代的新经济形式结合起来，形成了新的价值增长点。2017 年，文化部印发《文化部“十三五”时期文化产业发展规划》，将指导行业协会举办游戏游艺竞技赛事作为文化产业升级的重要任务之一，将电子竞技列为促进游戏业发展的重要创新业态。

由于电竞产业被社会和市场认可，各种相关的电子游戏被资本关注和投资，因此其成为数字经济时代重要的投资热点。尤其是在新冠疫情防控期间，在体育等产业经济萎靡的情况下，得益于线上属性，电竞仍享受着宅家经济带来的红利。不仅如此，在

“电竞入亚”的体育化发展趋势下，以及区块链、NFT 等新兴技术在电竞行业的驱动、融合，使电竞行业的生态规模进一步得到延展。此外，随着电竞行业的快速发展，涌入的资本也越来越趋向多元化，除了游戏产业资本、创投以外，还有硬件公司、电商、社交平台、传统体育俱乐部等也纷纷进入这一领域。比如，阿里巴巴、京东、苏宁、华硕、B 站、滔搏运动等。虽然各投资方的目的不尽相同，但是对电子竞技前景是一致看好的。

电竞项目的主要现金流来自电竞赛事的门票收入，以及通过赛事承办带来的相关收入，此外还包括赛事相关的周边及广告收入。随着粉丝经济和直播经济的发展，电竞项目所具有的现金流收入更为多元化，这意味着需要更开阔的视野和更丰富的手段来估算电竞项目可能带来的收入。

电竞项目与其内容电子游戏有着密切相关的联系，电子游戏具有的游戏群体往往对电竞项目的收益起到关键作用，大量电竞项目的成功往往依赖于电子游戏的市场规模。以 KPL 赛事为例，王者荣耀的成功使得 KPL 赛事具有相当数量的用户群体，这为相关的电竞项目提供了巨大的市场前景和潜在消费者。依托于成功的电子游戏，大量的电竞项目获得了投资者的关注，也为电竞项目的开发者提供了巨大的融资资源。

知识点应用和思考

（1）粉丝经济和直播经济如何影响电竞项目的投融资？

（2）作为电竞项目的基础，电子游戏如何影响电竞项目的投融资？（提示：可以通过网络资源分析英雄联盟、王者荣耀等电子游戏对电竞的影响，如用户数、周边开发、广告赞助等指标在投融资中的作用。）

任务拓展实训

训练目标

（1）了解文化项目投融资的流程；

（2）理解文化项目的现金流的分析是投融资的估值基础；

（3）理解不同的现金流收入特征决定了项目可能使用的投融资模式。

训练内容

选取前文四种文化项目之一作为训练主题。

某文化公司的项目小组需要为公司提供一份某文化项目的投融资计划书，提交公司投资决策委员进行讨论和决策。

请同学们仔细阅读实训指南。

学生实训指南	
1	由4～5位同学组成一个项目小组，其中一人为项目经理。
2	项目经理为项目成员分配任务，并最终负责形成投融资计划书(可以是融资计划书，或者投资计划书)。
3	由指导教师遴选4～5位非项目小组的同学作为投资决策委员会成员，评估投融资计划书，给出意见及最终的决定。

训练反馈

实训结束后，请同学们填写心得。

项目八　文化投融资模式

【知识目标】

了解不同文化投融资模式的定义和内涵，包括地产主导模式、内容创意模式、资源推动模式、“渠道为王”模式、互联网流量模式和产业链生态模式；

掌握各种文化投融资模式的特点和内容，如地产主导模式的开发主体和融资渠道，内容创意模式的创意基金投资和版权运营融资等；

认识不同文化投融资模式的案例，如“东郊记忆”的地产主导模式、《流浪地球》的内容创意模式、“印象・刘三姐”的资源推动模式等。

【能力目标】

能够分析不同文化投融资模式的优势和风险，如自筹模式的投融资风险较大但可独享收益，合作模式的风险共担、收益共享等；

具备运用不同文化投融资模式解决实际问题的能力，如为文化企业选择合适的投融资模式，以实现资源的优化配置和价值最大化；

学会借鉴成功的文化投融资案例，如爱奇艺的“渠道为王”模式、迪士尼的产业链生态模式等，为文化产业的发展提供思路和方法。

【思政目标】

培养学生的创新意识和创业精神，鼓励学生在文化投融资领域积极探索新的模式和方法，为文化产业的繁荣发展贡献力量。

增强学生的文化自信和民族自豪感，通过学习我国优秀的文化投融资案例，如“印象・刘三姐”等，激发学生对本土文化的热爱和传承。

树立学生的社会责任意识，引导学生在文化投融资过程中注重文化资源的保护和可持续利用，运用不同的投融资模式实现经济、文化和社会的协调发展。

【思维导图】

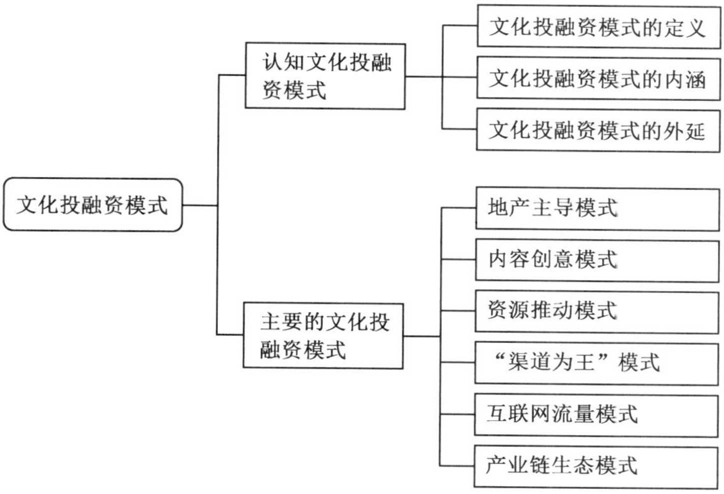

案例导入

《长安十二时辰》的成功之路

《长安十二时辰》改编自马伯庸的同名小说，故事以唐朝上元节前夕为背景，长安城陷入危局，死囚张小敬临危受命，与少年名士李必携手在十二时辰内拯救长安。

在投融资初始阶段，这部作品以其独特的历史文化创意吸引了众多投资者的目光。将唐朝的繁华盛世与紧张刺激的悬疑剧情相结合，展现了一个充满魅力的古代长安画卷。资金来源包括影视制作公司的自有资金、金融机构的贷款以及部分产业资本的投入。政府对优秀传统文化题材作品的支持也为项目融资增添助力。据悉，该剧的制作成本高达数亿元，其中在场景搭建方面就投入了近亿元。

为了还原唐朝长安城的宏伟风貌，剧组搭建了总面积达 70 亩的场景，从繁华的街市到庄严的宫殿，每一帧画面都仿佛让观众穿越回那个辉煌的年代。在演员选择方面，该剧邀请了众多实力派演员加盟，片酬支出也占据了一定比例。同时，特效制作投入达数千万元，为观众呈现逼真的打斗场面和壮观的城市景观。在后期宣传方面，投入也高达数千万元，通过线上线下多种渠道进行推广。

最终，《长安十二时辰》取得了巨大的成功。该剧在国内播出平台上的播放量突破数十亿次，豆瓣评分高达 8 分以上。不仅在国内收获了极高的收视率和口碑，而且成功走向国际市场，被多个国家和地区引进播出。从商业角度来看，该剧的广告收入、版权销售以及周边产品开发等方面的总收入超过了制作成本的数倍，丰厚的利润回报了投资者的信任。同时,它也激发了观众对中国历史文化的浓厚兴趣,为传统文化的传承与创新树立了榜样。

案例思考:

(1)《长安十二时辰》的成功对其他历史文化题材作品的投融资有哪些启示?

(2)从《长安十二时辰》的投融资过程来看,如何更好地整合影视制作公司自有资金、金融机构贷款和产业资本投入,以实现文化项目的最优融资组合?

(3)分析《长安十二时辰》在后期宣传投入大量资金的必要性,以及这种投入方式对其他文化作品的借鉴意义是什么。

任务一　认知文化投融资模式

【任务描述】

文化投融资模式是指在文化产业领域中,通过各种方式进行资金的投入和融资的模式。文化投融资模式旨在为文化产业的发展提供资金支持,并促进文化产业链的良性循环。由于文化产业项目类型、资源基础、市场需求以及运作规律等方面存在差异,因此,文化投融资模式具有多样性。本节将结合我国较为典型的文化投融资模式,分析文化投融资行为。

通过此前七个项目,我们已经系统了解到,在当今社会,文化产业的蓬勃发展成为经济增长与社会进步的重要引擎,文化投融资所具有的经济金融特征,受项目特征、投资环境、经济实力等因素影响。本节将进一步探索文化投融资的具体模式及其扮演的关键角色。

一、文化投融资模式的定义

案例导入

故宫拥有丰富而独特的历史文化资源,这成为其文化投融资的核心依托。

从资金来源看,一方面,政府对故宫的保护和发展给予一定的财政支持,用于古建筑的修缮、文物的保护等基础工作;另一方面,故宫通过自身的品牌影响力,吸引了众多企业的合作资金。比如与各大品牌合作推出联名产品,企业为获得故宫的文化授权而投入资金。同时，随着故宫文创产品的热卖，销售收入也成为其重要的资金来源之一。

在投资决策方面，故宫充分考虑自身的文化价值和市场需求。深入挖掘故宫的历史故事、文物元素等，将其融入文创产品的设计，既保证了产品的文化内涵和艺术价值，又能满足现代消费者的审美和实用需求。比如推出的故宫口红，以故宫文物的色彩和图案为灵感，一经推出便受到广泛关注。

在资金分配和运用上，一部分资金用于文创产品的研发和设计，聘请专业的设计师团队，不断推陈出新；另一部分资金用于市场推广和营销，通过线上线下多种渠道进行宣传，提高故宫文创的知名度和影响力。同时，还投入资金用于提升游客的参观体验，如改善展览设施、增加互动项目等。

总之，故宫文创通过合理运用文化投融资模式，实现了文化传承与商业价值的双赢，为文化产业的发展提供了成功范例。

知识点阐述

文化投融资模式，作为文化产业发展的重要支撑，是实现文化项目资金筹集、分配和运用的策略总和。它犹如一座桥梁，连接着文化项目与资金资源，为文化的繁荣发展提供了坚实的经济基础。

在当今社会，文化投融资模式呈现多样化的特点。它不仅仅是简单的资金流动，更是一种精心策划的战略布局。从资金筹集的角度来看，文化投融资模式涵盖了众多渠道。政府通过制定相关政策，设立专项资金，积极引导和支持文化项目的发展。例如，政府可能出资兴建文化场馆、扶持文艺创作、保护文化遗产等，这些举措为文化产业的发展提供了重要的资金保障和政策支持。

同时，企业也成为文化投融资的重要主体。企业通过自有资金的投入，展示了对文化产业前景的信心和战略眼光。一些大型企业可能设立文化产业基金，专门用于投资具有潜力的文化项目，如电影制作、音乐演出、艺术展览等。此外，企业还可能通过与文化机构合作、赞助文化活动等方式，参与到文化投融资中，实现企业与文化的双赢。

金融机构在文化投融资模式中也发挥了关键作用。银行、证券、保险等金融机构通过提供贷款、发行债券、设立基金等金融产品和服务，为文化企业提供了资金支持。例如，银行可以为文化企业提供贷款，帮助它们解决资金周转问题；证券公司可以帮助文化企业发行股票或债券，筹集更多的资金；保险公司可以为文化项目提供风险保障，降低投资风险。

社会资本也逐渐成为文化投融资的重要力量。随着人们对文化需求的不断增长，社会资本对文化产业的关注度越来越高。众筹、天使投资、风险投资等新兴的投融资方式为文化项目提供了更多的资金来源。例如，通过众筹平台，许多小型文化项目能够获得来自社会各界的资金支持，从而得以顺利开展。

文化投融资模式还涉及资金的分配和运用。在资金分配方面，需要根据文化项目的特点和需求，合理安排资金的投向。例如，对于创意性较强的文化项目，可能需要更多的资金用于创意研发和人才培养；对于大型文化基础设施建设项目，则需要大量的资金投入。在资金运用方面，要注重提高资金的使用效率，确保资金能够真正发挥作用，推动文化项目的顺利实施。

此外，文化投融资模式还需要不断创新和完善。随着科技的发展和市场的变化，新的文化业态和商业模式不断涌现，这就要求文化投融资模式能够与时俱进，适应新的发展需求。例如，在数字文化产业迅速发展的背景下，需要探索新的投融资模式，如版权融资、数据资产质押等，以支持数字文化企业的发展。

总之，文化投融资模式是一个复杂而多元化的系统，它涵盖了政府、企业、金融机构和社会资本等多个主体，涉及资金筹集、分配和运用等多个环节。通过合理的文化投融资模式，可以有效整合资金资源，推动文化产业的繁荣发展，满足人民日益增长的文化需求。

二、文化投融资模式的内涵

文化投融资模式的内涵充斥着多元且复杂的元素，它是资金流动与文化产业发展相互交融的动态过程。

从资金来源看，它融合了多种渠道。政府通过政策引导，以财政资金扶持具有重大文化意义和社会效益的项目，比如对非遗传承项目的投入，以确保传统文化得以延续和发扬。金融机构依据风险评估和市场预测，为文化企业提供贷款和金融产品，助力其扩大规模或创新业务。企业间的并购与合作也成为重要的资金来源，大型文化企业对有潜力的初创企业进行投资，实现资源整合与优势互补。同时，社会资本受文化产业魅力吸引纷纷涌入，众筹平台使个人投资者也能为心仪的文化项目贡献力量。

在投资决策方面，它要求综合考量诸多因素。既要分析文化项目的艺术价值和创新程度，比如一部新创作的舞台剧在表现形式上的独特性；又要评估其市场接受度和商业潜力，预测票房收入或周边产品的销售前景；还需要关注宏观环境的影响，如政策法规的变化、经济形势对消费市场的作用。

资金的分配和运用更是关键环节。资金不仅要投向文化产品的创作和制作过程，保障内容的高质量产出，而且要分配到市场推广和营销领域，提升项目的知名度和影响力。此外，对于文化基础设施的建设、人才培养与引进等方面的投入也不可或缺，比如为文化工作室配备先进的技术设备，吸引优秀的编剧和导演加盟。

总而言之，文化投融资模式的内涵是一个复杂而有机的整体，各个方面相互交织，共同推动文化产业的繁荣发展。

知识小百科

2017 年文化部提出加强文化产业发展顶层设计，并出台了一系列促进文化产业发展的政策文件。例如，制定出台《文化部"十三五"时期文化产业发展规划》；推动出台《国务院办公厅关于进一步激发社会领域投资活力的意见》，首次明确提出推进文化等领域"投贷联动"；推动出台《社会领域产业专项债券发行指引》，推出文化产业专项债券；印发《关于推动数字文化产业创新发展的指导意见》，成为国家层面首个针对数字文化产业的宏观性、指导性政策文件。"发展文化金融"成为突出亮点。扶持政策包括：鼓励金融机构开发适合文化企业特点的文化金融产品；支持符合条件的文化企业直接融资，支持上市文化企业利用资本市场并购重组；规范引导面向文化领域的互联网金融业务发展；完善文化金融中介服务体系，促进文化金融对接；探索开展文化地产资产抵押、质押贷款业务；鼓励开发文化消费信贷产品。

三、文化投融资模式的外延

文化投融资模式的外延广泛，涉及众多行业和领域，具体来说有以下六个方面：

第一，地产主导模式在文化投融资中占据一席之地。通过投资开发文化地产项目，如文化产业园区、特色文化小镇等，以地产项目为载体，融合文化元素，吸引相关企业入驻，从而形成文化产业集聚效应。例如，一些地区打造的艺术街区，不仅有各类艺术工作室，而且配备了商业设施和居住空间，实现了文化与地产的有机结合。

第二，内容创意模式侧重于挖掘和培育具有独特创意的文化内容。投资者将资金投入电影、电视剧的剧本创作，音乐作品的制作，以及文学作品的出版等方面，因为优质且新颖的内容往往能够吸引大量观众和读者，从而带来丰厚的回报。像一些爆款影视作品，凭借精彩的剧情和出色的制作，收获了极高的票房和口碑。

第三，资源推动模式依赖于独特的文化资源。比如历史遗迹、民俗风情等，通过对这些资源的开发和利用，吸引投资并实现价值转化；某些地区依托古老的建筑遗迹，开展文化旅游项目，带动了周边产业的发展。

第四，“渠道为王”模式强调文化传播渠道的重要性。投资建设电影院线、出版发行渠道、线上媒体平台等，掌握了渠道就能够更好地推广和分发文化产品。例如，一些大型在线视频平台，通过不断地优化用户体验和拓展内容分发渠道，吸引了大量用户和广告商。

第五，互联网流量模式是在互联网时代兴起的。利用互联网的巨大流量，通过社交媒体、短视频平台等进行文化内容的传播和营销。一些网红通过自身的流量带动文化产品的销售，吸引了投资的关注。

第六，产业链生态模式是从更为宏观的视角出发，构建完整的文化产业生态链。涵盖了从内容创作、制作、发行、营销到衍生品开发等多个环节，形成一个相互促进、协同发展的系统。比如一个知名的动漫 IP，不仅有动漫作品本身，而且会衍生出玩具、服装、主题公园等多种产品和服务。

总之，这些不同的文化投融资模式相互补充、相互促进，共同推动了文化产业的繁荣发展。

知识点应用和思考

（1）请结合文化投融资模式的内涵，分析当前某一热门文化活动（如某大型音乐节）在资金来源、投资决策、资金分配和运用方面的特点，并提出优化建议。

（2）根据文化投融资模式的外延，从地产主导、内容创意、资源推动、渠道为王、互联网流量、产业链生态模式中任选三种，分析它们在一个具体的文化旅游项目（如某特色古镇开发）中是如何相互作用、相互影响的，以及这种综合模式可能面临的挑战和应对策略。

任务拓展实训

训练目标

（1）加深学生对文化投融资模式内涵的理解；

（2）提高学生分析文化活动资金运作的能力；

（3）培养学生的创新思维和实践能力。

训练内容

(1)实地调研:选择一个当地的文化活动,学生进行实地调研,了解其资金来源、投资决策、资金分配和运用的实际情况。

(2)分析报告:根据调研结果,分析该文化活动在资金运作方面的优点和不足,并提出改进建议,撰写分析报告。

(3)方案设计:基于文化投融资模式的内涵,为该文化活动设计一个更优化的资金运作方案。

训练反馈

(1)教师评价:教师对学生的分析报告和方案设计进行评价,并提出指导意见。

(2)小组讨论:学生之间进行小组讨论,分享各自的调研成果和设计方案,互相学习和启发。

(3)自我反思:学生根据教师和同学的反馈,进行自我反思,总结经验,提升自己的能力。

任务二　主要的文化投融资模式

一、地产主导模式

案例导入

“东郊记忆”原本是成都东区的一处工业遗址,在地产主导的文化投融资模式下,实现了从老旧工厂到文化创意产业园区的华丽转变。

在投融资方面,开发商首先看到了这片工业遗址所蕴含的潜在价值和文化底蕴。他们投入大量资金对原有的厂房、仓库等建筑进行改造和修缮,保留了具有历史意义的工业元素,如烟囱、铁轨等;同时,融入现代化的设计理念和建筑风格,使其具备了举办各类文化活动和容纳文化企业的功能。

资金的来源主要包括开发商的自有资金、银行贷款以及政府的部分扶持资金。政府在政策上给予支持,鼓励这种对工业遗址的保护性开发和再利用,这在一定程度上降低了投资风险，增强了投资者的信心。

在运营过程中，通过出租和出售园区内的办公空间、商业店铺等方式实现资金回笼。吸引了众多文化企业、创意工作室、艺术机构等入驻，形成了一个集音乐、影视、艺术、设计等多种文化业态于一体的产业集群。

成效方面十分显著。一方面，它提升了当地的土地价值和商业氛围，使原本废弃的工业区域焕发出新的生机，周边的房地产项目也因为这一文化地标而增值；另一方面，为当地创造了大量就业机会，吸引了各类创意人才和文化从业者。同时，“东郊记忆”也成为成都的一张文化名片，吸引了大量游客前来观光、消费，带动了周边餐饮、住宿等相关产业的发展。

此外，通过举办各类文化活动，如音乐节、艺术展览、创意市集等，不仅丰富了市民的文化生活，而且进一步提升了园区的知名度和影响力，为持续的商业运营和资金投入创造了良好的条件。

总之，“东郊记忆”是地产主导的文化投融资模式的成功案例，通过合理的规划、投资和运营，实现了经济、文化和社会价值的多赢。

知识点阐述

（一）认知地产主导模式

地产主导的文化投融资模式，是指以地产开发为核心驱动力，将文化元素融入其中，实现地产与文化产业相互促进、协同发展的一种投融资方式。

该模式的内涵主要体现在以下两个方面：一是通过地产项目为文化产业提供物理空间和基础设施，如建设文化创意园区、艺术街区、文化商业综合体等。这些地产空间为文化企业的创作、生产、展示和交易提供了场所，促进了文化产业的集聚和发展。二是文化元素的融入提升了地产项目的附加值和吸引力。将艺术展览、文化活动、特色文化主题等引入地产项目，能够吸引更多的消费者和投资者，增加地产的商业价值和品牌影响力。

该模式具有以下显著特征。首先，强调地产项目的规划和设计。注重打造具有独特文化氛围和艺术风格的建筑与空间，以区别于传统的商业地产。例如，采用富有创意的建筑外形、打造文化主题广场等。其次，注重文化产业的招商引资。通过提供优惠政策和配套服务，吸引各类文化企业入驻，形成产业集群效应。再者，具有较强的综合性和融合性。往往融合了商业、居住、文化等多种功能，形成一个多功能的社区或区域。最后，对土地资源的利用和开发要求较高。需要选择具有文化潜力和发展前景的地块，以确保地产与文化的融合能够产生良好的经济效益和社会效益。

例如，某地区开发的以影视文化为主题的商业综合体，不仅有影视拍摄基地、后期制作工作室等专业设施，而且配套了电影院、主题餐厅、文化酒店等消费场所，实现了地产与影视文化产业的深度融合，这就是地产主导的文化投融资模式的典型应用。

（二）地产主导模式的内容

从开发主体来看，地产主导的文化产业投融资模式是指由地产开发商或地产公司牵头或主导，通过各种方式向文化产业进行投资和融资。这种模式通常包括以下几个方面：

一是文化地产项目投资。地产开发商通过在自己的地产项目中引入文化产业元素，如艺术展览、文化创意产业园区等，来提升项目附加值。

二是文化产业地产化。地产公司将自身资源向文化产业倾斜，比如将部分地产项目改造为文化创意产业园区，以吸引文化产业企业入驻。

三是地产金融支持文化产业。地产公司或开发商通过金融手段向文化产业提供资金支持，可以是贷款、股权投资或其他形式的融资。

在这种模式下，地产行业与文化产业相互融合，通过地产资源和资金支持推动文化产业的发展，同时也为地产项目增加特色和吸引力。

文化地产是把“死建筑”变成“活建筑”的系统工程。房地产传统开发模式是以“建筑”为核心，文化和概念仅作为营销手段；而文化地产则是以“文化和生活方式、居住理想”为核心，用文化提升固化建筑价值。随着居民文化消费不断上升、文化产业的大力推进、文化地产业态的不断创新以及盈利模式的不断创新，文化地产逐渐成为房地产发展趋势和潮流。同时，文化赋予地产新的面貌，文化地产符合国家经济转型和产业发展方向，将极大地受益于文化产业的大繁荣。

文化地产融资渠道方面，银行贷款在旅游房地产投融资中所占比重较大，尤其是旅游房地产贷款在银行中长期贷款的比例份额逐步增加，致使银行的流动性风险加剧，从而使银行积累了较高的风险。一旦银行贷款的门槛提高、银行信贷政策加剧、缩小贷款规模，旅游房地产业的发展必将受到影响，因此，如果旅游房地产投融资对银行的依存度过高，将十分不利于旅游房地产的发展。

文化地产投融资模式方面，文化房地产是一种资本密集型产业，资金的充足与否直接影响着旅游房地产的发展，因此文化房地产的投融资对旅游房地产的成功与否起到至关重要的作用。按照投资主体进行分析，借鉴相应房地产投融资模式的经验，将文化房地产投融资模式分为三类：自筹模式、合作模式和 BOT 模式。

1. 自筹模式

自筹模式是指一些资金较为雄厚、有经济实力或募集资金能力强大的大型企业，通过自身现有资金或者通过各种方式扩大自有资金进行融资，从而投资房地产开发建设的一种模式。这些企业自身融资的方式有多种，主要包括内部融资和外部融资两种方式。其中，内部融资主要包括抵押贷款等各种银行贷款、预收购房定金和房款等；而外部融资主要包括发行企业债券、银行贷款、房地产投资信托、利用海外资金、增发融资等方式。上市公司还可以进行上市融资，包括首次公开发行上市融资、配股以及增发融资等方式。

采用自筹模式的通常是资金实力雄厚的企业或公司，它们可以较轻松地拿到地理位置优越、自然环境良好的土地，或者自身拥有土地，对于资金的需求不像其他的旅游房地产那么大，或者管理、开发建设技术过硬，因而采用自筹模式进行旅游房地产投融资。自筹模式较适合旅游居住型房地产投融资。

自筹模式是企业自身独立进行旅游房地产投融资，其投融资风险较大，但可以独享收益。对于一些大型企业或者资金雄厚的企业而言，这是一种不错的投融资模式。然而，采取自筹模式的企业也要注意充分利用各种金融工具，有针对性地广开融资渠道，保证资金链的畅通，尽可能减少风险，从而更好地获得旅游房地产高额投融资收益。

2. 合作模式

合作模式主要是指两家或两家以上企业通过合作的方式，共同开发旅游房地产。这些企业可以是上市公司，也可以是非上市公司，它们通过合资、入股、共同设立股份公司或者项目合作等方式进行合作，双方共同提供资金，以技术、管理、土地等多种方式进行合作，共同开发旅游房产、风险共担、收益共享的一种投融资模式。

3. BOT 模式

BOT 模式，即建设—经营—转让(Build-Operate-Transfer)模式，主要是指政府对旅游房地产项目进行立项后，通过 BOT 模式招标，将项目的融资、建设特许权及经营权转让给企业。具体内容是：政府与企业签订协议，约定在固定期限内(即特许期)，企业对其筹资建设的旅游房地产项目行使经营权，以收回项目投资、偿还债务并赚取利润；协议期(特许期)满后，企业将旅游房地产项目无偿移交给政府。

文化地产商是城市运营商。文化地产开发的效益通过城市形象、交通与物流、公园与绿地、社区管理与市民服务等众多形态综合展现出来。因此，文化地产的开发者不仅需要具有很高的文化创新意识，而且必须具备超过一般地产商的资源整合能力。事实上，文旅地产项目常因选址偏远、交通及生活配套设施不完善，导致消费者对其区位接受度较低。同时，文旅地产若缺乏规模效应，往往难以承担高额配套建设成本，即便耗费资源将区域培育成熟，最终也可能仅为其他开发者创造红利。若采用“缝隙市场”策略，选择在成熟区域内大型开发商周边的非核心地带快速开发并低价销售，这种模式在城市住宅领域虽然有成功先例，但在文旅地产领域难以复制——文旅项目对整体配套设施、区域文化氛围及长期运营能力要求更高，单纯依赖低价走量的策略难以支撑其价值实现。显然，在BOT模式下，地产商对区域配套、文化运营及产业链资源的整合能力，正是破解文旅地产高成本困局与实现可持续投融资的核心支撑。

市场热点

许多海外的投资基金十分看好中国旅游市场，纷纷进入中国，投资旅游房地产业。例如，摩根士丹利房地产基金、凯德置地"中国住宅发展基金"等相继登陆中国，它们或者利用股权投资形式投资我国旅游房地产，或者独立开发旅游房地产。海外投资基金的利用不仅为我国旅游房地产市场输入大量资金，而且为我国旅游房地产带来了新的投融资理念。但是，利用海外资金，由于国情差别、政策的不稳定性突出、资金存在退出风险等因素，致使其无法成为我国旅游房地产投融资的主要方式之一。

知识点应用和思考

(1)在一个中小城市，如何运用地产主导模式进行文化投融资来打造具有地方特色的文化创意产业园区？需要考虑哪些因素？

(2)分析地产主导模式下，如何平衡文化产业发展与地产商业价值之间的关系？以具体案例说明。

二、内容创意模式

案例导入

《流浪地球》的内容创意在于将科幻题材与中国文化、家庭情感等元素相结合，展现了人类带着地球去流浪的宏大想象，这种独特且具有开创性的创意在国内科幻电影领域是较为罕见的。

在投融资初始阶段，该片新颖的内容创意吸引了一些具有前瞻性眼光的投资者。由于科幻电影制作成本高昂、风险较大，因此最初的资金投入相对有限。然而，随着项目的推进和部分前期成果的展示，如精彩的剧本、概念设计等，更多的资金开始涌入。

资金来源包括电影制作公司的自有资金、部分金融机构的贷款以及一些产业资本的投入。同时,政府对于国产科幻电影的支持也在一定程度上为项目的融资提供了助力。

在制作过程中,资金主要用于特效制作、场景搭建、演员薪酬以及后期宣传等方面。高质量的特效呈现是这部电影的重要亮点,大量资金被投入与国际顶尖特效团队的合作中,以确保视觉效果的震撼性。

最终,《流浪地球》取得了巨大的成功。其票房成绩远超预期,不仅收回了高额的投资成本,而且获得了丰厚的利润。

从成效来看,首先,它在商业上取得了巨大成功,为投资者带来了可观的回报。其次,这部电影提升了中国科幻电影在国内外的影响力,激发了观众对国产科幻电影的热情和信心。再者,它的成功也为后续同类型电影的创作和投资树立了榜样,吸引了更多资金投入国产科幻领域。此外,基于电影的成功,还衍生出相关的周边产品、小说续集等,进一步拓展了商业价值。

《流浪地球》充分展示了内容创意在文化投融资模式中的核心作用,一个好的内容创意,在合理的资金支持和精心的制作下,能够创造出巨大的文化和商业价值。

知识点阐述

(一)认知内容创意模式

内容创意的文化投融资模式,是指在文化产业中,将独特、新颖且富有吸引力的内容创意作为核心价值,吸引资金投入并实现商业价值转化的一种模式。

其定义重点在于,突出内容创意在吸引资金和推动产业发展中的关键作用。这里的内容创意可以涵盖各种形式,如故事、概念、设计、主题等,只要能够引发受众的兴趣和情感共鸣,就会具有市场潜力。

这一模式的内涵丰富而且多元化。首先,强调创意的独特性和原创性。与众不同的想法和视角能够在众多文化产品中脱颖而出,吸引消费者的关注。例如,一部打破常规叙事结构的电影剧本,或者一个从未出现过的游戏概念。其次,注重内容与受众需求的契合度。深入了解目标受众的喜好、情感需求和社会热点,创作出能够满足他们期待的内容。最后,内容创意不仅仅是孤立的元素,更强调系统性和完整性。一个好的创意需要在情节、角色、表现形式等方面形成有机整体,这样才能充分展现其魅力。

该模式具有以下显著特征:一是高风险性。由于创意的新颖性和不确定性,其市场接受度难以准确预测,故投资存在较大风险。二是高回报潜力。一旦成功,独特的内容创意能够迅速积累大量用户和粉丝,带来巨大的经济回报。三是对人才的高度依赖。优秀的编剧、导演、设计师等创意人才是产生优质内容的关键。四是快速地更新换代。文化市场的需求不断变化，要求内容创意能够持续创新，跟上潮流。

(二)内容创意模式的内容

内容创意的文化投融资模式通常包括以下几个方面：

一是创意基金投资。专门设立的创意基金向有潜力的内容创意企业提供投资，帮助其进行产品开发、市场推广等活动。

二是版权运营融资。内容创意企业通过出售、授权自身创作的作品版权来获取资金，包括影视剧、音乐作品、图书作品等。

三是平台投资。对内容创意领域的平台进行投资，如视频分享平台、数字阅读平台等，以期从平台的发展中获利。

四是产业整合并购。通过并购或整合其他内容创意企业来实现规模扩张和资源整合，以获取更多资金支持。

这些投融资模式促进了内容创意产业的发展，同时给投资方带来了潜在的经济回报。

(三)内容产业概念

从一定程度上说，内容产业并不是一个全新的产业，它只不过是行业归属的重新划分。1996 年，美国对其产业分类标准进行了调整，以“北美产业分类标准”(NAICS)代替了沿用多年的“标准产业分类”(SIC)，其中很重要的一项调整就是设立了一个全新的“信息产业群”。而这一产业群并没有包括计算机，但包含了数据处理服务、信息服务业、出版业、电影和录音业、广播和传播业，这一全新的产业实际上就是内容产业。这种分类思想体现了一种对信息产业的全新理解，即信息产业的重心已由信息制造业转向信息服务业，信息内容提供与信息服务方式成为信息产业发展的关键。

作为一个新兴的产业，文化内容创意模式在我国已经引起了高度的重视，特别是在北京、上海、深圳、香港等一些国际化大城市。文化产业内容创意以文化创意为核心、以高科技应用和知识产权为保障，通过满足大众的需求将文化资源产业化而制造文化产品，并渗透到产业链的各个阶段的知识密集型新兴产业。创意产品的迅速传播能够规模利润。创意产业所包含的广告、建筑、艺术、设计、电影、出版、游戏与网络等，无不强烈依托新创意、新设计，其产品的传播更是强有力的依靠科技水平。它能迅速地在市场上蔓延，形成新的消费浪潮。这种大规模的传播使得投资回报率很高。文化产业内容创意模式在具有高收益性的同时，也存在着高风险。文化创意产品以符号体现其价值，比较显性，容易被复制；并且文化创意产品不是基本物质性必需产品，而是精神性、文化性、娱乐性、心理性的产品，受众对其价值的认识需要一定的过程，所以，文化产品市场存在较大的不确定性和市场风险。

现在有两种趋势具有“内容＋”模式的特点：一种是传统行业的变革，它们通过引入各种文化衍生品和运作方式，来实现自身产品和品牌的变革，成为有文化特征的内容产品；另一种是媒体公司在节目发展的过程中与传统产业实现的跨界融合。“内容＋”模式的机遇在于，它除了能够提高传统行业的附加值和竞争力之外，也有可能创造一些全新的商业模式，如把内容做标签、打造品牌 IP、打造网红产品等，这些都是未来消费升级的重要方面。

文化内容创意模式的先天特性是导致其融资困难的一大因素，从该行业自身特征来看，融资困难的原因主要体现在：一是文创产业经营风险较大，收益不稳定；二是文创行业融资渠道单一，主要是银行借款；三是投融资主体以政府为主，社会和海外投资较少；四是文创产业的培育经营、创作和成长周期较长，一般回报周期也长，因此不容易受到投资者青睐；五是文创产业的融资中担保和评估咨询等环节的费用占比较大，导致融资成本过高；六是文创产业主要以无形资产为主，缺乏有效融资抵押物；七是文创产业的创意产品容易被复制，独创性无法保证，进而影响投资。

文化内容创意模式投融资可以通过推动内容创意风险投资基金、私募股权基金的发展，来加大权益性融资对文化创意产业的支持力度。首先，鼓励文化产业基金、保险公司、担保公司、风险投资基金等各类金融机构之间的协同，发展各种资本成立风险投资基金，从而实现企业与资本的共赢。其次，建立健全中小企业并购重组市场，鼓励文化创意类企业可通过并购重组来增强自身的实力。我国大多数文化企业的资产规模较小、科技含量较低、品牌的影响力度也较弱。文化产业需要有先锋力量起带头作用，从而促进合理市场格局的形成。因此，文化企业应着眼于建立现代化的企业制度，并通过市场化的方式进行资产重组。资产重组有助于扩大融资规模、提升信用等级、提高资产质量。良好的公司管理模式有助于强化管理水平，因此可以受到更多投资者的青睐。

知识点应用和思考

(1)以一部新的动画电影项目为例，阐述如何在内容创意模式下进行投融资，包括资金来源、风险评估等方面。

(2)在内容创意模式中，如何培养和吸引优秀的创意人才，以提高文化投融资的成功率？

三、资源推动模式

案例导入

“印象·刘三姐”依托于广西桂林阳朔独特的自然风光和丰富的民族文化资源。桂林山水甲天下，阳朔更是以其如诗如画的美景闻名于世，而刘三姐的传说和壮族的民俗文化则为这一项目提供了深厚的文化底蕴。

在投融资方面，首先是对当地资源的深入评估和挖掘。投资者看到了阳朔的自然景观与民族文化相结合所产生的巨大潜力，决定投入大量资金来打造这一大型实景演出项目。资金主要来自企业投资、政府的部分扶持以及银行贷款。

在建设过程中，资金用于演出场地的搭建、演员的招募和培训、灯光音响设备的购置以及宣传推广等方面。为了呈现最佳的演出效果，投入重金打造了与山水融为一体的舞台，运用先进的灯光和音响技术，同时聘请了专业的导演和演员团队。

从成效来看，“印象·刘三姐”取得了显著的成果。一方面，它极大地提升了当地的旅游吸引力，吸引了大量游客前来观看演出，带动了阳朔乃至整个桂林地区旅游业的发展。游客数量的增加促进了当地酒店、餐饮、交通等相关产业的繁荣，为地方经济带来了显著的增长。另一方面，这一项目为当地居民提供了大量的就业机会，包括演员、服务人员等，增加了居民的收入。同时，通过对壮族文化的展示和传承，增强了当地居民的文化自豪感和认同感。

此外，“印象·刘三姐”的成功还引发了一系列的连锁反应，带动了周边地区类似文化项目的开发和投资，形成了以文化旅游为核心的产业集群。它也成为中国实景演出的典范，为其他地区利用本地资源发展文化产业提供了宝贵的经验。

综上所述，“印象·刘三姐”通过充分发挥桂林阳朔的自然资源和文化资源优势，成功地运用资源推动的文化投融资模式，实现了文化传承、经济发展和社会就业等多方面的共赢。

知识点阐述

（一）认知资源推动模式

资源推动模式，是一种以独特的文化资源为核心驱动力，吸引资金投入并推动文化产业发展的模式。

其定义可以理解为：充分挖掘和利用具有特殊价值、稀缺性或独特性的文化资源，将其转化为具有商业潜力和社会影响力的文化产品或服务,从而吸引投资者的关注和资金支持。

这一模式的内涵丰富多样。第一,文化资源是其根本依托,这些资源可以是历史遗迹、传统文化技艺、民俗风情、名人故居等。通过对这些资源的深入研究和开发,赋予其新的生命力和市场价值。第二,注重资源的整合与创新。不仅是对原始资源的简单展示,而且将多种相关资源进行有机整合,运用现代的创意和技术手段,打造出新颖、吸引人的文化产品。第三,强调资源的可持续利用。在开发过程中,注重保护和传承文化资源,以确保其能够长期为文化产业提供动力。

该模式具有以下显著特征:一是资源的独特性和不可复制性。例如,某些古老的建筑遗迹,具有独一无二的历史和艺术价值,这是其他地方无法模仿的竞争优势。二是较强的地域属性。这往往与特定的地区或社区紧密相连,反映了当地的文化特色和风貌。三是发展的阶段性。初期可能依赖资源本身的吸引力,随着发展,会逐渐向深度开发和多元化利用转变。四是对政策和社会支持的依赖。因为许多文化资源具有公共属性,所以需要政府的政策支持以及社会各界的共同参与来推动其发展。

以某历史文化名城为例,其拥有丰富的古建筑资源。最初,通过修复和开放这些古建筑吸引游客,获得一定的资金收入。随着投资的增加,进一步整合周边的民俗文化、传统手工艺等资源,开发出文化体验活动、特色文创产品等,形成了一个综合性的文化产业体系。同时,政府出台相关保护政策,社会资本积极参与,共同推动了当地文化产业的繁荣发展,这就是资源推动的文化投融资模式的生动体现。

(二)资源推动模式的内容

(1)资源整合。整合金融、人力、物资等多方资源,为文化产业提供全方位的支持。

(2)政府主导。由政府主导设立专项基金或提供政策支持,引导社会资本向文化产业投入,促进产业快速发展。

(3)产业联盟。不同行业的企业联合组成产业联盟,共同投资支持文化项目,实现资源共享与风险分担。

(4)地方特色。依托当地特色资源,鼓励本土文化创意产业发展,吸引更多资金和资源流入。

这些模式旨在通过资源整合和协同作用,为文化产业提供更广泛的支持和发展空间,吸引更多的资金和资源参与文化产业的投融资活动。

这是一个“抢占资源”的时代,如今的中国企业尤其是作为当前市场经济的中坚活跃力量——中小企业,不约而同地面对一个共同的“瓶颈”——资金制约,这个关键因素阻碍着企业的成长,是一个紧迫的现实的问题,由此可以看出企业融资是一条必由之路。如今资本市场逐渐降温,融资的难度进一步加大;另外,在公司不缺钱的情况下，谈融资时可以有更大的主导权和话语权；否则就有可能非常被动，降低企业估值或融资条件苛刻，接受投资人的各种要求等。人文资源主要包括建成区内历史遗存与现实创造的各类表象性基础设施、文物古迹和行政管辖区内的民众传统习俗、社会文化底蕴、城市主流时尚等人文现象，包括各类显形的物态性资产、不可传播的实体性文化与可传扬的流体性文化。我国文化资源丰富，且不乏可资本化的文化资源。例如，景德镇陶瓷文化产业就是对陶瓷文化资源资本化运作的表现，它将陶瓷文化融入社会经济生活，创造出新的文化成果，影响公众的消费情趣、价值观念、社会认知和生活习惯等，满足社会的物质需要和精神需求。

文化资源资本化运营离不开金融支持，而文化产业运营的核心财富是知识产权。虽然我国文化资源资本化运营的投融资较以前有较大增长，但是与文化产业发达国家和地区的文化资本投入相比仍有较大差距，在参与融资的金融机构中，更是鲜见中行、农行、工行、建行四大银行的身影。究其原因，是文化资源的自身属性所致，因为文化资源相较于房屋建筑、机器设备等物质资本，其资源财富发掘主要蕴藏在人们的大脑中，传承形式隐蔽而不确定。若没有可持续的生产能力，文化资源就将不断被稀释，甚至逐渐失去其活化价值。

文化资源资本化的投融资路径，在遵从政府对文化资本投融资政策引导的基础上，应充分考虑发展民间资本，以私募股权等形式，明确投资资格准入标准，增强开放度，规范民间资本的投融资操作规则，拓展融资渠道、完善推出机制，促进个人创业和企业创新。引导更多社会资本通过政府投入、金融支持、社会融资甚至外资引进等方式，转移、分散和分担文化资本风险，增加文化产业对民间资本的吸引力，加大投资比重，形成多元化的文化资源资本化投融资法律保障体系。

文化企业之所以投融资难，主要原因在于，企业的大部分信息不对外公开，这就造成了企业与投资主体之间的信息不对称，投资主体对于投资风险的大小没有办法进行判断，因此，为了减少投资风险，宁愿选择放弃投资，这就使得企业的融资缺口越变越大。要构建良好的文化资源推动投融资体系，必须通过政府对文化资源进行知识产权保护，逐渐完善建立知识产权相关的法律体系；要不断地对文化资源品牌进行更新和创新，在进行品牌营销的同时，还要在创立和创新品牌中谋发展。在对文化资源的保护和品牌推广，同时扩充担保机构、产权评估和交易机构、保险机构、证券和债券机构等综合服务板块提供给文化资源投融资服务。例如，银行应该尽快完成评估体系，对文化创意产业项目的可行性进行评估，促进贷款的良性循环；私募股权投资基金可以促进文化资源的资本运作更加良好，对资本市场具有丰富经验的私募股权投资人，不仅能够使公司得到更好的发展，而且可以使公司尽快达到上市标准；通过外资模式，可以吸引外资进入中国并对文化资源投融资。

知识点应用和思考

(1)结合一个具有丰富民俗文化资源的地区,探讨如何运用资源推动模式进行文化投融资以实现可持续发展。

(2)分析资源推动模式下,政府、企业和社会力量在文化投融资中各自应发挥怎样的作用。

四、"渠道为王"模式

案例导入

爱奇艺作为国内知名的在线视频平台,在文化领域的投融资方面充分体现了"渠道为王"的特点。

在投融资初期,爱奇艺投入大量资金用于构建强大的技术平台和内容分发渠道,包括服务器的建设与维护、优化视频播放技术以提供流畅高清的观看体验,以及开发适应多种终端设备的应用程序等。同时,为了吸引用户和增加流量,还投入资金进行市场推广和品牌建设。

资金来源方面,爱奇艺既有自身的股权融资,也有来自银行等金融机构的贷款,以及通过与其他企业的战略合作获得的资金支持。

随着平台的发展,爱奇艺通过不断优化渠道,提升用户体验,积累了庞大的用户基础。基于此优势,其在内容投资方面也加大了力度。不仅购买了大量热门影视剧的版权,而且投资制作了众多自制剧、综艺节目等原创内容。例如,自制剧《隐秘的角落》在播出后引起了广泛的关注和讨论,为平台带来了巨大的流量和收益。

在这个过程中,爱奇艺的渠道优势发挥了关键作用。一方面,其庞大的用户流量为内容的传播提供了保障,使得投资的内容能够迅速触达广大观众;另一方面,通过对用户观看数据的分析,能够精准把握用户需求和市场趋势,从而更有针对性地进行内容投资和制作。

从成效来看,爱奇艺凭借"渠道为王"模式取得了显著的成果。首先,其用户数量和付费会员数量持续增长,带来了稳定的收入来源。其次,通过优质内容的输出,提升了品牌影响力和用户忠诚度。此外,还吸引了更多的广告商投放广告,进一步增加了平台的收益。

总的来说,爱奇艺通过"渠道为王"模式,以强大的渠道为基础,实现了内容与渠道的协同发展，在竞争激烈的文化市场中占据了一席之地。

案例思考：

（1）爱奇艺的“渠道为王”模式有哪些可以借鉴的地方？

（2）除了爱奇艺，还有哪些公司采用了“渠道为王”模式？

（3）“内容为王”模式与“渠道为王”模式有什么区别？

知识点阐述

（一）认知“渠道为王”模式

“渠道为王”模式，是指在文化产业领域中，将渠道的建设、掌控和运营作为核心，建立和优化销售渠道，以此来引导资金投入和获取回报的一种模式。

该模式的内涵主要体现在以下几个方面：首先，强调渠道的重要性，认为优质高效的渠道是文化产品得以广泛传播和实现价值的关键。这里的渠道包括但不限于电影院线、出版发行渠道、线上媒体平台、演出场馆等。其次，通过投资和优化渠道，能够降低文化产品的传播成本，提高传播效率，从而提升文化产品的市场覆盖面和影响力。最后，掌握渠道意味着能够对文化产品的传播进行更有效的控制和管理，如排片安排、推荐位设置等，从而影响消费者的选择和消费行为。

该模式具有以下显著的特征：其一，具有较强的资源整合能力。需要整合各种渠道资源，形成一个广泛且高效的传播网络。其二，具备较高的进入壁垒。一旦某个渠道被成功建立和占据，后来者想要进入并与之竞争就会面临较大困难。其三，对市场变化的敏感度高。随着技术进步和消费者需求的变化，渠道需要不断地更新和升级，以适应新的市场环境。例如，从传统的实体书店到线上电子书平台的转变，就需要及时调整渠道策略。其四，具有规模效应。渠道覆盖的范围越广、服务的用户越多，其成本分摊就越有利、盈利能力就越强。

例如，在影视行业，一家拥有广泛电影院线资源的公司，能够决定影片的上映时间和场次安排，从而影响影片的票房成绩。在出版领域，大型出版发行集团凭借其强大的发行网络，能够让图书更快速、广泛地到达读者手中。这些都是“渠道为王”模式的典型表现。

（二）“渠道为王”模式的内容

一是渠道建设投资。投资方向文化产业中的销售渠道进行投资，如线上线下销售渠道、分销网络等，以提升产品的市场覆盖能力。

二是渠道优化融资。针对现有销售渠道进行资源整合和优化，以提高销售效率和降低销售成本，从而获得更多的资金回报。

三是版权运营融资。通过优化版权运营渠道，实现内容创意作品的有效变现，吸引投资方参与版权收益分享。

四是跨界合作。与其他行业建立合作关系，共同开发销售渠道和市场，扩大文化产品的销售范围。

这些投融资模式旨在通过优化和整合销售渠道来提升文化产品的市场竞争力，实现资金的最大化利用，并推动文化产业的健康发展。

近年来，国内文化产业发展的一个重要趋势就是跨界融合速度的加快。尤其是技术创新的步伐加快，不断推动渠道的变革，进而带动文化产业的跨界融合。比如信息技术的升级让电视剧播出平台多样化，涌现出包括网络电视、手机电视、移动电视等新媒体平台；同时，伴随着国家酝酿中的"三网融合"的政策支持，给整个产业带来了巨大的发展契机。文化产业同时拥有内容与渠道，内容能够为渠道提供消费点，而渠道则能够保持内容生产所需现金流的平衡。文化产业的产品消费有很多不确定的因素，但是该行业的特点是，一旦形成了渠道，然后不断地往里填内容就会不断有产出。例如，影片《非诚勿扰》首部的成本是 3 000 万元，票房达到 3.25 亿元；第二部的成本大约 4 000 万元，票房达到 4.72 亿元。因为渠道一直在延续，渠道的品牌在积累，所以可以预见未来几年该渠道也可能继续赚钱。

渠道已成为文化企业无法回避的业界趋势，如一直在全力探索和打造"平台＋内容"商业渠道模式的光线传媒。但是，以创意为生命的文化产业可谓商机遍地，内容与渠道的融合也并非唯一路径，因为不同的创意和日新月异的传媒技术不断造就新的文化企业，这是再大的文化传媒巨头也无法提前预知的。文化创意产业的发展经历了"创意为王""内容为王""渠道为王"的时代，就今天的文化创意企业而言，关键是要找到整个文化产业发展链条中最缺失的那部分，同时认清行业形势与自身能力，这样才能进行有效竞争。

知识小百科

美国营销大师 E. 杰罗姆·麦卡锡于 1960 年在其《基础营销》一书中，首次将企业的营销要素归结为五个基本策略的组合，即著名的 4Ps 营销理论：产品(Product)、价格(Price)、渠道(Place)、促销(Promotion)和策略(Strategy)。其中，渠道是指产品从生产领域向消费领域转移时所经过的路线，是连接、承载产品和服务的载体。根据不同的标准，渠道有着不同的分类。例如，按照有无中间商，渠道可分为直接渠道和间接渠道；按照生产者和消费者之间销售中间机构的多少，渠道可分为长渠道和短渠道；按照分销渠道中每个层次使用同种类型中间商数目的多少，渠道又可分为宽渠道和窄渠道。

渠道的基本职能是把商品从生产者那里转移到消费者手口，它弥合了产品与使用者之间的缺口。渠道执行收集信息、沟通与传播、促成协议，辅助配合、运输仓储、资金流动等多项功能。如今，许多大中型企业的竞争焦点已经从生产能力和生产规模的竞争逐步转移到分销渠道的竞争上。

知识点应用和思考

(1)在数字出版领域，如何运用“渠道为王”模式进行文化投融资，以扩大市场份额和提升品牌影响力？

(2)对比传统媒体和新媒体在“渠道为王”模式下的文化投融资差异，并分析其未来的发展趋势。

五、互联网流量模式

案例导入

“张同学”以其独特的乡村生活记录短视频在抖音上迅速走红，吸引了大量的关注和流量。

在投融资的初始阶段，“张同学”凭借其真实、质朴且具有浓郁乡村特色的内容创意，在抖音平台上发布短视频。这些视频通过抖音的算法推荐机制，被推送给了可能感兴趣的用户，从而开始积累初始流量。

随着其视频的播放量、点赞数、评论数等数据的快速增长，吸引了众多用户的关注，形成了可观的流量基础。此时，抖音平台的流量优势开始发挥作用。一方面，平台可能通过流量扶持、推荐位等方式，进一步提升“张同学”的曝光度；另一方面，基于其庞大的流量和影响力，吸引了外部品牌商的注意。

资金来源方面，除了“张同学”自身可能投入的少量制作成本外，主要的资金流入来自品牌合作与广告投放。品牌商看到了“张同学”视频所带来的巨大流量和传播效果，纷纷与其合作，通过在视频中植入产品广告、开展品牌推广活动等方式进行投资。

从成效来看，“张同学”通过互联网流量获得了丰厚的收益，不仅实现了个人的商业价值，而且带动了当地乡村的发展，比如推动了当地农产品的销售、促进了乡村旅游的发展。同时，对于品牌商来说，借助“张同学”的流量，有效地提升了品牌知名度和产品销量。

此外，“张同学”的成功案例也激发了更多创作者投身于短视频创作，形成了一个良好的创作生态。抖音平台也因为有众多像“张同学”这样的优质创作者，进一步巩固了其在短视频领域的领先地位，吸引了更多用户和资金的流入。

综上所述，“张同学”的成功充分展示了互联网流量的文化投融资模式的强大力量，通过流量吸引资金，实现创作者、平台和品牌商的多赢局面。

案例思考：

如何利用互联网流量实现文化产品的商业变现？

知识点阐述

（一）认知互联网流量的文化投融资模式

互联网流量的文化投融资模式，是在互联网时代背景下应运而生的一种创新模式，它主要依托网络平台的流量数据来评估和引导文化产业的投资与融资决策。

其内涵包括多个层面：第一，基于互联网的广泛传播特性，文化产品能够迅速触达大量用户，产生巨大的流量。投资者通过分析这些流量数据，了解用户的喜好、需求和行为模式，从而判断文化产品的市场潜力和商业价值。第二，这种模式注重对热门话题、流行趋势的捕捉和利用，通过投资具有潜在爆款特质的文化内容，吸引更多流量，实现商业变现。第三，互联网流量不仅关乎文化产品本身的传播，而且涉及相关创作者、平台以及品牌的影响力扩散，通过对这些流量的整合和运营，实现多方共赢。

该模式具有以下几方面的特征：第一，数据驱动决策。依靠大数据技术，精准分析流量的来源、流向和变化趋势，为投资提供科学依据。例如，通过分析视频的播放量、点赞数、评论区的反馈等，判断是否加大对该类内容的投资。第二，快速更迭。互联网环境变化迅速，流量热点不断转换，因此投资的项目需要具备快速响应和调整的能力。第三，社交互动性强。用户的分享、评论、转发等互动行为成为推动流量增长的重要因素，投资的文化产品往往需要具备引发用户强烈互动的特质。第四，多元化的变现途径。除了传统的广告收入外，还包括会员付费、电商合作、IP 授权等多种方式，实现流量的价值最大化。

例如，某短视频平台发现某个以独特舞蹈风格走红的创作者，通过投入资金帮助其优化内容、提升制作水平，并借助平台的推广资源使其获得更多流量关注，进而吸引品牌合作和电商带货机会，这便是互联网流量文化投融资模式的生动体现。

（二）互联网流量模式的内容

一是内容创作与变现。通过吸引互联网流量，进行内容创作和传播，并通过广告、付费阅读等方式实现内容变现。

二是平台投资。投资方向具有大量互联网流量的平台进行投资，如视频网站、音乐平台等，从中获取回报。

三是流量变现融资。通过将获得的互联网流量变现，吸引投资方进行融资，以推动内容生产和平台发展。

四是跨界合作。与互联网行业内外的企业建立合作关系，共同开发流量资源，实现互惠共赢。

这些模式利用互联网平台的流量优势，在文化产业中进行投融资活动，旨在将流量资源转化为经济效益，推动文化产业与互联网的融合发展。

未来一段时间，不管是依托于大屏幕、电视屏幕还是移动屏幕，内容依然是文化生产体系的源头活水，拥有突出内容创意和制作能力的个人、团队和企业将更加为市场所青睐。而新兴传播渠道将不断改变人们获取内容的方式，催生新的商业模式和市场领域，乃至颠覆人们的生活方式。兼具先进传播渠道和优质内容原创能力的企业集团将成为文化市场的引领力量，在一定程度上决定了文化生产、传播的质量、水平和走向。例如，在大数据和移动互联网的推动下，文化产业的形态和格局正在发生颠覆性变化，我国文化产业也将迎来大变革、大调整时期。如果不能全面理解并主动适应这个趋势，加快推动资本布局和结构调整，积极创新产品形态和经营方式，就会离主流的消费方式和商业模式越来越远，被文化发展潮流所抛弃。

在“互联网＋”时代得到了极快的发展，结合我国已经逐步发育完善的产业文化体系，能够更好地为市场提供文化服务。“互联网＋”文化产业融资渠道模式中，文化产权交易平台的产权交易是文化产业中重要的交易结构，通过文化产权交易平台的建立，能够形成新的文化产业融资模式，将知识性资源和融资资源进行充分整合，建立起文化企业综合开发的服务型互联网平台，促进市场交易的作用提高。对于“互联网＋文化＋金融”的商业模式也能够不断地进行巩固，使文化资本与金融资本的联结更加紧密。在建立文化产权交易平台时，需要注重银行机构、担保公司、信托公司和投资基金等多组织结构的信息交流，可以将文化企业信息进行及时有效的分享，有利于各投资主体对适当的文化企业进行选择，提高投资主体的投资效率，促进双方合作共赢。众筹融资模式作为文化产业的主要融资结构，能够形成融资模式的新突破，对文化产业的融资渠道拓展起到较大的推动作用。例如，京东金融已经推出的京东众筹功能，为文化产业注入了强劲的资金力量，既能建立起新奇有趣又引领潮流的文化产业众筹平台，又能够显著提高人们的参与感。另外，互联网金融理财对文化企业融资也有较大影响。例如，互联网金融产品通常采用 P2B 的信贷模式，能够通过保险和信托基金的结合，达到筹集资金的目的，使文化企业获得所需的启动资金。此外，基于中国文化产业和投融资体制的适应性改革，形成了具有文化产业特性的文化产业投资基金，能够充分利用投资力量，对非上市文化企业和新建文化企业进行投资方向的指导，并建立起信息共享的集体投资体系，使文化产业成为关键的投资载体。

个人以主权资本进行投资的形式就是天使投资，具有较强的风险投资特性。当前的互联网已经建立起多个天使投资平台，充分利用了互联网的即时和共享机制，将大量文化企业项目和天使投资人进行汇集，文化企业可以对投资信息进行深入的了解，天使投资人也可以对文化企业进行深入的了解，使双方在精神需求、市场价值、投资回报等方面更容易达成共识，促进投资成功率的提高。例如，我国的影视传媒行业聚集了大量的天使投资人，并诞生了多个投资成功案例，为我国的影视发展起到了较大的推动作用，也为我国的文化产业发展提供了更多的参考思路，从而促进文化产业更快、更好的发展。

综上所述，互联网资源的文化投融资模式为文化产业的发展提供了强大的动力，促进了文化的创新和传播，取得了显著的经济效益和社会效益。

市场热点

抖音凭借其庞大的用户基础和先进的算法推荐，成为文化传播的重要平台。许多文化创作者和机构入驻抖音，通过制作各类有趣、有价值的文化内容吸引用户关注。例如，一些传统文化传承者在抖音上分享传统技艺，如剪纸、刺绣、戏曲等，吸引了大量粉丝。同时，抖音还推出一系列扶持计划，为优质的文化内容创作者提供资金支持、流量扶持和培训指导，鼓励他们创作出更多优质的文化作品。

抖音为文化传播带来了巨大的影响力。许多原本小众的传统文化通过抖音被更多人了解和喜爱，实现了传承和发展。例如，一些濒临失传的民间戏曲通过抖音获得了新的观众和传承者。一些文化创作者通过抖音的扶持计划获得了资金支持，能够全职从事文化创作，并且通过广告合作、电商带货等方式实现了商业变现，获得了稳定的收入。

知识点应用和思考

（1）以一个新兴的短视频创作者为例，探讨如何利用互联网流量模式进行文化投融资，实现快速发展。

（2）分析互联网流量模式下，如何确保文化产品的质量和价值，避免过度追求流量而忽视内容。

六、产业链生态模式

案例导入

迪士尼作为全球知名的娱乐巨头，构建了一个庞大且完善的文化产业链生态。

在投融资的早期阶段，迪士尼通过制作高质量的动画电影积累了品牌声誉和粉丝基础。例如，经典的《白雪公主》《狮子王》等动画电影，投入了大量资金用于创意开发、动画制作、音乐创作等环节，以打造出极具吸引力的内容。

随着这些优质内容的成功推出，吸引了大量观众，为后续的产业链拓展奠定了基础。资金来源不仅包括公司的自有资金，而且通过上市融资、发行债券等方式获取了大量资金。

基于成功的动画电影，迪士尼进一步拓展了产业链。在主题公园方面，投入巨额资金打造了如迪士尼乐园这样的大型主题公园，将电影中的角色和场景搬到现实中，为游客提供沉浸式体验。同时，开发了大量的周边产品，包括玩具、服装、文具等，通过授权合作的方式与众多制造商合作生产和销售。

此外，迪士尼还进军电视、音乐、出版等领域，制作相关的电视剧集、发行电影原声带和音乐专辑、出版漫画和书籍等。

在营销和推广方面，也持续投入资金，通过广告宣传、与其他品牌的联名合作等方式，不断提升品牌影响力和产品知名度。

从成效来看，迪士尼的产业链生态模式取得了巨大的成功。主题公园吸引了全球游客，周边产品的销售持续增长，电视、音乐和出版业务也都取得了良好的业绩。这种全方位的产业链布局，使得迪士尼能够在不同领域实现协同发展，降低了单一业务的风险。例如，一部热门电影的上映不仅能够带来票房收入，而且能够带动主题公园相关游乐项目的热度，促进周边产品的销售，同时为电视剧集的制作提供素材。

综上所述，迪士尼通过产业链生态模式，实现了文化产业的多元化发展和价值最大化，成为全球文化产业的典范。

案例思考：

(1)迪士尼产业链生态模式的核心竞争力是什么？

(2)详细分析产业链生态模式的风险。

(3)以迪士尼的投融资为例，我国企业腾讯在产业链生态模式上有哪些举措？

知识点阐述

(一)认知产业链生态模式

产业链生态模式是一种综合性、系统性的运作方式,它旨在构建一个涵盖文化产业多个环节、相互关联且协同发展的有机整体。

在该模式中,从文化内容的创意构思开始,到创作生产、营销推广、传播分发,再到后续的衍生品开发和消费体验等各个环节,都被视为一个完整的链条。比如在影视领域,从剧本的创作到影片的拍摄制作,再到院线发行、线上播放,以及基于影片形象的周边产品开发,如玩具、服装、主题公园等,均包含在其中。

其核心在于各环节之间的紧密合作与协同。资金不仅投入单个环节,而且在整个产业链中进行合理配置,以实现资源的优化利用和价值的最大化。各个环节相互依存,如创意环节为生产提供素材、生产环节保证作品质量、营销推广环节扩大影响力、传播分发环节触达更多受众、衍生品开发环节则进一步拓展收益来源。

这种模式注重整合产业内外部的资源,包括人才、技术、资金等,形成一个良性循环的生态系统。通过不断创新和优化各个环节,提升整个产业链的竞争力和可持续发展能力,最终实现文化产业的繁荣与壮大。例如,动漫产业的产业链生态模式,通过打造知名动漫形象,带动了从漫画出版到动画制作、游戏开发、品牌授权等一系列相关产业的协同发展。

(二)产业链生态模式的内容

一是上下游合作投资。投资方向产业链上下游的企业进行投资,以实现资源共享、协同发展,从而推动整个产业链的健康发展。

二是产业链金融服务。向产业链各环节提供金融支持,如供应链金融、订单融资等,促进产业链流通和资金周转。

三是生态平台建设。建立产业链生态平台,整合各类资源,为产业链内外的企业提供投融资服务和创新合作机会。

四是产业链共赢合作。通过联合开发、共建产业链标准和规范,鼓励产业链内外企业间的合作共赢,实现资源优化配置和效益最大化。

这些模式旨在通过整合产业链资源和利益相关方的力量,促进文化产业链的良性发展,创造更多的投融资机会,推动文化产业全面发展。

文化产业的产业链生态模式是一个新概念,还需要发挥参与主体根据实施的具体条件来探索形成行之有效的多样化模式。

产业链生态模式将有助于建立可持续的、市场化运作的生态产业,推动生态产业良性发展,使生态优势能够成为经济优势,变“输血型”补偿为“造血型”补偿,使生态补偿工作能因地制宜地支持地区文化产业的转型发展。我国文化企业大多数为轻资产的小微型企业，传统融资方式先天不足，产业链融资可有效避免单个企业因市场经营不善而出现的风险；同时，可以使上下游企业，甚至在企业与消费者之间形成更加牢固的产业生态关系，强化同一链条内企业的整体竞争力。

政府搭建平台为文化产业的产业链融资提供了契机，加强在产业链融资过程中资金供求双方的动态信息传递以及相关的业务流程、信息发布、信息查询、监督执行等功能。通过技术平台的支持，达到银行、核心企业、融资企业以及产业链上各个节点的信息数据共享，不仅使文化企业能够了解与产业链融资相关的授信结算、资金管理等银行业务，而且使银行能够实时掌握产业链融资支持的文化产品贸易的进程、文化企业的财务状况、风险水平等。产业链直接融资有很大的发展空间，只有将文化产业的产业链金融从间接融资领域扩展到直接融资领域，才能拓展其广度和深度。

知识小百科

什么是产业链金融？产业链金融模式是金融机构以产业链的核心企业为依托，针对产业链的各环节，设计个性化、标准化的金融服务产品，为整个产业链中的所有企业提供综合解决方案的一种金融服务模式。产业链金融的相关产品包括供应链票据、应收账款质押融资、仓单订单存货类金融产品等。产业链生态模式是把生态产业链与金融模式相融合，充分发挥其在生态补偿资金筹集等方面的重要作用，开辟多元化生态补偿融资渠道。

知识点应用和思考

(1)以一家游戏开发公司为例，阐述如何构建产业链生态模式进行文化投融资，实现多元化发展。

(2)分析产业链生态模式中，各个环节之间是如何实现协同效应、降低投融资风险的。

任务拓展实训

训练目标

(1)提升学生对不同文化投融资模式的理解和应用能力;

(2)培养学生分析实际案例和解决文化投融资问题的能力;

(3)增强学生的创新思维和团队协作能力,以探索新的文化投融资模式。

训练内容

(1)案例分析

选择多个不同类型的文化项目案例,如电影制作、主题公园开发、在线文化平台建设等。

学生分组对案例进行深入分析,包括项目采用的投融资模式、资金来源、成效与挑战等方面。

每组制作 PPT 进行案例汇报,阐述对特定投融资模式的理解和评价。

(2)模拟投融资决策

给定一个虚拟的文化项目背景,如一个新的文化创意产业园或一部待制作的电视剧。

学生分成投资团队和项目团队,投资团队负责评估项目的可行性和制定投融资方案,项目团队负责展示项目的创意和潜力以吸引投资。

双方进行模拟谈判和决策过程,最终确定投融资方案。

(3)创新模式设计

要求学生结合当前文化产业发展趋势和新技术,如人工智能、区块链等,设计一种新的文化投融资模式。

学生以小组为单位进行创意构思、市场调研和模式设计,制订详细的方案。

组织小组间的交流和互评,分享创新思路与改进建议。

训练反馈

教师点评:教师对学生的案例分析报告、模拟投融资决策过程和创新模式设计方案进行点评,指出优点和不足,提供专业的建议和指导。

学生互评:学生之间进行互评,分享对其他小组作品的看法和感受,促进相互学习和提高。

自我反思:学生进行自我反思,总结在实训过程中的收获和体会,明确自己在知识和能力方面的不足之处,以便在今后的学习中加以改进。

参考文献

1.（日）日下公人著，范作申译：《新文化产业论》，东方出版社1989年版。

2.（美）B.约瑟夫·派恩，詹姆斯·H.吉尔摩著，夏业良等译：《体验经济》，机械工业出版社2002年版。

3.谭朝辉：《上海迪士尼融资模式浅析与创新建议》，《.现代商业》2020年第11期。

4.袁瑞丰：《国家企业信用信息公示系统与全国信用信息共享交换平台关联研究》，《中国市场监管研究》2016年第7期。

5.胡惠林：《文化产业概论》，云南大学出版社2005年版。

6.克劳斯·德尔曼、路德维希·奈斯坦斯基著，杨仲伟译：《联邦德国的企业经营与管理》，中国城市经济社会出版社1988年版。

7.邱庆剑、黄雪丽：《改变世界的营销方法》，中国经济出版社2004年版。

8.齐勇锋：《创新和完善文化产业投融资体系》，《中国金融》2011年第22期。

9.王璐：《BOT与TOT：两种投融资方式之比较》，《国际经济合作》2004年第4期。

10.彭玻：《新时代文化产业投融资模式研究》，湖南人民出版社2022年版。

11.袁瑞丰：《国家企业信用信息公示系统与全国信用信息共享交换平台关联研究》，《中国市场监管研究》2016年第7期。

12.王红英、张静、万洁、瞿畅：《版权资产管理》，上海远东出版社2023年版。

13.彭宇茜：《我国网络环境下著作权许可制度研究》，西南交通大学2021年硕士学位论文。

14.余丽萍、程凌：《追续权入法问题探讨——对著作权法修改草案引入追续权的思考》，《东方论坛》2015年第6期。

15.卢玲、王智源：《版权资产管理模式的分析及思考》，《编辑之友》2013年第10期。

16.甄烨、薛耀文、王文利：《基于质押融资的文化企业知识产权价值评估研究》，《中国文化产业评论》2017年第1期。

17. 甄烨:《文化创意企业融资创新模式研究》,山西师范大学 2017 年博士学位论文。

18. 张斌:《中国演艺企业无形资产评估体系的问题与建构研究》,中国科学技术大学 2013 年博士学位论文。

19. 王守龙、陈宇明、王智源:《版权资产价值评估基本方法及其市场化运用》,《出版发行研究》2015 年第 5 期。

20. 徐墨清:《基于实物期权模型的电影版权价值评估研究》,中国矿业大学 2019 年博士学位论文。

21. 顾中国:《无形资产计价方法和评估方法的分析选择》,《技术经济》2001 年第 11 期。

22. 郑雯:《中国音像业标准化版权价值评估的构建》,《中国出版》2009 年第 10 期。